日本文化概论

（第三版）

韩立红　编著

南開大學出版社
天　津

图书在版编目(CIP)数据

日本文化概论 / 韩立红编著. —3 版. —天津：南开大学出版社，2018.12(2024.1 重印)
ISBN 978-7-310-05699-6

Ⅰ.①日… Ⅱ.①韩… Ⅲ.①日本－高等学校－教材②文化研究－日本 Ⅳ.①H369.39

中国版本图书馆 CIP 数据核字(2018)第 278819 号

日本文化概论(第三版)
RIBEN WENHUA GAILUN (DI-SAN BAN)

南开大学出版社出版发行
出版人：刘文华
地址：天津市南开区卫津路 94 号 邮政编码：300071
营销部电话：(022)23508339 营销部传真：(022)23508542
https://nkup.nankai.edu.cn

天津午阳印刷股份有限公司印刷 全国各地新华书店经销
2018 年 12 月第 3 版 2024 年 1 月第 7 次印刷
210×148 毫米 32 开本 10.75 印张 283 千字
定价：35.00 元

如遇图书印装质量问题，请与本社营销部联系调换，电话：(022)23508339
若封底二维码链接课件临时失效，请登录以下网址 下载课件 https://nkup.nankai.edu.cn

本书部分章节为天津市社会科学基金重点项目之成果，项目号为TJSL18-001；本书同时还获得“天津市高校人文社科重点研究基地南开大学区域国别研究中心”（C029189002）的资助。

序　一

我国大学的日语教学界自20世纪80年代末逐步开始了与国际日本语言文化教学模式接轨的变革，其重要内容之一是在日语语言文学专业本科生的教学课程体系中加大日本社会文化课程的力度，在研究生培养中增设日本文化研究方向，旨在拓宽学科领域，培养适应21世纪社会发展需要的复合型、通用型人才和高素质的创新型人才。然而，我国重点高等院校中的日本文化教学和研究虽然取得了有史以来的最大发展，但是关于日本文化课程的教材建设却明显滞后，迄今为止国内还没有一本以日语写作的点面有机结合的《日本文化概论》教材。

据我所知，我国现已出版的有关日本文化的部分教材，大多是讲述日本的衣、食、住、行等生活文化以及日本的茶道、花道、歌舞伎等方面内容的，这些基本知识对于日语语言文学专业的教学无疑是不可或缺的，但如果仅停留在介绍这些日本文化的表象，则不能使学生综合而深入地了解和把握日本文化的精髓及其特质。韩立红博士用日语编著的这部《日本文化概论》教材，正好解决了这一问题，具有填补空白的意义，今将出版，实为可喜可贺。

《日本文化概论》这部教材是韩立红博士结合自己多年的研究和文化课教学实践，花费了四年时间编著的。我作为第一个读者，读后受益良多。它不仅在体例方面有诸多创新，而且在内容论述方面颇见深度。作者从日本的精神文化入手，从日本文化的基本特征——开放性开始，到生产方式的稻作文化特征、基于“家制度”的纵向型社会结构和重实用的文化心理结构特征，以及天皇崇拜的历史根源等，层次分明地展开论述，不仅论及日本的哲学、宗教、文学艺术、教育、风俗、技术、科学等几乎所有的文化领域，而且提纲挈领地概括了日本文化的特质。同时，该著作对有关“日本文化论”及“日本人论”的日本学者及外国学者的重要学术观点也进行了分析评述，诸如中根千枝的“纵向社会的人际关系”理论、土居健郎的“依赖心理结构”理论、本尼迪克特的“耻感文化”论等日本文化研究领域具有代表性的学术观点，均在本书中有所论述。

多年来我一直思考一个问题：同为人文学科，为什么外语学科出身的人既能够出季羡林先生那样学贯东西的大师，而从一般意义上说外语学科学生的综合人文理论水平和问题意识，与文史哲专业出身的学生相比却又有一定的差距。近年来对这一问题似乎想明白了些。即是说，对于外语学习者来说，学习一门外语就意味着要掌握母语以外的另一种语言所构筑的一整套文化传统，“获得一种新的对世界的看法”，因此它比其他文科学生多了一种文化参照系，有利于其人文思维的发展；但是另一方面，外语学科的学生进入大学后必须将大量时间用于练“外语功”，且其方法多以“模仿”为主，久而久之就会形成一种“趋同思维定势”，这无疑又不利于其人文思维的发展和思辨能力的培育。因此外语学科的学生要提高人文素质和思辨能力，就必须加强文化课的教学，并在教学中特别注重对对象国精神文化的特质及其形成原因和逻辑的探究和分析。韩立红博士的这部《日本文化概论》，就是以考察论析日本精神文化的特质为主线展开的，其目的是以此激发学生对日本的思想、宗教、历史、政治等人文问题的关心和研究欲望，激励学生对其与本国文化关系的思考和学术兴趣，这对于培养新一代日本问题研究者所必要的思辨能力和创新意识，无疑大有裨益。

为了扩展学生的知识面和增强其对日本文化事象的解析能力，该书还穿插了“关联知识”，并将具体的文化现象与其特质相结合展开论析，做到了既涵盖面宽，又理论联系实际；既突出了重点，又照顾到了相关的“面”。特别是其“以点带面”的著述方法，较好处理了“点与面”“深度与广度”的关系。例如，作者在论述日本文化的基本特征——开放性和主动性时，不但论述分析了日本文化形成和发展进程中的“开放性”和“主动性”特点，还以点带面，将日本历史进程中几次大规模吸收外部文化的史实和内容，以及体现在现代日本文化中的外来文化和日本固有文化的变异内容一并编在书中，让学生不是空洞地增强理性认识，而是“有血有肉”地认知和把握日本文化的性质和特征。

我相信，本书的出版必将为中国日语语言文学学科的文化课程的建设以及日本文化研究者的培养做出很大贡献。

北京大学日本文化研究所所长

刘 金 才

2003 年盛夏，于北大蓝旗营书斋

序　二

本書の著者韓立紅博士は、10 年ほど前に南開大学より立教大学の大学院に留学し、日本文化研究に研鑽を重ねておられました。そのおり博士は、日本近世中期の石田梅岩の思想に関心を持たれ、当時武蔵大学人文学部日本文化学科（現在は日本・東アジア比較文化学科と改称）に勤務中で、石田梅岩とその門流たち、いわゆる石門心学と呼ばれる思想を研究対象にしていた私の研究室に来訪され、私と共に約一年間、心学関係資料を研究されました。

ちなみに石田梅岩は農家出身でしたが、京都の商家に町人として勤めながら、まったくの独学で中国より日本に伝えられた儒学哲学を基礎にし、日本の神道・仏教の思想をも取り入れて、倫理道徳と経済との在り方について、独自の哲学を主張した人物です。博士の優れた日本語の能力とも相まって、その研究成果は中国に帰国後、『石田梅岩と陸象山思想の比較研究』として出版されました。同書は、博士を含めた南開大学の日本研究の質の高さを示すものと言えます。また私の定年後の 2003 年 2 月には両大学の間で、相互の「留学協定」が結ばれ、より一層関係が深くなったことは慶賀の至りです。

韓立紅博士は、その後 2004 年 4 月に東京のぺりかん社より、私と山本真功氏共編の「季刊　日本思想史 65 号」の「特集　石門心学」に、「中国における石門心学思想研究の現状とその展望」を発表され、さらに国学院大学の海外招聘研究員として来日中にも、2005 年 11 月 12 日の石門心学会において、「石田梅岩と陸象山の思想構造の比較」

の題で研究を発表されました。この二つは日本の専門研究者からも高い評価を受けております。

以上に私が博士の専門研究分野の業績について触れた理由は、このような諸研究を基礎にした上で、巻末の「人名・書名・文献名索引」からもうかがわれるように、博士の日本文化全般にわたる幅広い関心と研鑽の成果が、この『日本文化概論』と名づけた本書となって結実した点を強調したいからです。

本書の執筆目的や、構成と内容については、北京大学の劉金才先生の、まことにご懇切かつ適切なご紹介があり、私がこれ以上に付け加える必要はありません。一言付加するならば、中国の過去から現在に至るまでの諸文化について、日本の学生に教授するときに、このような現代の中国社会と人々の日常生活にも広く目配りした書物、例えば『中国文化概論』とでも題すべき書物を、はたして日本の若い中国研究者が書けるか否かという疑念を禁じえないという点です。

韓立紅博士の日本文化教授への熱意から生まれた労作に、心から敬意を表すとともに、この書を機縁に中国と日本との相互理解が、若い人々の間に深まることを期待いたします。

武蔵大学名誉教授
今井淳
2006年2月

前 言

2022 年 12 月 8 日，中国国家主席习近平在沙特《利雅得报》发表了题为《传承千年友好，共创美好未来》的署名文章。文中提到：“继续共同弘扬和平、发展、公平、正义、民主、自由的全人类共同价值，以文明交流超越文明隔阂、以文明互鉴超越文明冲突，促进人民相知相亲，共建美美与共的文明百花园。”

党的二十大报告向世界发出真诚呼吁：“世界各国弘扬和平、发展、公平、正义、民主、自由的全人类共同价值，促进各国人民相知相亲，尊重世界文明多样性，以文明交流超越文明隔阂、文明互鉴超越文明冲突、文明共存超越文明优越，共同应对各种全球性挑战。”

在这个变革的时代，我们更加深切地感受到对多元文化理解的需要。人类文明是多元的、共存的、共同繁荣的，是应该互相学习的。伟大的文明总是强调普遍的人类价值观，如“和平、发展、公平、正义、民主、自由”。人类文明因多样才有交流互鉴的价值，因平等才有交流互鉴的前提，因包容才有交流互鉴的动力。我们应该尊重文明的多样性，通过交流克服分歧，通过相互欣赏克服冲突，通过友好共处克服优越感，共同努力增进友谊，应对全球问题。

对外国文化的深入学习，为世界不同文明之间的相互理解提供了一个有效的渠道。例如，我们学习日本文化，便可从哲学、宗教、文学、艺术、教育、风俗、科技等不同侧面感知和认识日本。这样便在我们两国人民，尤其是青年学生之间架起了一座更牢固的文化纽带。这本《日本文化概论》目前已出到了第三版，一直致力于帮助学生更好地了解日本文化，更好地认识这个与我们异中有同、一衣带水的邻邦。

这本书的第一版，是笔者自1998年开始讲授大学三年级日语本科生的日本文化课时，开始摸索编写的。以往的日本文化教学，教师大多是为学生讲授一些有关日本人的衣食住行的简单概况，从“和服”“生鱼片”“榻榻米”“富士山”到“茶道”“花道”“日本人的一生”，这些内容虽然也是学生应该掌握的知识，但毕竟是一些零碎现象的罗列，没有一条主线将这些现象串在一起，课程显得有些单薄浅显。

如果没有让学生理解日本文化的精神核心是什么、日本文化的基本特征是什么，日本文化课也只能说是完成了一半的任务。

本着上述的想法，笔者在接手这门课时，便开始为学生寻找合适的教材。寻找过程中发现：一些国内已出版的有关日本文化的书籍，只是一些相当于“日本概况”的对日本文化现象的粗浅介绍；而有些关于“日本文化史”的书籍，或偏重于历史脉络的梳理，与“日本历史”课存在重复，或偏重于学术的研究、阐述，对本科生而言，有些深奥难懂。而日本学者编写的一些原版书籍，用来借鉴参考很有裨益，但整本挪借、翻译作为教学用书并不适宜，而且，一些涉及历史观的问题，也不适合“拿来就用”。于是，笔者便尝试着自己收集资料，参考各位中日名家学者的专著，自己编写教材。

因为本书是为日语系本科高年级学生编写的教材，所以全书采用日语写作。本书在编写过程中，参考了大量国内外有关书籍，为了方便学生阅读，书中部分内容加上了注释，并在书后附有日本文化史年表、人名索引和书名索引。经原作者同意，书中的部分图片使用了舛谷锐、小早川真理子所著的《用中文介绍日本文化的书》（『日本文化を中国語で紹介する本』）中的一些插图，在此，向他们表示感谢。

本书第一版于2003年底出版后，即受到高校日语专业师生的欢迎，在短短 2 年内成为多所大专院校日本文化专业考研指定参考书。后笔者根据读者使用情况的反馈，删改了部分章节，增添了有关现代日本文化的内容，于 2006 年推出第二版，继续成为广受日语学习者欢迎的长销教材，印数达 5 万多册；2008 年应很多师生建议和实际学习需要，笔者编著了本书的中文读本，为学习日语专业及考研的学生提供了对照学习的便利；中文版销量至今已超过 1 万册，这使本教材具备了更大的延展效应。

现距离第二版问世已超过 10 年，无论是国际社会大环境、日语教学侧重点，还是高校授课方式、学生素质水平，都已经发生了新的变化。因此，笔者与南开大学出版社达成共识，对本教材进行再次修订，为《日本文化概论》这一教材注入新的活力。

本次修订，主要是围绕纸质课本增添了多媒体学习辅助功能——笔者结合近几年教学实践和社会环境的变化，对重点章节的内容进行了更新和调整；结合近年来数字化教学的需要，为教材配备了慕课学习平台，使学生在课本之外，还能在移动终端上，通过视频课件和课后练习巩固课堂知识、理解日本文化；笔者结合近几年日本文化热点，将自己授课过程中与学生的互动成果进行了汇总和筛选，在重点章节旁加入了二维码链接，使学生在课本外还能获取更为新鲜生动的补充材料，拓展同学们对当代日本的认识。

本书再次向以下各位表示感谢。南开大学外国语学院各位同仁，以及当时的外籍教师深町和美老师；2003 年为本书日文第一版作序的北京大学刘金才教授，2006 年为本书日文第二版作序并逐页审阅的日本武藏大学今井淳教授，2008 年为本书中文版作序的当时中国日语教学研究会会长修刚教授；感谢为日文第三版编辑各种试题的马兰兰同学和赵雅萌同学以及南开大学出版社各位老师！

编者

2023 年 8 月

目　次

第一章　日本文化の基本的な特徴
——その開放性と主体性①

一、日本文化の開放性と主体性

東アジア文明圏或は儒教文明圏、西洋のキリスト教文明圏、西アジア——中東のイスラム文明圏と南アジア仏教——インド教文明圏とが、世界四大文明圏と呼ばれている。その中で、歴史が悠久で、範囲が広大で、成果が輝かしく、影響の深い東アジア文明圏の核となる文明は、中国から発し、中国で形成されたことが分かる。文明の軸心国家たる中国は、常にその周囲の国々に対し影響を与えてきた。

中国文明は、漢民族を主体とする中華民族が、長い人類歴史の発展の中で東アジア大陸という土地の上で、大自然と戦いながら形成してきた文化である。中国文明は、独立的に自主的に独特の伝統文化を創り出し、何千年間の発展を経て春秋戦国時代——所謂中国文明の「軸心時代」——に至って、その基本的な形ができ、秦と漢を経て最終的に定着した。以後、宋代と明代の時期に至って変動があったが、従来の範囲から抜け出せなかった。この文明が自主的に独立

①この章の内容は主に武安隆氏の『文化の決択と発展』（天津人民出版社，1993 年）という著書を参考としている。

的に形成したから、「原生性」、或は「創造性」の文明とも呼ばれている。このような文明が形成されて定着すると、強大な生命力を示す。そして、周囲の異なる文化、或は異なる文明圏と交流し、対峙し、衝突が起こると強力な主導性と自主性を発揮することができる。中国文明のこういう特性について、イギリスの学者ジョセフ・ニーダム（1900～1995）[①]が次のように述べている。中国と西方の隣国との往来と融合は想像より多かったが、中国の思想と文化の基調的なものが顕著には中断されずに、自発性を保ってきた。

中国文明の自立的な特徴は、その「原生性」に表れているだけではなく、また「単一性」にも表れている。古代から近代まで中国の伝統文明が定着して以来、中国は数多くの多民族間との戦乱を経て来た。また、世界の異なる宗教文明や各文化要素と出会い、さまざまな衝突が発生したが、中国文明の主体と基本構成は、あまり変化することなく、継続的に発展してきた。文化の異なる他民族に侵入され、また一時期支配されたことはあったが、中国文明の主体は変らなかった。かえって侵入してきた民族の方が、強大な中国文明に同化され、或はこの文明圏以外に排除される状態であった。例えば、中国に対して大きな影響を与えた仏教が、東漢の時期にインドから中国に伝来し、隋と唐に至って隆盛期に達した。支配階級によって、仏教は一時期儒教と同じように重視され、また儒教よりもっと重視される時期もあったが、最終的には抑制され、中国伝統文化の一つの重要な構成部分となるに止まり、儒教の付属物でしかなかった。また、イスラム教文化の場合も、7世紀の中葉に中国に伝来し、宋と元の時代以後発展を遂げ、明末清初の時期にイスラム教学者が現われ、イスラム教教育も盛んに行われ、中国の広い地域に影響を与えたが、

---

①Joseph Needham　科学技術史家・生物学者。第二次世界大戦の時、重慶のイギリス大使館顧問。戦後ユネスコ設立に尽力。ケンブリッジ大学ニーダム研究所長。英国・中国の文化交流に貢献。主著『中国の科学と文明』。

中国文化の核心である儒教とは対抗できず、中華民族の主体—漢民族文化に大きな影響を及ぼすことができなかった。結局、イスラム教の存在は儒教に対して脅威を与えない状況のもとに、その存在が可能であった。儒教文化と差異の大きいキリスト教も、中国の唐の時代に伝来したが、大きな影響を及ぼすことはなかった。キリスト教は、元、明、清の時代、中国で宣教運動を行なったが、幾度も中断された。以上の歴史から中国文明の同化力と排除力は、驚くほど強いものであることが分かる。これは、中国文明の「原生性」と「継続性」を示している。

中国文明の「原生性」と「継続性」という特性と比べて見ると、日本の伝統文化は、「開放性」と「周辺性」が特徴となっている。古代の日本は、アジアの東に位置している孤島として、独自に自分の文化を形成させてきた。ライシャワー氏[①]は、「日本農業文明の発生はヨーロッパ、中東、インド、中国より何千年も後れている」[②]と述べているが、外来文明がなかったとすれば、日本文明の発展は、また違う状況であっただろう。およそ紀元前三世紀前まで、日本列島では土着文化の縄文（じょうもん）文化[③]が8000年ほど続き、原始の採集文化と旧石器時代の文化であった。家永三郎氏は、「日本列島に閉じ込められた私達の祖先が長い間、石器文化の段階で足踏みしている間に、大陸の漢民族は早くも金属文化の時代を迎え、強大な国家を作っていた。」、「漢民族の四周への発展はめざましく、その余勢は我が日本列島にも及んで、日本に金属文化と農耕技術をもたらすこととなった」[④]と言う。大陸の稲作文化圏の民族が、金属器を携えて日本列島に上陸

---

①「第十一章」を参照。

②『ザ・ジャパニーズ』、上海訳文出版社、42頁、1980年、日本版、1977年。

③紀元前3世紀まで。主に竪穴住居からなる集落を構成し、採集・漁労・狩猟の採取経済の段階にある。土器の表面にひもを転がしたり、圧着したりしてつけた文様から名づける。

④家永三郎著、『日本文化史』、17頁、岩波新書、1978年発行本。

してから、日本は原始の採集文化から水田農耕段階に入り、旧石器時代から鉄器と青銅器の併用時代に入り、弥生文化[①]が現れるようになった。縄文文化と弥生文化の「混血」によって日本文化が形成された。日本文化は、弥生時代に至ってはるかに先進的な大陸よりの外来文明の浸透によって発展した。日本は、外来文化を抵抗なく、次々と取り入れるようになった。そして、日本列島では飛躍的な変化が起き、日本は、外来文化摂取の過程で「開放性」という文化的特徴を備えるようになった。日本文化の「開放性」によって、日本は中国文化、朝鮮文化、インド文化、さらに南蛮（ポルトガルを主として）文化、紅毛（オランダを主として）文化、西欧文化、アメリカ文化などを自国に取り入れた。なかでも後述するように、大化改新前後における中国隋唐文化の摂取、明治維新時期における西欧文化の摂取、第二次世界大戦後のアメリカ文化の摂取が、日本の外来文化摂取史における三大画期と言える。

しかし、日本文化は単に外来先進文化を積極的に摂取する「開放性」をもつだけではなく、同時に「主体性」を持っている。倫理学者の和辻哲郎氏（1889～1960）[②]は、日本文化から外来文化を取りされば、あとには何も残らないにもかかわらず、日本人はおのれの中身に対し摂取者・加工者としての独立性を保ち続けたと述べ、日本文化の持っている「主体性」を強調した。

日本は、古くから大規模的に外来文化を取り入れたが、外来の思想や文化を摂取しながら、独自の思想や文化を作り上げてきた。そこに日本人の思想や文化の特色がよく表れていて、今日まで基本的に変わっていない。例えば、日本は、6世紀から仏教を取り入れ始め、

---

①縄文時代の後、古墳時代の前の時代。弥生土器の出現と稲作の開始から始まる。紀元前3世紀から3世紀まで大陸文化の影響を受け、水稲耕作や金属器の使用が始まる。

②倫理学者、東京大学教授。人間存在を間柄として捉え徳論の展開に特色がある。文化史にも業績が多い。著『日本精神史研究』『風土』『日本倫理思想史』など。

江戸時代に至ってキリスト教禁教のため作られた寺受け制度などの影響でもあり、仏教が民衆の生活の中に定着し、仏教徒の国といわれるほどであったが、やはり神道の影響力も強かった。日本文化庁平成29年版『宗教年鑑』の統計によると日本の仏教系宗教の信者数は 87,702,069 人（48.1％）、それに対して神道系の信者数は 84,739,699 人（46.5％）（平成28年12月31日現在）。正月の初詣、結婚式、宮参り、七五三など日本人の生活の中で大事な祭りは、ほとんど神社で行われている。

儒教的徳目の倫理思想も古代から日本に伝わり、仁義礼智信という徳目は、人間関係の根本徳目として、日本人の精神形成に大きな影響を及ぼし、今日においても、集団の一員として人間関係に心を配る日本人のあり方に影響を及ぼしていると言われている。しかし、日本人の心の根底に受け継がれている倫理的な道徳心は、日本的な「心情の純粋性、無私性の追求」であると、相良亨氏は言っている。このような日本的な倫理は、何らかの客観的な規範や理法に基づいて倫理を考えるのではなく、ひたすら心情の純粋さを求める考え方として、古代では「清き明き心」、中世では「正直の心」、近世以後では人を欺かず偽らず真実であれとする「誠」の心として受け継がれている。

日本文化の「主体性」は、また、外来文化を吸収するにおいて、自国に取り入れた外来文化を消化し、改造し、日本化すると同時に、その摂取は単純な模倣ではなく、現実的な必要性とその可能性を考慮した上で外来文化を選択し学ぶ点に見られる。

外来文化の吸収にみられる日本文化の「主体性」としては、まず、外来文化吸収の際の「主導性」を挙げることができる。日本は、世界において最も先進的な文化を吸収した。紀元6～7世紀頃、中国は古代アジアにおける文明の中心地のみならず、世界の文明の中心地でもあったので、日本は、中国の隋唐の先進的な生産方式と政治制度を移植した。また紀元 18〜19 世紀、ヨーロッパは近代資本主義の発生地として、近代文明の中心地であったから、日本は、ヨーロッパより近代学術と近代思想を輸入し、近代産業と経済制度を移植した。第二次世界大戦後、アメリカは、世界現代文明のモデルとなり、日本も大幅なスピードで、アメリカの民主主義制度と管理科学を取り入れ、アメリカの生活様式を普及させた。

日本文化の「主体性」のもう一つは、吸収過程での「選択性」が挙げられる。日本は、先進的な文化を吸収してきたが、自国に有益な文化、自国に適応できる文化だけを吸収してきた。例えば、古代において中国文化の吸収過程で、日本は、中国の隋唐の先進生産方式と政治制度を移植したが、日本人に受け入れ難い科挙制と宦官制を拒否した。中国の科挙制は、人材の選抜によかったが、日本固有の身分制と世襲制に適用できなかったので、日本は科挙制の輸入をしなかった。また、明治維新時期における西洋文明吸収の際にも選択性を現した。例えば、イギリス式の君主立憲制を取り入れたが、憲法の制定になると、皇権を重要視し、民権を制限するドイツ式の憲法基礎にして、「大日本帝国憲法」を作成したのである。

日本文化の「主体性」の三つ目は、その「融合性」が挙げられる。外来文化を吸収する中で、日本は機械的にそのまま外来文化を吸収したのではなく、強い融合性を示した。日本は、外来の文化に対し、改造と融合とを行なった上でそれを日本化した。日本は、漢字の改造を通して、日本の文字を作った。つまり、漢字の草書を基礎として平仮名を作り、楷書を基礎としてカタカナを作った。また、大陸から伝来してきた仏教に対し改造を行い、日本の神道思想を中に取り入れ、「神仏習合論」を作り、また現実重視の「現世仏教」を発展した。また、中国から儒学思想を取り入れたが、本来は「仁」を中心とした儒学の思想を、後に「忠」を中心とした日本儒学に変え、天皇制に利用した。

日本文化の「主体性」の四つ目は、固有の伝統文化に対する「保守性」である。中国の文学者の郭沫若氏（1892～1978）[①]は、20世紀の始めごろ日本に留学し、日本文化に対する感想を次のように書いたことがある「中国在隋唐以后经过好些的外族蹂躏，古代的衣冠人物每荡然无存而又另起炉灶。日本则是因岛国的关系，没有受到这种外来的损害。因此，隋唐时代的封建文物乃至良风美俗，差不多原封不动地被保存着。例如唐代的宫廷音乐和舞蹈，在中国是失传了的，而在日本却还有保存」戦争の頻発している中国は、新しい王朝の更新は、いつも過去文化への破壊を伴っている。しかし戦争の少ない日本は、中国に起源し、中国では戦争によって失われた東洋の優れた伝統文化、例えば、宮廷音楽、舞踏などをそのまま保存し、発展させた。

日本文化の「開放性」と「主体性」は、また日本文化に「混雑性」をもたらした。日本文化の中に古と今、和と洋、洋と洋との文化的諸要素が、統一された体系の中に雑然と併存している。明治文化を見ると、神話伝説に基づいた「神の子孫」としての天皇が、政治的または宗教的な権威として存在する一方、近代的な政治制度としての議会も同時に役割を果たしていた。日本人の日常生活の中には洋室、洋服、洋食、洋楽などがある一方、和室、和服、和食、邦楽などがある。外来文化にしても、各国の文化が日本文化の中に併存している。例えば思想面を見ても、イギリスの功利主義、実証主義と進化論、フランスの天賦人権論、ドイツの国家イデオロギー、観念論などが同時に存在した。

日本文化の研究について作家、評論家の加藤周一氏は、『雑種文化』の中で日本文化の特徴について次のように「西ヨーロッパで暮

---

①中国の文学者・政治家。創造社を興す。抗日救国の文化活動に活躍。第二次世界大戦後は文化界を代表。著は、『女神』『屈原』『中国古代社会研究』『十批判書』など。

らしていたときには西ヨーロッパと日本とを比較し、日本的なものの内容を伝統的な古い日本を中心として考える傾きがあった。ところが日本へかえってきてみて、日本的なものは他のアジアの諸国とのちがい、つまり日本の西洋化が深いところへ入っているという事実そのものにもとめなければならないと考えるようになった。ということは伝統的な日本から西洋化した日本へ注意が移ってきたということでは決してない。そうではなくて日本の文化の特徴は、その二つの要素が深いところで絡んでいて、どちらも抜きがたいということそのこと自体にあるのではないかと考えはじめたということである」。①と述べ、日本文化の特色を「雑種文化」と名づけたが、政治思想史研究者の丸山真男氏（1914～1996）②も『日本の思想』③の中で、日本思想は「精神的雑居」状況におかれ、「異質的な思想が本当に「交」わらずにただ空間的に同時に存在している」と述べた。

日本文化の「混雑性」をよく現しているもう一つの文化現象は、日本語の表現の仕方にもある。例えば「シャープなラインが、プーマらしいスタイルのこちら。フリークライミングシューズをモチーフにしたデザイン。」という広告表現が、日本では至るところに見かけられる。外来語の多用と乱用が、日本人にさえ意味が分からず、困っているようだ。現在の日本語には、漢字単語以外にも数十カ国の外来語が含まれている。百年、或は二百年経てば、日本語の中に70%乃至 50%ぐらいが、外来語によって構成されているだろうと断言する人もいる。又、日本語は「無国籍言語」という人もいる。次は信仰から見たら、日本人は、日本の神を信じていると同時に、中国、インド、乃至西洋の神を同時に信じてもいる。日本国総人口数

---

①加藤周一、『雑種文化』、講談社、1974 年、31 頁。

②政治思想史学者。日本の政治学を学問として確立し、第二次大戦後の民主主義を主導。著『日本政治思想史研究』など。

③『日本の思想』、岩波新書、1961 年，64 頁。

は、1億3000万ぐらいだが、宗教人口は2億以上で、日本総人口数をずっと超えている。このように宗教人口が多いのは、例えば一人の人が同時に仏教と神道の信者でもあるという統計からなのである。年中行事を見ると、日本人は日本の行事も行うが、中国、西洋の行事も行っている。中国からの七夕、中秋の日、菊の節句、大晦日などのような日も過ごすが、西洋のバレンタインデー、クリスマスの日も過ごす。前述した通り、住居、服飾、食物などの生活文化の方面において、日本文化は強い「混雑性」を現していた。だから、このような混雑状態から日本文化の特色は、二重文化、混合文化、混血文化、雑種文化、合金文化などとも呼ばれている。

二、基本的特徴の形成要因

日本文化がよく外来文化を吸収し得た理由として、次のようないくつかの要因があげられる。

第一は、日本文化の「周辺性」である。周知のように歴史から見ると、日本は周辺文明国であった。長い歴史の発展の中、日本は大陸と離れている孤島として独自に自身の文化を発展させてきた。アジアの文明の中心である古代インドや古代中国と比べると、古代の日本文化は低いレベルの状態であった。古代の日本文化が、古代の中国文化と対面するようになった時、高いところから低いところへ流れてくるように、遥かに先進的な中国文化が日本に取り入れられた。また、近世になって日本の社会文化は相当な発展を見せたが、西欧の資本主義文化と比べるとまだ遅れていた。だから、近世以後の日本は、西洋文化を大規模に吸収した。

第二は、島国という地理的環境も一つの要因となっている。日本は島国として、中心文明地の中国と、また中国の近隣である朝鮮と海を隔てて離れている。この距離は、近代以前までの日本に、外部世界との交流にあたってある意味では主導権を与えることもなった。すなわち時勢がよい時期或は自国が必要とする時期に、日本は海を通して大陸から文化を移植し、時勢が悪化し或は国内に必要がない時期に、日本はまた海を利用して交流の門を一時閉めるようにする。このような有利な地理環境によって、日本は統一された国家として形成されて以来、1000 年余りの間、外族の侵入と征服を受けたことなく、また弥生時期のような大規模的な外族人種の移入もなかった。13 世紀、チンギス・カン（1162～1227）[①]は周辺諸国を征服し、その孫フビライ（1215～1294）[②]は中国で元という国を建て、高麗を服属させ、1274 年とさらに、1281 年に九州北岸を攻めた。しかし、元軍は二度とも暴風雨に遭って敗退してしまった。日本ではこれを「神風（かみかぜ）」と名づけ、元軍の襲来を「元寇」と呼んだ。第二次世界大戦後のアメリカ軍の占領まで、日本には 1019 年の「刀伊（とい）の入寇」と「元寇」をのぞき、上述の外国軍が進入した経験がなかった。これは、アジア大陸と欧州では戦争が常に続き、民族衝突が多発した状況と大きく異なり、日本文化に特性を持たせるようになった。つまり、日本は外来文化を取り入れる場合、常に自国の必要に従って自主的に対応してきた。この開放的で、また同時に閉鎖的な地理的環境が、また日本文化に両面性をもたらした。つまり、開放されていながらも閉鎖されていて、一時期においては開放し、一時期においては閉鎖するという外来文化対応の両面性である。

第三の要因は日本が単一民族である点である。現在の日本は、大和民族のほか、古代からのアイヌ民族と近代以後には朝鮮族などの

---

①モンゴル帝国の創始者。元の太祖。モンゴル高原のモンゴル族を統一、1206 年ハンの位につき成吉思汗と号した。ついで、金を攻略する一方、西夏に侵入、1227 年西夏を滅ぼしたが、負傷がもとで病没。征服した地域を諸子に分封、諸汗国の基礎を築いた。

②元帝国の初代皇帝。モンゴル帝国第 5 代の皇帝。金を滅ぼし、宋を併合し、都を大都（北京）に移し、1271 年国号を元と定めた。越南・占城・ジャワまで併呑を企図。

ような少数民族がいる。こうして見れば、日本を単一民族の国家と言うのは適切ではないかもしれない。しかし、民族の構成状況から見ると、少数民族の人数がごく少なく、ほとんど単一民族と言ってもよいほどであった。単一民族は、日本民族の文化心理において、高度の一致性を保持することができ、外来文化の吸収に有利な要因となった。単一民族の基礎の上に、民族の共同心理が形成できる。日本人がよく言う「以心伝心」も、この民族の共同心理に基づいたものである。この共同心理は、政府の政策の実施、社会風潮の形成などに対し、短期間でほぼ全民族の承認を受けることが出来る。例えば、古代から日本人の間には、ほとんど肉食の習慣が定着しなかった。しかし、「文明開化」に象徴の一つとして牛肉の食用が唱えられて以来、東京にただちに牛肉の香りがただよい、日本人は先を争って牛肉を食べ始めた。このようなことは、日本の外来文化吸収史の中では枚挙にいとまがない。

第四の要因として、日本は民族性格形成期において、大規模に外来文化を吸収する重要な体験があった。日本列島に形成された土着文化は、縄文文化であり、発展速度は比較的緩慢であった。しかし、紀元前三世紀ごろに、大陸の稲作民族が金属器を持って、日本列島に渡来し、日本社会が一挙に水田農耕段階に入って、弥生文化が形成された。既述のように、縄文文化と弥生文化との「混血」が日本民族の形成を促進し、また外来文化の伝来によって、日本社会も飛躍的な発展を遂げ、日本民族の性格形成に重大な影響を与えた。弥生時代以来、大陸の文化が朝鮮半島を通して次々に日本に流れ、日本民族の文化生活を豊富させた。外来文化に対する好奇心と憧れは日本民族の性格の一つの構成部分となった。

第五に、多元化の思惟方式がまた要因の一つとなった。考古学と体質人類学、文化人類学及び民俗学など多方面の研究から、日本人が南北で異なる人種の混血によって形成されたことがわかる。これは、日本人種の発生が多元因素の併存を前提としていることを意味している。多元化の思惟方式の最も重要な原因としては、日本人の古来からの「多神論」信仰と関係が深いと言える。この多元化の思惟方式が、日本文化に大きな包容性と融合性を帯びさせ、外来文化と土着文化、また相互に異なった外来文化と外来文化とを共存させるようになったのである。

三、大化改新と隋唐文化の吸収

日本は統一国家が形成される以前から大陸の文化を吸収し始めた。漢、六朝諸王朝は早く倭の支配者たちに王号を与えていた。天皇は「大王」と称したが､7 世紀の初め頃に至ってそれを「天皇」と改めた。国号も中国人から「倭」とされていたのを､自らの中国に対する位置認識によって､独立自主的に「日本」という国号を称するようになった。中国との交流の中で大規模に、系統的に中国文化を吸収したのは、推古天皇(554～628)[1]の時期であった。当時、摂政在任中の聖徳太子(574～622)(本名は厩戸皇子、豊聡耳皇子)が、高向玄理(？～654)ら留学生や僧旻(生没年未詳)らを学問僧として、紀元 607 年に正式の遣隋使として小野妹子(生没年未詳)を隋に送り、中国文化を学ばせた。これまで、百済などの朝鮮半島諸国を通じて、間接的に伝えられた中国文化を消極的に受容するに止まっていたが、この時から、直接的に中国本土から大陸文化を積極的に吸収しようとする能動的態度がとられることとなった。

---

①推古天皇：記紀では第 33 代の天皇、日本最初の女帝。聖徳太子を摂政として、「冠位十二階」の制定、「十七条憲法」の発布など大いに治績を上げた。飛鳥時代とも呼ばれる。

聖徳太子と伝えられ画像，法隆寺に伝えられていた画像，
7世紀後半ごろの作と推定される

もっとも、聖徳太子の時代は、百済から伝えられる南朝系の、高句麗から伝えられる北朝系の、いずれも南北朝時代の文化の輸入に終始し、まだ隋、唐の文化を盛んに受容するには至っていなかったが、その後、隋に代って 618 年唐が中国を統一して後も、朝廷は引き続き、遣唐使を送って交流を継続し、留学生や、学問僧の派遣も続けた。このようにして大陸から直接、中国文化の伝来が次第に盛んになり、7 世紀後半に入ると、中国文化の影響が日本文化に顕著に表れるようになってきた。

日本は、中国にならい、645 年にはじめて「大化（たいか）」という年号（元号）をたてた。この大化元年に始まる大化の改新によって、中国の制度、文化の輸入がいっそう積極化した。改革において指導的な役割を担った中大兄皇子（なかのおおえのおうじ）（後の天智（てんじ）天皇、626～671）①、中心人物の中臣鎌足（なかとみのかまたり）（後の藤原鎌足、614～669）②らが、唐から帰朝した南淵（みなぶちの）

①7 世紀中頃の天皇。中臣鎌足と図って蘇我氏を滅ぼし、改新を断行。

②藤原氏の祖。中大兄皇子を助けて蘇我家を滅ぼし、大化改新に大功を立て、天智天皇の時内大臣。

請安(生没年未生)、高向玄理らを改新の政治顧問である国博士に任命し、新しい政策を遂行した。大化改新は、中国文化の輸入を通して、日本で集権的官僚国家建設を目的とし、大陸の先進的な生産方式と政治制度の移植が中心であった。以下に改新の主要点と中国文化吸収の主要点を挙げる。

遣唐使海上遭難（「東征伝絵巻」）

（1）**土地制度** では、政府は大化改新以前の氏族社会の土地私有制と「部」民制を公民公地制にし、班田収授法によって租、庸、調などの租税法を実施するなど、戸籍、計帳を作成し、律令社会と成り得た。

（2）**法律** では、政府は唐律令を模倣し、「近江令」をはじめ、「飛鳥浄御原令」・「大宝律令」・「養老律令」などの律令を次々と頒布した。

（3）**官制と兵制** については、中央集権の行政制度により改定し、地方の行政組織も唐制を真似て、国、郡、里と編成した。

（4）**教育** では、教育制度と教育内容も唐制を真似て、大学寮を設置し、中国儒家の経典『孝経』①『論語』『礼記』②『左伝』③等を教材にしたが、中国の科挙制を取り入れなかった。日本は、身分制の世襲制で官僚を選抜し任命した。この時期の国家の公文書として、詔勅においても純漢文体のものと並んで、国文体の宣命が行われた。

(5) 文学 では、唐文学が日本に移植され大きな発展を成し遂げ、唐詩の影響が一番大きかった。天皇から貴族まで皆漢詩を作り、漢文学が隆盛な発展を遂げ、奈良時代から平安初期までの有名な漢詩集としては『懐風藻』・『凌雲集』・『文華秀麗集』・『経国集』なごが編修された。唐代の詩人白居易（772～846）等の詩が日本人に愛読され、摸倣された。唐詩は日本の和歌の創作にも大きな影響を与えた。

(6) 舞楽 では、唐代は中国の音楽史においての繁栄期であり、日本に大きな影響を与えた。日本の雅楽④は、大和時代では三韓楽⑤を中心としていたが、奈良時代から唐楽を中心とした。702年に雅楽寮が設置され、そこで雅楽の人材が養成された。楽と舞が一体の芸術として、唐楽とともに唐舞も日本に伝わり、現在も保存されている。有名な曲としては、唐の太宗が劉武周を破った状にかたどる「秦王破

---

①経書、孔子がその門人曾参に孝道を述べたのを曾参の門人が記録したものといわれる。

②五経の一つ、周末から秦・漢時代の儒者の古礼に関する説を集めた書。大戴礼85編と小戴礼49編あるが、今の『礼記』は小戴礼をいう。大学、中庸、曲礼、内則、王制、月令、礼運、楽記など49編からなる。周礼、儀礼とともに「三礼」と称す。

③『春秋左氏伝』の略称。「春秋」の注釈書で、春秋三伝の一つである。左丘明の作と伝え、三伝のうち最も文にすぐれ、史実に詳しい。

④その意味は雅曲正舞、雅正の楽ということ。儒教の礼楽思想に基づく、宗廟を祭るための楽である。雅楽は朝鮮までは伝わっていたが、日本へは伝わなかった。日本で雅楽と言ったのは中国で俗楽といわれていた民間の雑楽であった。

⑤新羅楽、百済楽、高句麗楽。

陣楽(じんらく)」、即位礼またその他の賀宴に用いる「万歳楽(ばんざいらく)」、舞楽中で最も豪華な装束や持物を使用し、即位礼の祝賀には必ず演ずる「太平楽(たいへいらく)」、北斉の蘭陵王長恭が天成の美貌を獰猛(どうもう)な仮面に隠して敵軍を破ったのをかたどる「蘭陵王(らんりょうおう)」などがある。

(7) **書道** では、漢字を使った毛筆による造形芸術として唐代に発達した書道芸術は、日本に伝わり、大きな影響を与えた。後にもふれるが、王羲之(おうぎし)（307?～365?）父子の作品が、日本書道界に一大ブームを起した。平安初期の「三筆」の空海(くうかい)（774～835）①、嵯峨(さが)天皇（786～842）②、橘逸勢(たちばなのはやなり)③（？～842）が日本書道史上代表的な人物である。

(8) **絵画** では、唐の絵画の影響が大きい。中国の人物画、山水画が日本に伝わり、「唐絵(からえ)」の発達を促した。日本絵画が中国から伝わった様式、技法、題材を取り入れ、中国風の人物画や唐代の画風を反映した仏教絵画が描かれた。正倉院(しょうそういん)④の「麻布菩薩(あざぶぼさつ)」と、後世日本の絵巻(えまき)⑤の先駆(せんく)とみられる「絵因果経(えいんがきょう)」などに唐朝絵画の影響が著しい。

(9) **唐の修史** 事業が日本の史学の発展に大きな影響を与えた。720年、漢文を用い中国の史書にならって作られた『日本書紀』は、日本において最古の正史の歴史書である。勅撰によって舎人親王

---

①日本真言宗の開祖。唐に留学し、帰国後高野山金剛峰寺で真言密教を伝え、国家仏教として定着させた。弘法大師。

②平安初期の天皇。「弘仁格式」「新撰姓氏録」を編纂せしめ、漢詩文に長じ、「文華秀麗集」「凌雲集」を撰せしめた。

③平安初期の能書家。遣唐留学生として入唐。

④奈良東大寺大仏殿の北西にある木造大倉庫。宝庫や経巻を収納した聖語蔵などがある。北、中、南の3倉に分れる。7～8世紀の東洋文化の粋九千余点を納める。

⑤巻物に絵を描き、繰り広げて行くことによって次々と変化する画面を鑑賞させるもの。内容は、経典の絵解き、作り物語、説話文学、高僧伝、社寺の縁起、儀式の記録など多種多様。8～9世紀に中国の画巻の形に習い、12世紀の黄金期に「源氏物語絵巻」「信貴山縁起絵巻」「鳥獣戯画」などの傑作を創作。

（676～735）①らの撰した30巻の編年体の史書として、神代から持統天皇（645～702）までの朝廷に伝わった神話、伝説、記録などを修飾の多い漢文で記述した。また『日本書紀』に先行して、712年に『古事記』のような神話伝説を主な内容とした文学作品の色彩の濃い日本的な史書の編纂が行われた。稗田阿礼（生没年不詳）が誦習し、太安万侶（？～723）が撰録した3巻の『古事記』は、天地開闢から推古天皇までの記事を収め、神話、伝説と多数の歌謡とを含みながら、天皇を中心とする日本の統一の由来を物語った。日本では、両書を総称して「記紀」と呼ぶが、その後、奈良・平安時代にかけて官撰の『続日本紀』『日本後紀』『続日本後紀』『日本文徳天皇実録』『日本三代実録』が続々と編纂され、『日本書紀』と合わせて『六国史』と呼ばれた。これらの史書は全て編年体の方法にしたがって漢文で書かれた。

（10）**暦法** では、日本は古代から天文、数学等の方面において後れていたので、ずっと中国の唐暦をそのまま導入し、使用した。二十四節や二十八宿など中国の暦法を使用し、1685年の貞享暦②が出るまで中国の暦を使ってきたが、明治時代の1873年より太陽暦を採用するようになった。

（11）**医学** では、唐時代の医薬の薬典などが伝わり、日本古代医学の発展を促進した。鑑真和尚（688～763）③のような医術にも詳しい中国僧侶の渡日もあったが、医学の勉強のため中国への留学生も多く、唐代の『新修本草』が、日本で薬典の権威として採用された。

---

①天武天皇の皇子。勅により『日本書紀』を編修の総裁となり、720年に撰進。

②渋川春海が中国元・明の授時暦を参酌して作ったもの。1754年廃止。

③唐の学僧。日本の律宗の祖。入唐僧らの請により暴風・失明などの苦難をおかして753年来日、東大寺に初めて戒壇を設け、聖武上皇以下に授戒。のち戒律道場として唐招提寺を建立、大和上の号を賜う。

(12) 建築 分野での唐の影響も大きかった。古代の日本では、固定した場所に首都を持たなかった。唐の影響を受け、日本は 710 年に、新都として建設した平城京(奈良)に遷都(せんと)することとなった。平城京は、中国の長安を模倣して、宮城と門や市や道路を作り、その大きさは長安の四分の一ぐらいであった。794 年に遷都した平安京(京都)も、長安をモデルにして作った都である。

(13) 唐代の体育娯楽 も日本に伝わり、その多くは現在の日本人の生活とも深い関係を保ってきた。囲碁、双六(すごろく)[①]、鶏合(とりあわ)せ、射礼(じゃらい)、賭弓(のりゆみ)、将棋(しょうぎ)などがある。

(14) 衣食風俗 においても、唐の影響が大きく、日本の貴族は唐の生活様式を羨望(せんぼう)し、唐の真似をした。唐服が流行になり、天皇の礼服と冠も中国の皇帝の礼服を摸倣し、大臣や女子の礼服も唐服を基準としていた。髪型も昔の美豆良(みずら)のような型から、唐の髪挙げ式にした。唐の飲食文化も日本に伝わり、日本人の生活を豊かにした。唐式の食品と料理法も伝わり、唐菓子(とうがし)も好まれた。流行した唐菓子としては、梅枝、桂心(けいしん)、桃子等だが、米の粉を布でつつんで湯にとり、あと油で揚げるものや、その他、団子(だんご)や、餛飩(わんたん)のような食べ物もあった。

茶は、奈良時代から留学生により日本に持ち帰られ、最初は薬用に、また修道中の僧徒の目覚まし用にも用いられた。嵯峨天皇以後から、お茶を飲む習慣が公卿(くぎょう)貴族の間の中で流行するようになった。

(15) 日本の伝統の年中行事 も、唐の影響がかなり大きい。例えば、お正月の門松(かどまつ)[②]飾りや、屠蘇(とそ)酒[③]と餅の飲食習慣、五月五日の端午(たんご)

---

①二人が対座して、2 個の采を木の筒に入れて振り出し、出た目の数だけ盤に並べた棋子を進め、早く相手の陣に入ったものを勝ちとする。

②新年に歳神を迎える依り代として家々の門口に立てて飾る松。

③正月の祝儀として飲む屠蘇散を入れた酒。

の節句①、七月七日の七夕②、七月十五日の盂蘭盆会、八月十五日の中秋の日、九月九日の重陽節—菊の節句などが中国と同じように日本で行われている。その他、立春前日の節分③の「豆まき」などのような、中国ではすでに消えてしまった行事が、いまだに日本で行われているものもある。

四、明治維新と西洋文化の吸収

1868 年の明治維新は、徳川氏から朝廷への政権移行、実質上は封建制から近代的国家統一と資本制への移行に連なり、近代日本国家の基礎を築いた。以後、日本政府は西洋文明を吸収して、多方面の改革を行った。

(1) 西洋教育制度の移植：

日本は元々教育を重視している国で、特に江戸時代までには庶民をも含めた教育が発達していた。明治政府は、改革の重点を教育に置き、1871 年に「学制」④を公布し、教育上の平等主義を主張し、以後大学から小学校までに至る学校制度を整えた。1890 年の「教育勅語」⑤の発布に、日本は一方で西洋の近代教育の学制と科学的な内容を吸収

---

①邪気を払うため、菖蒲や蓬を軒に挿し、粽や柏餅を食べる。近世以後は、男子の節句とされ武者人形を飾り、庭前に鯉幟を立てて男子の成長を祝う。戦後「こどもの日」として、日本の祝日となった。

②五節句の一つ。牽牛星と織女星とが年に一度相会するという 7 月 7 日の夜、星を祭る年中行事。次女が庭前に供え物をし、書道や裁縫の上達を祈る。

③季節の移り変わる時、即ち立春・立夏・立秋・立冬の前の日の称。特に立春の前日の称。この日の夕暮れ、柊の枝に鰯の頭を刺したものを戸口に立て、鬼打ち豆と称して炒った大豆を「福は内、鬼は外」と唱えながら豆をまく習慣がある。

④日本最初の近代学校制度に関する規定。欧米の学校制度を参考とした。

⑤明治天皇の名で国民道徳の根源、国民教育の基本理念を明示した勅語。教育の淵源を皇祖皇宗の遺訓に求め、忠君愛国のような儒教的な封建思想も強調された。

し、近代教育の形式を整えた。もう一方では、「忠君愛国」のような非近代的教育理念を主張し、封建主義教育の精神面の拘束を強調した。これは、日本近代社会の発展に積極的、また消極的両面の結果をもたらした。一方、全民教育の急速な発展は、20 世紀初期にはすでに国民教育の普及を可能にし、世界において最も教育の発達した国の一つとなり、日本近代化を実現するための人材面の需要を満たし、日本の「富国強兵」の目的を達成して、資本主義列強に並ぶことができた。とはいえ、「忠君愛国」式の封建教育理念は、後に軍国主義者に利用され、侵略戦争に国民を駆り立てる道具となり、日本の近代教育は第二次世界大戦における戦敗をもたらす原因の一つともなった。しかし、第二次世界大戦に敗けた後も、日本は「国破れて教育在り」という精神で再建に向かい、経済の高度成長をもたらした。

（2）西洋近代思想の流入：

明治初年、廃藩置県①を断行して中央集権体制を実現した政府は、最大の急務であった条約改正と富国強兵の実現のために、一連の文明開化政策を急速に展開していった。こうした政府の一連の施策に対応する形で、民間にあって啓蒙的に大きな役割を演じたのが、「明六社」に結集した洋学者であった。「明六社」は、1873（明治 6 年）年に成立し、西洋近代の学術、思想を啓蒙するための結社である。明六社には、西村茂樹（1828～1902）②、津田真道（1829～1903）③、西周

---

①明治 4 年に行われた地方制度改革で、日本全国の藩が廃され府県が置かれ、中央集権化が完全に達成された。

②倫理学者。儒教による国民道徳の興隆につとめ、日本弘道会を創立した。著『日本道徳論』など。

③法学者。実証主義的思想を有し、唯物論を唱える。『泰西国法論』は日本で最初の西洋法律書。

(1829～1897)①、加藤弘之(1836～1916)②、福沢諭吉(1834～1901)③、森有礼(1847～1889)④などがいた。彼らは、見聞した欧米近代についての知識を、著作や「明六雑誌」、更に講演会活動などを通じて大いに鼓吹した。明治初期、こうした啓蒙思想家たちによって、日本に移植された近代思想としては、功利主義、実証主義と天賦人権論などの思想がある。西周の「健康、知識、富有」の「人世三宝説」、津田真道の「情欲論」「死刑論」などは功利主義の思想を大衆に広めた。福沢諭吉は『学問のすすめ』の中で、「天は人の上に人を造らず、人の下に人を造らずと言えり」という言葉から書き始め、自由と独立を根底に据えた平等論で当時の人々の心を強く捉えた。また福沢の『文明論之概略』は、当時最大の課題であった文明開化に至る歴史をたどり、もっとも体系的な理論を展開した書物として、大きな役割を演じた。彼れらのこうした活動が権利思想を広め、次の時代の自由民権運動をも準備したのであった。加藤弘之は、『真政大意』を著わして、俗語文体で天賦人権説に基づく立憲政体の施策を説き、人間の平等、人民の権利義務などを政治学的に説明した。このように啓蒙思想家たちの近代新思想と新思潮の紹介と宣伝は、日本社会に大きな影響を与えた。西周は西洋の哲学を紹介するとき、例えば、西洋のPhilosophyを「哲学」と訳し、「先天」「後天」「演繹」「帰納」「主観」「客観」「理性」「悟性」等の哲学用語が、彼によって日本語

---

①啓蒙思想家。開成所教授として『万国公法』の翻訳を大成。西洋哲学を紹介。

②哲学者・教育家。東大総長。初めて天賦人権・自由平等を説き、後社会進化論を唱えて平等説に反対。著『真政大意』『国体真論』など。

③思想家・教育家。蘭学を学び、江戸に洋学塾を開く。幕府に用いられ、その使節に随行して3回欧米に渡る。維新後は政府に仕えず民間で活動、1868年塾を慶応義塾と改名。独立自尊を鼓吹、後脱亜入欧・官民調和を唱える。

④政治家。文相となり、学校令の公布など教育制度の基礎を固める。欧化主義者と信ぜられ、帝国憲法法発布の当日国粋主義者により暗殺。

として翻訳され、それが中国、韓国で使用されるようになった。

明六社以後、西洋のダーウィン(1809～1882)[1]の進化論やスペンサー（1820～1903）[2]の進化哲学が日本に紹介された。自然権力を強調するスペンサーの理論は、「自由民権の教科書」とも言われた。中江兆民(なかえちょうみん)(1847～1901)[3]のルソー(1712～1778)[4]の『社会契約論』を翻訳、解説した『民約訳解』が広く読まれ、東洋のルソーと呼ばれるに至った。明治初年から30年代にかけて日本は、イギリスの功利主義と自由主義、ダーウィン、スペンサーの進化論と実証主義、ルソーのフランス自由主義人権説、ドイツ国家主義、ヘーゲル(1770～1831)[5]のドイツ国家イデオロギーなどの哲学思想が導入された。しかし、日本国情に適合するドイツ流の国家主義思想の影響が大きかった。社会科学方面では、歴史学では、日本はランケ（1795～1886）[6]の実証主義史学の影響が強かった。経済学の方面では、イギリス古典自由主義経済学[7]とドイツ歴史学派経済学[8]とマルクス主義経済学が日本

---

①Charles Robert Darwin イギリスの生物学者。進化論を主唱し、生物学、社会科学及び一般思想界にも画期的な影響を与えた。著『種の起原』『人類の由来』など。

②Herbert Spencer イギリスの哲学者・社会学者。あらゆる事象を単純なものから複雑なものへの進化・発展として捉え、生物、心理、社会、道徳の諸現象を統一に解明しようとした。その哲学思想は明治前半期の日本人に大きな影響を与えた。

③思想家。民権論を提唱、自由党の創設に参画、同党機関紙『自由新聞』の主筆。ルソーの『民約論』を翻訳、『一年有半』『続一年有半』などの著は無神論・唯物論の思想を示す。

④Jean Jacques Roussean フランスの作家・啓蒙思想家。『人間不平等起原論』『社会契約論』などで民主主義論を唱えて大革命の先駆をなすとともに、『新エロイーズ』などで情熱の開放を謳ってロマン主義の父と呼ばれ、又『エミール』で自由主義教育を説き、『告白』では赤裸々に自己を語った。

⑤Georg Wilhelm Friedrich Hegel 絶対知へ至る理論を示した精神現象学とともに、論理・自然・精神の3部門からなる哲学体系を、理念の弁証法的発展という方法で提示した。

⑥Leopoid von Ranke ドイツの近代歴史学の祖。厳密な史料批判と史実の精緻・鋭利な客観的叙述とを以て新学風を樹立。著書に『ローマ教皇史』『世界史』など。

⑦17～18世紀に現れた思想及び運動。企業の自由を始め、全ての経済活動に対する国家の干渉を排すると主張。

⑧19世紀半ばから20世紀初めにかけて、ドイツを中心に展開された経済学の一学派。国民経済・歴史性・特殊性を強調し、保護貿易主義を唱える。

に影響を与えた。

(3) 近代科学の創立：

日本は徳川時代から西洋の近代科学を取り入れ、明治時代になってから、外国人専門家の招聘、学校の設立、留学生の派遣などの方法で大規模に西洋の科学技術を取り入れた。明治の自然科学に対する研究は、全て外国人専門家の直接の指導のもとで始められ、数学、物理、化学、地質学、医学、博物学等の分野において多くの成果をあげた。明治 30 年代からは日本の自然科学の研究が成熟し、外国人専門家の指導から独立して発展の道を歩むようになった。

(4) 近代産業と経済制度の移植：

明治維新までの日本は、封建の農業国家であった。明治政府は「富国強兵」の目的を達成するため、「殖産興業(しょくさんこうぎょう)」という手段で西洋の産業と経済制度を移植した。明治政府は軍事工業の発展に重点を置き、横須賀(よこすか)造船所、東京砲兵工廠などの軍事工場の建設に力を入れた。鉄道、汽船、電信などの近代的交通、通信機関の導入も産業の近代化を促進した。1869 年東京・横浜間に電信が設けられ、1871 年飛脚(ひきゃく)①に代る郵便制度がしかれて、1872 年に新橋—横浜間の鉄道が開通した。海上では岩崎の三菱汽船会社が、政府から巨額の補助金を得て海運事業を進出した。このように日本は近代産業を移植するとともに、資本主義経済制度を取り入れた。株式会社制度、銀行制度、近代貨幣制度、近代公債制度、近代保険事業などの導入によって、日本の近代化が促進された。

(5) 司法制度の改革：

1872 年、司法省が全国の裁判所を統一的に管理するようになり、1875 年大審院が最高の司法裁判所として設立された。西洋の法律の採用に関しては、長い期間が費(つい)やされた。近代法の編纂は、外国人専

---

①急用を遠くへ知らせる使いの人夫。江戸時代信書・金銀・貨物などの送達を業とした者。

門家を中心として行われてきた。刑法、民法がフランスの法典を基礎にして制定されたが、商法はドイツの法典を基礎に制定された。その他、民事訴訟法と刑事訴訟法も、外国人専門家によって起草され、制定された。

鉄道馬車往復京橋煉瓦造より竹河岸図（錦絵）/明治初期

(6)自由民権運動：

自由民権運動は、1874 年の「民選議員設立建白書」の提出に始まる。征韓論[①]に敗れて政府から退(ひ)いた板垣退助(いたがきたいすけ)(1837～1919)[②]らは建白書の中で、藩閥政治を批判し、国会の開設を要求した。これが大

---

①1873 年に起きた西郷隆盛の朝鮮遣使への賛否をめぐっての政争。西郷・板垣退助らは遣使を主張したが、岩倉具視らは朝鮮との戦争に繋がるとして内治優先の立場よりこれに反対。

②政治家。討幕運動・戊辰戦争に参加、征韓論政変で下野。翌年自由民権運動の指導者となる。1881 年自由党を創設。帝国議会開設後、立憲自由党総理。1898 年大隈重信とともに組閣、内相。

きな反響を呼び起こし、国会開設と地租引き下げを求める自由民権運動が大きく盛り上がった。初めは士族が運動の中心であったが、次第に豪族、農民、商工業者にまで広がった。こうした運動の展開の中で、大井憲太郎（1843～1922）①、植木枝盛（1857～1892）、中江兆民などの思想家が活躍した。中でも、自由民権運動の優れた理論家であり、実践家である植木は、1881 年「日本国国憲案」を起草したが、これは、主権在民、一院制議会、基本的人権の保障などを規定し、極悪不良の政府を転覆することは人民当然の権利であると主張した。自由民権運動は、政府のいわゆるアメとムチの政策のもとで、幹部の脱落、一部自由党員の急進化という内部的弱点もあらわれて、急速に衰退していった。しかし自由民権運動は、日本近代史上、最初の民衆主義の高揚した時期であり、憲法制定の前夜にあって、日本国進路選択の決定を迫った運動で、その果たした思想的役割は実に大きかった。

(7) ドイツ式の憲法の制定：

日本近代法体系の制定の中で、最も重要な位置を占めているのが憲法の制定である。1876 年、憲法草案の討論が始まり、イギリス式の議会内閣制を主張する大隈重信（1838～1922）②が政府から退けられ、ドイツ式の国家体制を主張する伊藤博文（1841～1909）③が井上毅（1843～1895）④らとともに憲法の制定を始めた。1889 年 2 月 11

---

①政治家・社会運動家。民選議員設立論争で尚早論を批判、自由党左派の指導者。1885 年大阪事変を起こし入獄。1892 年東洋自由党を組織、労働者保護や国権拡張を唱えた。

②政治家。維新政府の要職を歴任、主に財政を司るが、一度下野し、後外相となり条約改正につとめるが挫折。1898 年憲政党内閣の隈板内閣に首班。1914 年再び首相。東京専門学校（現早稲田大学）を創立。

③政治家。維新後、藩閥政権内で力を伸ばし、憲法制定の中心となる。首相・枢密院議長・貴族院議長歴任、4 度組閣し、日清戦争にあたる。政友会を創設。1905 年韓国統監。ハルビンで朝鮮の独立運動家安重根に暗殺された。

④政治家。伊藤博文のブレーンとして活躍し、帝国憲法や教育勅語・軍人勅諭の起草に参画。

日、アジア国家における最初の憲法といわれる「大日本帝国憲法」が、欽定（きんてい）の形で公布された。帝国憲法は、「大日本帝国ハ万世一系ノ天皇之ヲ統治ス」に始まり、民権運動の要求をも入れて国会開設を実行した。帝国議会は、貴族院と衆議院の二院制をとるとはいえ、君主権を強化して国会の権限をできるだけ狭い範囲にとどめ、天皇主権の政治体制を確立することに主眼を置いていた。

(8) 生活様式の「文明開化」:

明治初期の「文明開化」は、日本人の生活方式と風俗習慣に大きな変化をもたらした。服装から見ると、まず、陸、海軍、警官で西洋の軍服の採用が始まり、1871 年天皇と皇后の礼服も洋服を採用し、官僚の洋式礼服が制定された。教員、学生、医者、弁護士、記者なども洋服を採用した。ただ明治初年の日本人の服装は、和洋折衷の様相を呈した。和服の姿で靴を履く人もいるし、洋服の姿で下駄を履く人もいた。1871 年、政府は「散髪脱刀令（さんぱつだっとうれい）」[1]を頒布（はんぷ）し、天皇も頭髪を散切（ざんぎ）り[2]にした。当時、「ザンギリ頭を叩いて見れば文明開化の音がする」という歌が流行したように、民間でも頭髪をざんぎりにした。日本は、古代から仏教の影響が強く、肉食が少なかったが、西洋に学び、国民の体力を強くするため、天皇自から牛乳を飲み、牛なべを食べ始め、僧侶にも氏を称させ、肉食、妻帯（さいたい）を許した。洋式の菓子や、ビスケット、ワイン、ビール、ウィスキーの食用も始まった。西洋式の建築も多くなって、イギリスの建築家コンドル（1852～1920）[3]が設計し、1883 年に完成した鹿鳴館（ろくめいかん）は、外交団や日本の上流階級の男女がダンスをする国際社交場として有名であった。明治になって発明された人力車は、1871 年末には東京で四万台を数えるほど流行して駕籠屋（かごや）

---

①髷を落とし、刀を帯びないことを自由にする。

②元結を結ばず、髪を散らしたままにしておくこと。

③Josiah Conder 1877 年工部大学教師として来日。東京帝室博物館・鹿鳴館・ニコライ堂などを設計。

を駆逐したが、それから三年後には乗合馬車も登場した。行燈はランプに追われ、そのランプがガス燈や電燈に追われるようになった。1872 年から、日本は太陰暦を廃して、太陽暦を採用し、更に一日 24 時間制の採用や、日曜日を休日とすることが定められるなど、すべてはめまぐるしく変転した。それが文明開化であり、文明に乗り遅れないために、皆が競いあった時代であった。

五、敗戦とアメリカ文化の吸収

1945 年 9 月 2 日、東京湾上のアメリカ戦艦ミズーリ号甲板で、日本大本営の代表梅津美治郎（1882～1949）①参謀総長の降伏文書調印式が行われた。この調印式によって、日本の「第二次の開国」が始まった。それに先立って 1945 年 7 月、米・英・中三国連盟（後にソ連が参加）のポツダム宣言②が発せられ、日本軍国主義勢力の永久排除、政治の民主化実現を要求し、日本はそれを受諾した。

（1）天皇の「人間宣言」：

日本の天皇は、長い日本歴史発展の中で、最高の宗教権威として敬われ、政治地位がほとんどなかった。近代に入って「大日本帝国憲法」の下で、天皇はかえって政治の面において、至上の位置を得るようになった。近代化している国の中で、天皇を神として、つまり「現人神」③として敬うのも日本だけであろう。日本の敗戦後も、天皇

---

①陸軍大将。中国駐屯軍司令官・関東軍司令官を経て、最後の参謀総長となる。ミズーリ艦上で降伏文書に調印。東京裁判で A 級戦犯、終身禁固刑。

②1945 年 7 月 26 日、ポツダムにおいてアメリカ合衆国・中華民国・イギリス・ソ連が日本に対して発した共同宣言。戦争終結、日本降伏条件と戦後の対日処理方針と定めたもので、軍国主義的指導勢力の除去、戦争犯罪人の厳罰、連合国による占領、日本領土の局限、日本の徹底的民主化などを規定。日本ははじめこれを無視したが、原子爆弾の投下、ソ連の参戦により同年 8 月 14 日受諾し、太平洋戦争が終結。

③神は隠身を常とするが、人の姿となってこの世に現れた神とするという解釈から天皇の称ともされた。

制を支持する日本人が少なくなかった。1946 年 5 月の「毎日新聞」のアンケートによると、天皇制を支持する者は 85%を占め、反対者はわずか 13%のみであった。1946 年元旦、昭和天皇（名裕仁、1901～1989）は詔書（しょうしょ）を発し、天皇と国民とが信頼と敬愛の基礎の上に結ばれた関係であり、神話や伝説に上に成り立っている関係ではなく、「天皇ヲ以テ現御神」とするのは「架空ノ観念」であると宣言した。これが即ち天皇の「人間宣言」である。天皇の神から人間への転換は、日本人の国民意識の変化を促進した。又、国家神道の禁止、政教分離の「神道指令」[①]が出され、皇族に対しての改革や、世襲の華族制度の廃止など、占領軍の指令によって種々の改革が行われた。

テジオのマイクに向う昭和天皇（1946 年 5 月 24 日）

(2) 民主主義憲法の制定：

日本を改造する根本的な措置は、民主主義憲法を制定することである。既述のように明治時代に、ドイツの憲法を基礎にして、日本は皇権を強調する「大日本帝国憲法」を制定したが、戦後、占領軍の指

①信教の自由を保障するために、政治と宗教が相互に介入し合うことを禁止する。

示の下新しい憲法の起草が始められた。1946 年 11 月 3 日、アメリカ人専門家の指導によって起草された「日本国憲法」が公布され、1947 年 5 月 3 日より施行された。この「日本国憲法」では「主権在民」が定められ、天皇は国家の象徴とされて、政治上の権能を持たない。国民はすべて法の前に平等とされ、平和主義の精神の下で、「戦争の放棄と戦力の不保持」を規定した。議会中心主義と議会制内閣を採用し、国権の最高機関は衆議院と参議院よりなる国会であり、内閣総理大臣の指名、憲法改正の発議など重要な権限を持つこととなった。憲法の全面改正にともない、旧来の嫡子（ちゃくし）（長男）相続制（そうぞくせい）による家制度の廃止と、男女平等の原則による民法の改正、人権の保障を主眼とする刑事訴訟法の全面改正、及び行政組織、裁判所機構、地方自治制などにわたる大規模な改革が次々と行われた。

（3）政治の改革：

戦争中の政府、軍の首脳者は戦争犯罪人として逮捕、処刑され、同時に指導的な役割を演じた政治家、言論人、実業家、教員及び職業軍人などが公職、教職などから追放され、軍国主義勢力は全面的に崩壊した。戦争犯罪人に対しては、1946 年 5 月極東国際軍事裁判（きょくとうこくさいぐんじさいばん）[①]所が設けられて裁判が行われ、不戦条約その他の国際法に違反して侵略戦争を行い、平和及び人道に対する罪を犯したという罪名により、1948 年 11 月元総理大臣東条英機（とうじょうひでき）（1884～1948）[②]ら 7 名に死刑が、元内大臣木戸幸一（きどこういち）（1889～1977）[③]らに禁錮刑が宣告された。俘虜（ふりょ）

---

①ポツダム宣言受諾に基づき、太平洋戦争における日本の主要な戦争犯罪人に対して行われた裁判。この裁判所は連合軍最高司令官の命令で東京に設けられ、オーストラリアのウェッブ裁判長、アメリカのキーナン首席検察官らの下で東条英機ら 25 被告を審理し、1946 年 5 月開廷、1948 年 4 月弁論を終わり、同年 11 月判決があった。

②陸軍大将。関東軍参謀長・近衛内閣陸相を経て、1941 年組閣、陸相、内相を兼ね、侵略戦争を拡大、太平洋戦争を起こし、参謀総長・商工・軍需各相をも兼務。戦況の不利に伴い 1944 年辞職。敗戦後、A 級戦犯として絞首刑。

③侯爵。貴族院議員。文相・内相を経て 1940 年内大臣。昭和天皇の側近として絶大な影響力を振るった。A 級戦犯として終身禁錮刑、1955 年仮釈放。

虐待（ぎゃくたい）や残虐（ざんぎゃく）行為を行ったとされた下級軍人なども、戦争犯罪人として処罰された。治安維持法、治安警察法、新聞紙法、出版法などの思想、言論、結社などの自由を拘束してきた法令が無効とされ、共産党員その他の政治犯の釈放が行われた。政党が復活し、日本自由党、日本進歩党、日本社会党が成立し、日本共産党がはじめて合法政党として政界に登場した。衆議院議員選挙法が改正され、20 歳以上のすべての男女に選挙権が与えられ、はじめて婦人参政権の実現を見た。

(4) 教育制度：

教育では、アメリカ教育視察団は、軍国主義者や極端な国家主義者を教壇（きょうだん）から追放するとともに、従来の修身①、日本歴史などの教育を停止し、六・三・三制の採用、教科書の民主的な改造、ローマ字化への日本語の改革、男女共学の改革などのような勧告を提出した。1947 年 3 月、新憲法の精神を教育によって実現するための「教育基本法」が制定され、個人の尊厳を重んじ、真理と平和を希求する人間の育成を期すべきこと、勤労と責任を重んじ、自主的精神に満ちた健康な国民の育成を期すべきこと、公民として必要な政治的教養が尊重されねばならないこと、男女共学が認められねばならないことなどが規定された。又同時に制定された「学校教育法」により、いわゆる六・三・三制の学校制度が採用され，義務教育は 6 年から 9 年に延長された。また 1948 年から教育行政の民主化のために、公選の委員で組織される「教育委員会」が設けられ、大学以外の公立学校の教育事務などを担当することとなった

(5) 農地の改革：

占領軍は、日本の経済機構を民主化するため、土地制度の改革を進めた。1945 年に行われた最初の農地改革指令は、在村地主の小作地保

---

①旧制の学校の教科の一。天皇への忠誠心の涵養を軸に、孝行、柔順、勤勉などの徳目を教育。1880 年以後重視され、第二次大戦後廃止。

有量を5町歩まで認めていたが、ソビエト連邦(れんぽう)、イギリスの意見を入れ、1946年の第二次農地改革諸法令では、在村地主(じぬし)の小作地(こさくち)を、北海道を除き、全国平均1町歩（約1ヘクタール）以内とし、それを超える小作地を小作人に優先的に譲り渡すという措置が決定され、全国小作農地約260万町歩のうち約200万町歩が耕作者のものとなった。また小作料は金納に改められ、その率も引き下げられた。農地改革の結果、寄生(きせい)地主は従来のような支配力を保つことが困難となり、農村には大きな変化が生じた。しかし、山林原野や水利権の解放が行われなかったために、山林地主は、採草や薪炭(しんたん)原料を取る事などを通じて、農民に対する支配力をなおしばらく保有することとなった。

(6) 財閥の解体：

占領軍は、財閥の支配的勢力が軍国主義の重要な原因となったと考え、まず三井、三菱、安田、住友などの財閥の資産凍結を命じ、次いで「独占禁止法」、「過度経済力集中排除法」が制定されて、財閥の独占資本による金融及び企業の支配を解体する措置が進められた。しかし、独占資本の支配を弱体化させようとする政策はやがて打ち切られ、後に1950年から1953年に至る朝鮮戦争の特需景気(とくじゅけいき)にともなって、独占資本が復活するに至るのである。

(7) 組合法の制定：

1945年12月、「労働組合法」が制定され、1946年3月より施行され、労働組合(くみあい)がはじめて法律の保護を受けることになり、また1947年4月には「労働基準法」が制定され、労働者の労働条件に関する諸権利が、法律で保障されることになった。それに伴って、労働組合が続々と結成された。占領軍は、はじめ労働運動の復活を奨励したが、1947年2月1日官公庁労働組合を中心とする同盟総罷業(ひぎょう)（2.1ゼネスト）が行われようとした際には、これを禁止した。

(8) アメリカ文化の広範な影響：

日本は、明治時代からアメリカの文化を受容し始めたが、第二次世界大戦敗戦後のアメリカ軍の占領によって、アメリカ文化を大規模に吸収するようになった。学問から見ると、明治時期からドイツの学風が日本学術界を支配してきたが、戦後、アメリカの「社会心理学」「文化人類学」「輿論調査」等の学問が、日本で流行するようになった。日本学術界の研究重点が、哲学から社会学や心理学へと変わり、訓詁主義と文献主義から実証性の学風へと転じた。戦後、経済の復興と科学技術革命の必要にしたがって、分析哲学と論理実証主義もアメリカから日本に流入し、実用主義と結合した。また、マルクス主義思想も日本で再び研究され、政治学者の丸山真男、経済学者の大塚久雄（1907～1996）①、社会学者の福武直（1917～1989）②などのような自由主義学者に影響を与えた。アメリカの文化は、また教科書を通して日本の青少年に浸透した。アメリカとアメリカ式の英雄人物が日本の小、中学校の教材に登場し、日本の青少年に大きな影響を与えた。ハリウッドの映画が日本の映画館で放映されるなど、アメリカ式の生活方式と価値観が、日本人に大きなショックを与えた。流行している歌もアメリカの歌で、メロディーも日本の民謡や浪曲に使われた。1947 年にロックとジャズが日本で一世を風靡した。

(9) アメリカ管理科学：

アメリカは、現代管理科学の発生地として、その科学管理の理論と実践が、30～40 年代のアメリカ企業文化の特色となった。戦後、アメリカの現代的な経営管理技術と経営管理思想が日本に伝わった。例えば日本は、1949 年から「経営者講座」（CCS）を開設し、「管理者訓練計画」（MTP）を導入した。これに基づいて「監督者訓練講座」

---

①経済学者。近代資本主義の発生をめぐって独自の体系を構築。著『株式会社発生史論』など。

②社会学者。農村社会の分野ですぐれた研究を行った。著『日本村落の社会構造』など。

（TWI）等のような講座を設け、アメリカの有名な経営管理専門家たちを日本の講義に招き、大学の中に品質管理の専門学科を設立した。同時に、視察団をアメリカに派遣し、その熱情と規模は昔の遣唐使時代を思わせる程であった。日本は、アメリカの企業管理訓練方式、理事会制度、事業部制度、長期経営計画、統計制度、人事制度、俸給制度、職員教育制度、全面品質管理制度などのような管理システムを導入した。しかし日本は同時に、日本式の経営管理をもそのまま生かして、集団主義と人情を重視した点も見逃せない。

（10）アメリカ生活方式の魅力：

戦後、アメリカの生活様式が、新聞や映画などを通して日本人に知られるようになると、日本人の衣食住に大きな影響を与えた。衣から見ると、戦前日本の女性は和服が多かったが、戦後からは洋服を着用するようになり、現在では和服は伝統的な服装として、特別の日に着るものとなった。食については、戦前、朝食はご飯に味噌汁という伝統的なものであったが、戦後はパンとチーズやコーヒーやミルクといった洋式のスタイルも普及した。ある統計によると、戦前米食が86%だったが、戦後は麺類が26%になった。住から見ると、「ウサギ小屋」とも言われた日本人の家は、戦後は、アメリカの住宅建築方式を導入して、専用住宅団地（だんち）と呼ばれる集合住宅が多く造るようになった。団地は、2DK、3DKというような間取りで、部屋には洋式のテーブルを使うようになり、畳の上で食事を取るといった伝統的な住食一体の生活様式は少なくなりつつである。アメリカの生活様式が、戦後日本人の生活様式の目標となったといえる。

関連知識一

1. 朝鮮文化の吸収

在日の朝鮮作家の金達寿氏は、1970 年に『日本の中の朝鮮文化』という著作で、日本の中の朝鮮文化の影響を発掘した。金達寿氏は、日本の神宮、神社の原形が新羅（しらぎ）（356～935）①の祖先を祭る儀式に起源していると見ている。日本皇室の祖先神の天照大神（あまてらすおおみかみ）も、新羅に由来していて、京都の稲荷大社（いなりたいしゃ）、松尾（まつお）大社、祇園社（ぎおんしゃ）なども、新羅の移民の秦（はた）氏が、氏神（うじがみ）を祭祀する場所であるという。金達寿氏の説が全て成立するとは言えないが、同氏の主張は日本文化の再認識に意義があり、朝鮮半島が大陸文化の日本伝播に、非常に大きな役割を果たしたといえよう。弥生文化の発生も、朝鮮半島の役割が大きかった。4 世紀から百済（くだら）（BC18？～AD660）②、高句麗（こうくり）（BC37？～AD668）③の滅亡によって、王族達が日本に移住するようになった。大陸や朝鮮半島からの移民の多くは、戦乱を避けるため日本に渡来したが、日本は朝鮮半島を通して中国文化を吸収した。

2. インド文化の吸収

奈良時代から平安時代初期まで、日本は、唐との往来を通して中

---

①古代朝鮮の国名。三国の一。前 57 年頃、慶州の地を中心に、4 世紀辰韓諸部を統一して新羅と号した。6 世紀以後伽耶諸国を滅ぼし、また唐と結んで百済・高句麗を征服、668 年朝鮮全土を統一。935 年、56 代で高麗の王建に滅ぼされた。中国から取り入れた儒教・仏教・律令制等を独自に発展させ、日本文化への文化的・社会的影響が多きい。

②古代朝鮮の国名。三国の一。4～7 世紀、朝鮮半島の南西部に拠った国。4 世紀半ば、馬韓の一国から勢力を拡大、371 年漢山城に都した。後遷都。高句麗・新羅に対抗するため、倭・大和王朝と提携する一方、儒教・仏教を大和王朝に伝えた。唐・新羅の連合軍に破られ、660 年 31 代で滅亡。

③古代朝鮮の国名。三国の一。紀元前後、ツングース系の朱蒙の建国という。中国の東北部から朝鮮北部に渡り、4～5 世紀の広開土王・長寿王の時に全盛。都は 209 年より丸都城、427 年以来平壌。唐の高宗に滅ぼされた。

国文化を吸収しただけではなく、インドや南アジアの文化も吸収した。例えば、インドの神々は日本人の生活の中に影響を与えた。インドの仏法守護神のYamaが、日本では地獄の審判を掌る「閻魔（えんま）」になり、運命、財宝、美麗の女神 Laksmi が中日では「吉祥天（きっしょうてん）」となった。京都の祇園の八坂（やさか）神社の牛頭天王（ごずてんのう）①も元々インドの祇園精舎（ぎおんしょうじゃ）②の守護神（しゅごじん）であったとされている。また、インド思想の中でも仏教の慈悲思想が、日本の政治に大きな影響を与えた。仏教が日本に伝わって以来、350年間日本では死刑の記録は無かった。天皇の即位時の儀式も佛式による内容も含まれ、明治維新まで続いた。慈悲の思想は、一般の庶民の思想にも大きな影響を与えた。次に、インドの仏教は日本美術に大きな影響を与えた。即ち、日本の仏教美術は、中国及びシルクロードを通して間接的にインドの影響を受け、また、直接インドからの影響も受けた。また、日本五十音図の発明は、古インド文字の影響も受け、日本語の中のインド語も少なくない。例えば、カワラ（瓦)、ダンナ(旦那、檀那)、などがインドからきた言葉である。最後に、インド神話が日本文学に影響を与えた。中国や日本の神話の多くも、インドに生まれた。例えば、平安時代前期に成立した日本最初の物語小説の『竹取物語（たけとりものがたり）』③中の、「かぐや姫」も、仏経の一節で、月の女が成仏した物語が素材となったといわれる。

3. 南蛮文化の吸収

西洋では、14世紀から16世紀にかけて展開したルネサンスと、16

---

①元インドの祇園精舎の守護神とも、薬師如来の垂迹とも言われる。除疫神として祀る。

②釈尊及び弟子たちがいる僧坊。釈尊の説法の多くがここでなされ、竹林精舎とともに二大精舎という。

③平安初期にできた日本最古の作り物語。竹取翁が竹の中から得て育てた美女かぐや姫が、五人の貴公子の熱心な求婚を難題を出して退け、時の帝の召にも応せず、遂に八月十五夜、月の世界に帰る。

世紀の宗教改革の中で新文明が起こり、航海技術の進歩もあって、植民地の拡張が始まった。最初に拡張を始めた国はポルトガルであった。1543年に、鉄砲の伝来とキリスト教が日本に伝わり、「南蛮文化」或は「キリシタン文化」と呼ばれた。1549年、フランシスコ・ザビエル（1506～1552）①が鹿児島（かごしま）に上陸し、日本でキリスト教の伝道をはじめ、貿易と布教活動を同時に進める方針を取った。南蛮貿易によって富国強兵を図ろうとする九州の諸大名の政治的意図と、キリシタン伝道との結合、本願寺（ほんがんじ）勢力に手を焼く織田信長（おだのぶなが）（1534～1582）②による保護、戦国の動乱を通じての伝統的な価値体系の解体、封建的政治権力化していた大寺院にみるような仏教の政治化・世俗化とが、キリスト教を比較的短い期間に広範な地域に伝播することを可能にした。宣教師たちは西洋の活字印刷機を用いて、宗教書の翻刻（ほんこく）や、その他キリシタン版と呼ばれる出版を行った。キリスト教に関係のある芸術や道徳、習慣も信徒の間に伝えられた。油絵（あぶらえ）や銅版画（どうはんが）など伝道に必要な宗教画が描かれ、信徒の集まりに洋楽の演奏や宗教劇の上演が行われた。信徒は西洋紀元や七曜の暦（こよみ）を用いたので、自然に太陽暦が使われだし、大地が球型であることも教えられた。ことに一夫一婦の貞操が説かれたことや、教会の中で大名が庶民と席を同じくしたことなどは、今まで日本人の知らなかった新しい道徳を示すものであった。日本の宗教的伝統と異質なキリスト教は、信者の人数が急速に増え、1587年、豊臣（とよとみ）

---

①日本に渡来した最初のイエズス会士。スペインのナバラ王国の王族。1541年東洋伝道のためインドからマラッカなどを遍歴、1549年に鹿児島に来り、平戸・山口など日本各地に伝道。1551年離日、中国に入ろうとして広東付近で病没。漢名は方済各。

②戦国・安土時代の武将。安土城を築き、天下統一の歩みを進めたが、京都本能寺で明智光秀に襲われて自刃。

秀吉（1537～1598）[①]の「伴天連追放令」[②]が出された後も運動は衰えず、信者が 30 万にも達した。秀吉に始まるキリスト教禁教政策、更に徳川政権による徹底した禁教政策によって、キリスト教は邪宗として激しい弾圧と迫害を被ることになった。禁教政策の後、徳川政府は鎖国令[③]を出した。中国とオランダ、朝鮮のみを通商国として限定し、貿易と海外情報を幕府によって独占した。

南蛮文化は、日本にキリスト教を伝えただけではなく、宣教師らにより当時の欧州の思想、倫理、教育、科学技術、文学、美術、音楽、建築、風俗などが日本に伝わり、広範な領域に影響を与えた。鉄砲の伝来は戦争方法の革命を加速化し、日本統一の速度を早めた。宣教師によって欧州の教育が日本に伝わり、神学校や神学院が多く設立され、自然、人倫と神学が学ばれた。また欧州の医学、農学、天文学、航海技術、数学、測量、地理学、暦学、兵学も日本に伝わった。南蛮文化は日本人の日常生活にも影響を与え、ズボン、メガネ、コーヒー、パン、ボタン、タバコ、ベランダ、バランスなどの外来語も多く使われた。

4. 蘭学の吸収

鎖国後も日本と西洋との接触は全く中絶してしまったわけではなく、長崎におけるオランダとの接触を通じて、オランダ流医学、天

---

①戦国・安土桃山時代の武将。織田信長に仕え、やがて羽柴秀吉と名乗り、本能寺の変後、明智光秀を滅ぼし、四国・北国・九州・関東・奥羽を平定して、天下を統一。1583 年大阪に築城、1585 年関白、翌年豊臣の姓を賜り太政大臣、1591 年太閤と称。明を征服しようとして、朝鮮に出兵、李舜臣に敗れ、病没。

②1587 年秀吉が九州征伐の直後、博多で発した禁止令。キリシタンを禁じ、バテレンを 20 日以内に国外追放することを命じた。

③江戸幕府が鎖国体制をつくるために出した一連の法令。特に 1635 年の海外渡航禁止令と、1639 年のポルトガル船来航禁止令という。

南蛮屏風/安土桃山時代

文学や世界地理学など西洋の学説が系統的に日本に紹介された。日本における西洋近代科学の体系的な研究の発端は、前野良沢（1723～1803）[①]、杉田玄白（1733～1817）[②]らが、ドイツの解剖書をオランダ語訳した『ターヘル・アナトミア』を翻訳し、『解体新書』と名づけて刊行したことである。これを契機として、これまでの西洋科学知識の断片的な摂取から、西洋近代科学についての真に体系的な研究が始まり、日本の学問の主要な一角を形成するに至り、「蘭学」と呼ばれる学問が成立した。この時期における西洋学の普及に伴って、単に自然科学の面のみならず、西洋の近代思想や、社会制度や諸文化についての理解も深まることによって、日本近代化への志向の芽が、洋学者たちの間に見え始めてきた。天文学の分野では蘭学者の本木良永（1735～1794）[③]がコペル

---

①江戸中期の蘭医。杉田玄白とともに死刑囚の死体解剖を実見、『解体新書』を共訳。

②江戸中期の蘭医。

③江戸中期の蘭学者。長崎オランダ通詞。地動説を紹介。志筑忠雄・大槻玄沢らがその門下。

ニクス（1473～1543）①の地動説をはじめて紹介し、志筑忠雄（しづきただお）（1760～1806）②がニュートン（1642～1727）の力学をも紹介した。南蛮文化が西洋の中世の宗教文化とすれば、蘭学は近代理性文化であるとも言えるだろう。

---

①Nicolaus Copernicus ポーランドの天文学者・聖職者。太陽中心宇宙説を首唱、地動説を発表し、当時定説であった地球中心宇宙説に反対し、近世世界観の樹立に貢献。

②江戸中期の蘭学者。オランダ語法を本格的に研究した最初の日本人。ニュートンの天文学を祖述し、『暦象新書』を編し、星雲説を説いた。

第二章　稲作文化の特質

一、稲作文化の上陸

約 1 万年前に、日本は、旧石器時代から新石器時代に入り、その時代の文化は縄文文化と呼ばれている。縄文文化の時期、日本列島では本格的な農業の行われた形跡（けいせき）がなく、縄文の遺跡から当時の人々が、狩猟、採集を主とした生活が行われていたことがわかる。日本列島が、縄文文化の原始社会であった時、中国では、奴隷（どれい）制社会から封建（ほうけん）制社会に転換しようとする時期であった。中国では、夏（か）、商（しょう）、西周（せいしゅう）、東周（とうしゅう）（春秋（しゅんじゅう）・戦国（せんごく））、秦（しん）などの時代を経て、強大な漢が興った。この時期の中国文化は、すでに高いレベルに達しており、農業も盛んに行われていた。

紀元前 3～2 世紀前後に、日本社会は新しい時期に入った。先進の大陸文明は、朝鮮半島を通じて日本列島に伝わり、日本で高い文明の発生に欠かせない農耕文化が初めて表れた。同時に、日本は、石器時代から鉄器時代に入り、日本文化史において画期的な意義をもたらした。日本に初めて金属器の使用と水田耕作を主とする農業技術とが伝えられることで、米作りに基礎を置く農耕社会が生まれた。

農耕文化の発生は、人類文化史において巨大な進歩であった。稲作文化の日本列島への上陸は、日本文化の発展に大きな影響と変化をもたらした。日本の社会は、縄文時代から弥生時代に移行し、弥生文化が成立した。この変化は、外来文化特に中国文化の刺激の下で実現されたもので、中国の先進文化の一つである稲作（いなさく）文化は、渡来人によって、西日本の各地に伝わり、徐々に日本列島の東日本から東北地方の一部にまで広く普及した。農業の発展と鉄器道具の使用によって、社会の生産力が大きく発展した。

生産と生活の歴史伝統から見ると、日本は、農耕文化圏に属し、遊牧（ゆうぼく）文化圏と大きな差異を示している。農耕文化圏は、世界においてその分布（ぶんぷ）はが広く、アジア、アフリカ、ヨーロッパ大陸を含んでいるが、それをまた麦類（むぎるい）栽培圏と稲作栽培圏とに分けることができる。ヨーロッパ、中国の北部及び朝鮮半島の北部は大体麦類文化圏に属しているが、中国の南部、朝鮮半島の南部、日本、南アジアと東南アジアは、気候が温暖多湿で稲作文化圏に属している。中国は、日本と同じく農耕地域に属しているが、北方の黄河地域の麦類栽培圏と、南方の揚子江、珠江地域の稲作栽培圏とに分けられている。同時に、中国は、また同時に広域的な遊牧文化圏を持っている。モンゴル地域、西部地域、チベット地域などがこれに属していて、長い歴史の発展の中で、民族大移動、民族大融合が起り、中国の農耕文化の中に遊牧文化が影響を与えるようになった。中国は、遊牧文化の影響を受けている農耕文化として、稲作文化と麦類文化の特徴を同時にもちながら、麦類文化の特徴をもっと強く示している文化と言えるだろう。しかし、遊牧文化とほとんど無縁の日本文化は、稲作文化の特質を強く表しているといえるであろう。

二、集団主義の形成

稲作文化は、日本人の集団主義の形成に大きな影響を与えた。日本は、稲作文化圏に属していて、日本人は高温多湿な環境の中で、共同作業の方式で稲作を栽培してきた。筧泰彦氏は、「日本人の人間としてのあり方や、日本語や日本文化は遊牧・牧畜から興ってきた西欧文化と今日では表面のところは同じ様になって来た様でも、大いに相違したところがあります。」[1]と述べている。日本文化は、稲作という生産方式によって、稲作文化の特徴が強く現れるようになった。稲の耕作は、水田の開発、水利の維持管理には、より多くの人々の結合が必要であり、このため寄り集まった住居群が形成されるようになる。住居群には、共通の井戸や余剰の稲を収納する倉庫が作られ、大溝をめぐらすようにする。このようにして、田の位置や用水施設の固定化にしたがって、人間の住居も付近に固定されるようになり、生活と労働の集落が形成されるようになる。

このような集落は、「古くからの耕地の共有と、耕地を保全する灌漑土木工事についての集団的協業を基礎とした農業共同体の集団的生活がきそであった。」[2]という稲の耕作には、それに必要な灌漑設備から苗代、田植え、収穫、脱穀などに至る共同作業が必要であり、その為家族を単位としてヨコに結合する村落共同生活が営まれ、人々の協力、団結や調和の精神が尊重された。こうして家と家との連結が必要となり、強固な地域社会が形成されていった。稲作労働が始まろうする年始に、一同が揃って祈年祭という祭事をを行い、五穀の豊作を神々に祈念したり、水が枯れれば、一連の田を作っている家々が心を一つにして雨が降るようにと神々に降雨を願う。用水の具合が順調で、天気も好調で豊作となれば、同じ用水に属する家々が共にその豊作を喜び、神に感謝するお祭りを行った。

共同管理の施設や共同作業の多い地域社会では、自己中心的な活動をすれば、全体に迷惑が及ぶことになる。こうして、個人よりも集

---

①筧泰彦、『日本語と日本人の発想』、日本教文社、1974 年、100 頁。

②青山道夫等編、『講座・家族・1・家族の歴史』、弘文堂、1973 年、410 頁。

団の利益を常に優先させる仲間意識が形成されるようになった。こういうような日本の社会に対して川島武宜（かわしまたけのぶ）氏は「何人も個人として行動することはできないし、独立な個人としての自分を意識することはできない」[①]と指摘した。個人よりも集団の利益を優先させることは、集団の利益が個人の行動を決定する基準となり、個人としての自覚は弱いものにならざるを得なかったのである。「何人も常に共同体的な秩序の雰囲気につつまれ、そこに支配する必然性の客体として、自らを意識しなければならない。この雰囲気に抗して自分の意識や行動を対立させることは、この牧歌的な平和の破壊を意味する。それは硬く禁止されるタブーであり、また実際何人もそれをあえてしようとする気持ちを持たぬであろう。」[②]

このような共同体の生活は、近代以前の日本人の生活基盤であった。共同水田の取り入れ、植え付け、山林の手入れ、或いは道路、堤防（ていぼう）の構築など、これらはみな村付き合いとして、村落の共同作業で処理している。その他、結婚、葬式など、私事に関する行事も、かならず村付き合いの一環として行なわれる。村からの脱落は、時には死さえも意味するのである。

江戸幕府の出した「御定書百箇条」という条文がある。その中には十の付き合いという項目があるが、これは「誕生、成人、結婚、死亡、法事、火事、水害、病気、旅立ち、普請（ふしん）」という人間同士の付き合いの基本を述べたものである。これが後に村付き合いの行事として、村落共同体の中に定着していった。

「村八分」という差別の代名詞になっている言葉は、共同体にとって益にならない、あるいは悪事をはたらいた者に対して、火事と葬式以外は付き合いをしない意味である。火事は一切の財を失ってし

---

①川島武宜、『日本社会の家族の構成』、日本評論社、1950年、14頁。

②川島武宜、『日本社会の家族の構成』、日本評論社、1950年、15頁。

まう災難、葬式は悲しいものだからこの二つは付き合ってやるが、後は赤ん坊が生まれようが、結婚しようが一切無関係、勝手にやれということである。十のうち二つは付き合うが八つは付き合わない―これが「村八分」という意味である。

村落の住人たちは、先祖からの系譜と親戚関係を大切にして、さながら家族のように結合しあって暮らしてきた。その中で人々の相互間には直観的な理解が成り立ち、取り立てて自己主張したり、村の掟を破ったりすると村に住んでいられなくなった。

そこでは封鎖的な社会集団が形成され、おのずから上下の人間関係ができていて、集団の利益が個人の行動を決定する基準となる。

今日でもこうした集団的行動様式は企業や団体などに受け継がれていて、他人との調和を重んじることが日本人特有の集団性として見なされている。例えば、企業終身雇用制によって、従業員による封鎖的な社会集団が作られる。一方、会社は従業員の面倒を最大限に見て、金銭給付以外でもさまざまな給付を行う。企業では多くの場合、低家賃で社宅を提供し、社員旅行を行い、家族参加の運動会を催したりする。結婚や出産などの慶祝金や弔慰金の制度がある。また、結婚式や葬式では会社の上司、同僚、後輩が参加して、一定の役割を果たす。近年は、だんだん少なくなったとは言え、従業員の私生活にわたって会社の機能が入り込んでいる状況が見られる。

三、親植物性

稲作の栽培は、また日本人の植物に対する特別な感情を育てた。ヨーロッパでは、戦争の時、兵士の多い場面を「羊の群れのように」と形容するが、日本では「雲のように」と形容する。美女を譬える場合も、日本では美人の顔を「花」に譬えることが多い。城戸幡太郎氏が、「色彩の意味を表現するものが国語においては特に植物に多いことは、日本人の自然に対する生活態度が一般に欧州人のそれと比較して如何に草木と親密な関係があったかを理解」①できると指摘した。

色絵藤花文茶壺（野村仁清作、箱根美術館）豊かな姿に藤の花が鮮やかに泛かぶ。ロクロ上手の仁清が薄手にひじた形に純日本趣味の文様が見事に調和する。

日本人の親植物性という特性は日本人の衣、食、住からも見るこ

①城戸幡太郎「国語表現学」、『日本を知る辞典』より引用、社会思想社、1979年，835頁。

とができる。衣については、日本人は麻、棉、絹などの植物繊維を使うが、欧州では動物の毛皮で作った服装が多い。芳賀矢一氏は日本人の伝統服装の和服と大自然との関係について次のように指摘した。和服は、「菊や、桜や、梅や、牡丹を大きく染出した縮緬、友禅、繻珍の帯から、下駄の鼻緒の先まで自然界の草木花模様で飾られてある。その色合の名称でも桜色、桃色、山吹色、葡萄色…など植物界から取った名が多い。…今日家々の紋にも、桔梗、桜、梅鉢、沢瀉、葵、牡丹、蔦、梶の葉、藤、松などの類が最も多いのも当然の結果である。」①と述べている。

食から見れば、昔の日本人は米と野菜を主食とし、竹といった植物を利用した食器道具を使い、肉食をほとんどしなかったが、欧州は家畜の肉や、乳製品を主食とする。食器道具も鉄のような金属で作って、ナイフやフォークなどの道具を使用した。芳賀矢一氏はさらに「我等の日常が如何に植物及び自然界に趣味を有するかを、食物の方面に見れば、春秋の彼岸の牡丹餅、御萩の名を第一として、菓子屋の目録を一見して一層その多いことが分かる。松風、紅梅焼、磯松、桃山などの一般名称はいふまでもなく、椿餅、撫子餅…などの類がある。名称ばかりではない。形も花木に取るのが多い。…料理の膳椀は金蒔絵で花木の形を装飾とする。漆器、陶器一切の美術工芸品が草木花鳥の絵であることはもとよりいふまでもない。」②という。

住は、日本人は木造の茅葺きの家に住むが、欧州は、石造りが多い。同氏は、また「日本の庭園を眺めながら、日本の座敷に坐って、この日本料理を始めて食ふ西洋人は日本の家屋内の生活が、如何にも花木の風景に富んだ外景よく調和するのを感ずるであらう。料理

---

①芳賀矢一、「国民性十論」、『日本人』、1971年、新潮社、15～16頁。この節で引用されている芳賀氏の論証例は、現在の日本とは、少々かけ離れている。

②芳賀矢一、「国民性十論」、『日本人』、1971年、新潮社、16頁。

屋の名は紅葉館である。室に通れば床の間には花鳥の極彩色か、又は墨絵の山水がある。床の間の活花は何流か知らぬが、恰好よく手際よく活けてある。欄間の彫刻も唐草や、竹や、梅の模様で、給仕人の女中は花やかな裾模様の着物を着て周旋する。その名を聞けばお花、お松、お梅、お菊、お蝶である。」①という。

衣、食、住だけではなく、日本人の親植物性は、また日本文学に影響を及ぼしている。日本は、俳句②、和歌③のような独特の短い文学形式で風花雪月を詠み、大自然を賛美するが、欧州では政治や人間の内面世界に関わる作品が人々に愛読されている。日本文学において芳賀矢一氏が「人事と自然と比較して人生より直ちに自然をおもひ、自然より直ちに人生を思念するのである。之が和歌から導かれて国文学全体を通じて、軍記④、謡曲⑤、浄瑠璃⑥等一般のものの根底をなして居る。秋風といへば寂しい事を連想し、春雨といへば暖かい静かな感じがある。」⑦という特性の指摘も、日本人の文学観の伝統として受け継がれている。

日本人が子供を育てる時も、植物や野菜を育てる気持ちで、細かく優しく教育するので、子供が甘え勝ちに成長している。源了円氏が『文化と人間形成』の中で、西洋の子供観と日本の子供観が「全

---

①芳賀矢一、「国民性十論」、『日本人』、1971年、新潮社、16頁。

②5.7.5の17音を定型とする短い詩。連歌の発句の形式で継承したもので、季題や切れ字を読み込むのをならいとする。

③日本に行われた定型の歌。長歌・短歌・旋頭歌・片歌などの総称。教義的には31音を定型とする短歌。

④合戦を主とした時代の展開を写した叙事詩の文学。鎌倉時代に多く作られ、主としては和漢混交体。

⑤能楽の詞章。また、その詞章をうたうこと。

⑥三味線伴奏の語り物の音楽の一つ。江戸時代の直前、三味線が伴奏楽器として定着し、同じころに人形芝居と、後には歌舞伎とも結合して、江戸初期以後、上方でも江戸でも庶民的娯楽として大いに流行する。

⑦芳賀矢一、「国民性十論」、『日本人』、1971年、新潮社、18頁。

く対立している」と指摘し、子供を甘えがちに育てる日本は、子供にとっては「天国」であるようだと指摘した。過去から現在まで、日本の母子の間は、甘い情感の共鳴関係を保ってきた。大人たちは子供の成長から遠い昔の美しい時代を思い出し、後述する土居健郎氏のいう、日本式の「甘え」の基礎を作りあげた。東洋と比べて、西洋人は子供を育てる時には、動物を育て、訓練する気持ちと体験で子供を養育し、力と意志の練磨を強調する。子供の教育方式が西洋と東洋において差異があることについては、土居健郎氏も『「甘え」の構造』の中で次のように指摘した。「ともかく日本ではすでに奈良時代に山上憶良（660～733）①が、重病の床に伏して死を覚悟しながら、子供達を見ていると死に切れない、という趣旨の歌を残しており、もともとは子供達に対する気持ちに格別のものがあったのかもしれない。そしてこの点では西洋に一歩先んじていたといってもよいであろう。というのは、西洋では中世まで、またその後も下層階級においては、子どもをほとんど放置されていたということだし、その後親が子供の教育を考えるようになった後も、早くも親もとを離して寄宿学校に入れ、そこで厳しいしつけをつけることが慣わしとなった。」②と。子供に対する東洋のこの感性的な「格別」の愛は、子供を「樹木」や「花」に見なした「園丁」のような愛情から生まれたものであろう。

云知识
扫一扫

四、纖細性

稲作文化の影響は、また日本人に纖細性という特性をもたらしてきた。稲作栽培においてその苗代から田植え、収穫、脱穀までの過

---

①万葉歌人。豊かな学識を有し、『思子等歌』『貧窮問答歌』など現実的な社会を詠じた切実・真率な作が多い。

②土居健郎、『「甘え」の構造』、1973 年、弘文堂、202 頁。

程は、ずっと農民の細かい取り扱いが必要であった。日本人は、限られた水田から一粒でも多くの米を収穫するため、細かい作業に労をいとわず手間を極端にかけるやり方で農業に従事してきた。稲作のすべての過程が大切にされていて、少しでもこのような細かい配慮を欠くと、一年の苦労が水に流れてしまう。

また、農作業の時期を外さないためには、常に季節の変化を読み取り、それに先立って作業準備を進める必要があった。季節の移り変わりを把握するために、人々は、自然の景観の移り変わり行く様を観察した。日本では観察の対象は、天体よりも地上の自然物にあった。「桜が咲いた日」と言うように、自然界の変化を捉らえて、季節を知る方法は「自然歴」と呼ばれる。このようにして、季節に対する鋭い感受性が養われ、それも日本人に特別の繊細性をもたらした。

このような繊細性は、日本人の文学、芸術、日常生活等各領域に影響を及ぼし、いろいろな表現の仕方に表れた。日本文学の特有の美意識「もののあはれ」、「幽玄（ゆうげん）」、「わび」、「寂（さ）び」、「いき」等、いずれも繊細性によってはじめて生まれる感性である。「もののあはれ」は、優美・繊細・沈静的理念を表し、「幽玄」は、微妙で容易にはかり知ることのできない言外の深い情趣・余情を表し、「侘び」と「寂び」は、意味において些細（ささい）な差異があっても閑寂な趣を表している。いずれも、事物と環境に対する鋭い感受性を現している。社会と自然に対する細かい感じ方は、世界どの民族にもあるものだが、日本人のように平安時代から江戸時代までの長い文学歴史の発展の中で、繊細な感性によって形成された美意識が、ずっと重要な位置を占めることも、日本人特有の特徴だろう。川端康成（かわばたやすなり）氏（1899～1972）①

---

①小説家。横光利一らと新感覚派運動を展開。やがて独自の美的世界を築く。作『伊豆の踊り子』『雪国』『千羽鶴』など。自殺。1968年ノーベル賞受賞。

は、『美しい日本の私』の中に、「西洋の庭園が多くは均整に作られるのに比べて、日本の庭園はたいてい不均整に造られますが、不均整は均整よりも、多くのもの、広いものを象徴出来るからでありませう。勿論その不均整は、日本人の纖細微妙な感性によって釣り合ひが保たれての上であります。…「山水」という言葉には、山と水、つまり自然の景色、山水画、つまり風景画、庭園などの意味から、「ものさびたさま」とか、「さびしく、みすぼらしいこと」とかの意味まであります。しかし、「和敬静寂」の茶道が尊ぶ「わび・さび」は、勿論むしろ心の豊かさを蔵してのことですし、極めて狭小、簡素の茶室は、かへつて無辺の広さと無限の優麗とを宿してをります。」[①]と述べている。このような日本人の纖細性は、日本の庭園にしろ、日本絵にしろ、茶道にしろ、日本芸術の隅々まで浸透していることが分かる。

この纖細性が、また日本人の日常生活にも十分に現れている。日本人の纖細性は、日本人の手先を器用にさせ、優れた芸術品を作り出させるようにした。日本は、昔から優れた手工芸品の扇子、刀等を中国に輸出し、中国人に愛用された。現在日本の電気製品と自動車製品も、その品質の優良さと設計の優雅さで、世界各国の消費者の愛用と歓迎を受けている。精密度の高い製品は、ほとんど世界各国に輸出されている。日本経済産業省の『通商白書 2017』から、業種別に見ると、間接輸出企業を含めて輸出割合が高いのは、非鉄金属製造業、電子部品・デバイス等製造業、電気機械等製造業などであった。逆に食料品や窯業・土石品などでは20%に満たない。

---

①川端康成、「美しい日本の私」『一草一花』、毎日新聞社、1979年、15頁。

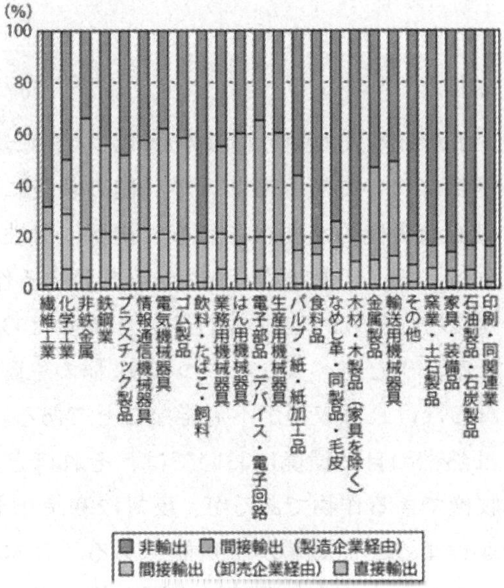

業種別輸出形態割合

（日本経済産業省の『通商白書 2017』から）

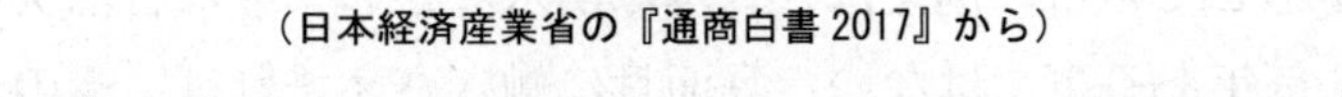

日本の品目別輸出額の伸び

（日本経済産業省の『通商白書 2017』から）

五、勤労性

稲作労働は、また日本人の勤労意識の形成に大きな影響を与えた。稲作と労働の関係について飯塚浩二（いいづかこうじ）氏が「稲の栽培には豊富な労働力、忍耐強く細心（さいしん）な労働力が要求される。耕耘に男性の努力の総てを要するとすれば、同じく重要な、かつ手数を要する作業、田植え、除草、刈（かり）入れ、脱穀などには家族の女性や少年少女たちの労働力が無駄なく活用される。」①と述べている。つまり、稲の生産過程では、多様な労働が重ならなければ収穫が不可能なことである。

また、稲作は熱帯の自然環境においては、それほど人間が世話をやかなくても収穫できる作物であるが、反対に寒冷な土地では、いくら人間が手をかけようとも栽培が不可能である。日本は温帯で、中間に位置している。日本の自然環境は中国と他のアジア国家と比べると優越している。例えば、日本は洪水などのような自然災害もあるが、毎年ある事ではない。真面目に働きさえすれば、その報いが自然から得られるのである。中国の状況を見ると、日本とやや違う。中国の北部と中部は、毎年災害が起こり続けていて、災害の無い年は日本と逆の状況を呈している。中国の南方の稲作圏は、豊かな土地と、十分な陽光と降雨量があるが、また天候の状況に頼らなければならない。

上述のように、日本の自然環境は、人間の側が自然に働きかけて、弛みない努力と工夫を行えば、豊かな恵みを与えてくれた。とりわけ稲作は、他の作物と比べて、殊のほか手間を多く必要とした。「米」という字は、人が「八十八」回、手間をかけることを意味している。そして手間をかければかけるほど増収がもたらされて、勤労の効果

①飯塚浩二、「世界史における東洋社会」『日本を知る辞典』より引用、837 頁。

がはっきりと表れる。こういう状況の中で日本人は、自然からの収穫は人間の努力にかかっていることを十分に認識していたから、人間の努力の報いを信じるようになった。人が手間をかけて努力と工夫をすれば、環境の不利な点を克服して、かなりの増収が可能になった。そして限られた農地に多くの労力をつぎ込んで、できるだけ生産を多くしようとする集約農業が行われるようになっていった。このようにして勤勉の報いが返ってくることで、勤勉が善であるという倫理観が次第に形成されていった。日本人は世界で最も労働を尊ぶ民族の一つであると言われてきたが、このような民族の気質は、農業体験に基づいて形成されたものである。

現代に至っても日本は、国土が狭く、資源に乏しい不利な点を勤労精神で補った。また「残業」、「働き蜂」、「ストレス」、「過労死」など、日本人の労働状況と関連した言葉が、次々と出てきたのもこうした理由によるものであろう。

六、自然への順応と多神論

一般にどの作物も、一年を通じて成長可能な時期が厳しく制限されている。稲作に適期があって、それをのがしては稲作が成立しなかった。適期をつかむことによって、豊かな収穫が可能であった。同時に、天気の変化にも十分に気を使わなければならなかった。また、稲作の栽培と成長には、十分な降雨が必要となっている。しかし、雨ばかり降って太陽の日照がなくては稲作ができないし、全く雨が降らなくてもできなくなる。また稲の栽培において、播種（はしゅ）や苗（なえ）の移植時に、十日間も日照りが続けば致命的な危険があるし、反対に、開花期及び稲熟期に、日照りがなければ貧弱な収穫しか得られない。せっかくの実りの秋を迎えても、台風がやってきたら、一年の汗が無駄になる。

このように、農耕文化圏に属している日本は、昔から天気の変化に左右されながら農事を行なってきた。日本は四季の変化がはっきりしており、アジアのほかの国と比べ恵まれているところもあるが、欧州と比べると自然に恵まれているとは言えない。夏には台風や干ばつが多く、冬には時として大雪に見舞われ、さらには地震などの不規則な自然或いは風土の影響がある。このような天災地変の多い環境の中で生きている日本人は、大部分の東洋人と同じように、自然を対立的に考えることなく、自然と融和し、自然に従って生きると言う考え方をとり、それが日本人の自然に対する順応性を生んでいると言えるだろう。西洋の理知的、合理的な生き方に対して、自然を見習い、自然と融合して生活を楽しむ一面を生み、日本を含めて東洋人は、人間を自然の一部と理解し、天人合一を重視するという哲学を生み出した。

上述したように、日本では、自然に融和し、自然に従順しながら、稲作農業に携わる労働の中から、豊作を祈る東洋的な多神論が形成されるようになった。筧泰彦氏は「一粒の作物の種の中には、万万倍となる不思議な霊妙なイノチを孕むことから穀霊などを崇めると同時に、その穀霊をして現実の万粒足らしめるに欠くことのできぬ霊妙なモノを崇拝する習俗をもたらした。」①という。農民たちは、稲作栽培の中で、穀霊に神秘を感ずると共に、身近な自然の事物に対しても畏敬の意を抱くようになった。同氏はつづけて「そこで、日本人は神をただ超越した一神のみを拝むのではなく身近な周囲の万我万物を通して神を観、時と場合に応じて雑多な姿をもち種種の働きをなし給ふ八百万の神々を拝がみ、且つ祭つて来たのであります。」②と論じる。多神論を抱く日本人は、山川草木に皆神霊があると思い、万事を八百万の神に祈願するようになった。

---

①筧泰彦、『日本語と日本人の発想』、日本教文社、1979年、101頁。

②筧泰彦、『日本語と日本人の発想』、日本教文社、1979年、136頁。

稲は、人間の食糧として、神への供え物として、農事が順調で収穫が豊饒であるように、稲の成育段階に応じて、神の恩恵(おんけい)願う祭が次々と設定された。稲の神への行事は、主に五段階にまとめられる。まず、小正月に行われる「予祝(よしゅく)」行事があって、それはその年の稲などの豊穣を祈って、あらかじめ祝う行事である。次に種まきと田植えの時期に田の神を迎え、健やかな生育を祈る「田植え」祭である。稲は5月上旬にまかれ、梅雨入り前に水田に植え替えられる。「田植え」は、村の共同行事として行われ、豊作を祈願する「田植え」のお祭りがいまだに日本全国に残っている。なかでも、6月14日に行われる大阪市の住吉大社(すみよしたいしゃ)の「御田植神事(おたうえしんじ)」は1700年以上の歴史を持っている。御田(おんだ)の上に舞台が設けられ、平安時代（794～1185）そのままの所作(しょさ)で「八乙女(やおとめ)」①が「田舞(たまい)」②を舞い、少女たちが「住吉踊り」を踊る。「田植え」祭の次は、害虫や風災、水不足を除くための「生育」祈願がある。次は、収穫を予祝する「刈上げ」祭で、盆や仲秋の名月に、まだ熟していない稲穂(いなほ)を神に供え、豊作を予祝する。最後は、収穫の祭で、年の終わりごろに行われ、収穫のお礼とともに翌年の実りを祈る祭でもある。

稲作と関係の深い祭は、村落生活の重要な共同行事となり、7世紀後半から国家的な年中行事となった。年のはじめに五穀の豊作を神々に祈念する祈年祭と、年末に天皇が自ら五穀豊穣の収穫に対する感謝をささげる新嘗祭を行う。

このように、農業の生産過程の折り目折り目に神を祭る行事を行う一方で、稲作労働によっての神への信仰が、地域の連帯関係を深め、地域の人々の日常生活との関係をも深めた。例えば、お正月の初詣にその年の無事と多幸を祈り、新年や誕生や結婚などの際にまた冠婚葬祭というような人生儀礼も行う。

---

①大嘗祭・新嘗祭・神今食などの神事に、神饌を献って神楽などを舞い、奉仕する少女。
②日本古代儀式舞踏の一。五穀の豊穣を祈念する舞。

関連知識二

云知识
扫一扫

1. 稲作と相撲

昔、相撲は、五穀豊穣を占(うらな)ったり、神意を伺う神事(しんじ)であった。日本史実に記録されている最初の相撲は642年のことで、その後、9世紀初めには宮廷の儀式になっていたのである。12世紀以後、武士が政治の実権を握るようになると、相撲は、戦場での実戦的な武術としての性格を持つようになった。しかし、江戸時代になると、神社の祭礼などにおける興行(こうぎょう)として行われるようになり、次第に見世物(みせもの)的になっていった。相撲を日本の国技と呼ぶようになったのは明治時代末の20世紀初めからである。国家主義の下に、天皇の神格化が進み、それと共に、元は宮廷の儀式であった相撲が、国技化されて、現在に至っている。

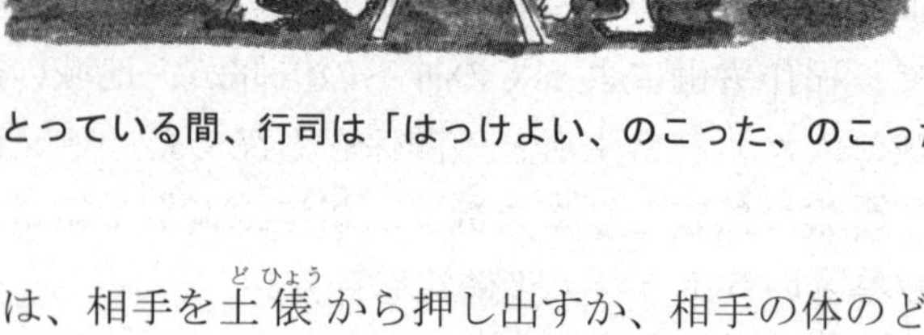

力士が相撲をとっている間、行司は「はっけよい、のこった、のこった」と大きな声で言う。

相撲の勝負は、相手を土俵(どひょう)から押し出すか、相手の体のどこかを地に着けさせれば、勝ちになる。力士(りきし)になるには、約50ある相撲部屋のどれか一つに所属しなければならない。衣食住の全てを部屋が面倒を見てくれ、強い力士になるように養成されていく。親方の家族以外は、全て男の世界である。力士は、その実力によっていくつものランクに分けられている。最下位は序の口といい、ここからスタートし、序二段、三段目、幕下、十両、前頭と上がる。その上が小結、関脇、大関で、最高位が横綱である。十両以上になると、関取と呼ばれ、日本相撲協会から給与が出るが、幕下以下には場所の成績に応じて与えられるわずかな奨励金だけである。

ただ現在では、相撲の持つ神事の性格は薄れ、また力士も日本人以外に、モンゴル・東欧諸国など外国人も活躍するようになっている。

云知识
扫一扫

2. 米と日本人の食生活

米は古来より日本の主食として、食生活に欠かせないものである。米は現代では全国各地で栽培されているが、関東・東北地方が主な生産地である。春に田植えが行われ、10 月の中旬になると、その年にできた米が市場に出始める。これが「新米」といわれるもので、「コシヒカリ」や「ササニシキ」といった品種が有名である。米と日本人の食生活を見ていこう。

(1)餅：

日本では米で作ったknown めでたい食べ物として、まず餅が挙げられる。もち米を蒸し、臼で付いて作るのが「餅」である。正月や節句など特に祝い事の祈りには、各地で餅つき大会も開かれる。野菜や魚とともに出し汁で餅を煮込んだり、焼いたもちを入れた「雑煮」は、各地方で色々な作り方があるが、正月の料理に欠かせない。また正月の間、「鏡餅」と呼ばれる二段重ねの丸型の餅を神仏に供えたり、また床の間に飾る風習は、いまでも根強く残っている。

(2)赤飯：

子供の成長を祝う七五三や、結婚式、還暦などの祝い事に欠かせない料理に「赤飯(せきはん)」がある。縁起(えんぎ)のよい赤い色のご飯で、もち米と小豆(あずき)を使って作る。昔は、慶事(けいじ)があると各家庭で作り、近所に「おすそ分け」したものであったが、現代の都市生活ではあまり行われていないようである。

(3)丼もの：

丼ものとは、「丼」と呼ばれる大き目の茶碗に、炊き立てのご飯を盛り、その上にてんぷらやうなぎ、牛肉やとんかつなどのおかずを乗せて、たれをかけた料理のことである。ご飯とおかずを一緒に食べられる手軽さが受けて、現在では丼もの専門のチェーン店も増えてきている。

(4)寿司：

日本人の大好きな食べ物のひとつが、「寿司(すし)（鮨）」である。主に魚介類と酢飯と一緒に食べる料理であるが、近年は、海外でも多くの寿司屋を見かけるようになった。

寿司には、「押(お)し鮨(ずし)」や「ちらし鮨」「にぎり鮨」「巻きずし」などがある。現在、主にすし屋で扱っている「握りずし」は、関西の「押し鮨」を参考にして江戸時代に考案されたもので、当時は庶民のファーストフードとして人気を呼んだ。

(5) 和菓子：

米と豆や砂糖で、いろいろな和菓子（わがし）も作られる。和菓子は、見た目や歯触（はざわ）りなどに気を配って作り、季節ごとの植物をモチーフにして作られたりして、四季折々和菓子屋の店頭を飾る。洋菓子に比べて比較的にカロリーの少ない和菓子は、ダイエットに効果的と若い女性の間でも人気が高まってきている。また、お茶席などには、和菓子が一緒に出され、作法に則（のっと）って食べる。

(6) 煎餅：

日本固有の菓子の中でも「煎餅」は、その歯触りのよさで今も昔も人気の高い食べ物である。小麦粉や粳（うるち）米、餅米などの粉で作り、それを鉄製の型に入れるか、丸や四角の形に薄くのばして焼いたものである。醤油を塗りながら焼きあげる煎餅が一般的だが、他にもごまや砂糖を塗（まぶ）したもの、海苔を巻いたものなど、その種類はバラエティに富んでいる。

(7) 日本酒：

米と日本人の生活をよく現した飲食品として、日本酒がある。日本古来のアルコール飲料である日本酒は、蒸した米に酵母（こうぼ）を混ぜて、発酵させてできたものである。アルコール度数は 15 度前後である。酒は古くからさまざまな祭りと深く結びつき、元日・神事・結婚式など、ハレの日には必ず酒が振る舞われる。独自の製法によって全国各地の酒造工場（しゅぞうこうじょう）でつくられる「地酒（じざけ）」が、今日の日本酒のブームの火付け役になったとも言われている。

（8）焼酎：

日本酒のほか、日本人は焼酎もよく飲んでいる。日本人に親しまれている「焼酎」は、日本酒を作る過程において、酒粕（さけかす）またはもろみを蒸留して作られる飲み物である。他にも麦やトウモロコシ、サツマイモなどを原料としたものもある。酒に比べてアルコール度数は高く、沖縄県（おきなわ）の「泡盛（あわもり）」など、地方独自の人気ブランドもある。

（9）醤油：

日本料理の基本となる調味料が醤油である。大豆と小麦と麹と食塩水を原料として醸造した、特有の香りを持つ褐色の液体で、料理に直接かけて食べたり、また調理の過程で使われたりと、ありとあらゆる日本料理の味付けに使われる。現在は、溜（たま）り、濃（こ）い口（くち）、薄口（うすくち）など様々な種類の醤油がある。

（10）味噌：

醤油とともに日本食の調味料として、なくてはならないのが味噌である。大豆を主な原料として、米または大麦（おおむぎ）、大豆のこうじなどと塩を混ぜて発酵させて作る。赤（あか）味噌や白（しろ）味噌などの種類があり、香りや味わいにも違いがある。味噌をとかし、野菜などを入れて煮た「味噌汁（みそしる）」は栄養価の高い健康食で、多くの日本人は主に朝食にこれを飲む。

（11）箸：

箸は中国や日本、韓国など、アジアでよく使われる食事の道具で、木製が一般的であるが、竹やプラスチック製のものもある。二本の棒で食べ物をはさんだり、つかんだりして口に運ぶ。食堂等で使われる「割（わ）り箸（ばし）」は、間に深く切り込みを入れた板状（いたじょう）のもので、使う人が自分で二本に割る。衛生上、誰も使っていないことを示した箇易箸で、「使い捨て箸」とも呼ばれている。最近では、森林破壊など自然環境を保護するため、簡易箸の使用が少なくなってきた。毎日の食卓に必要な箸であるが、フォークやスプーンなど西洋の食器が普及した近年では、箸を上手に使えない子供たちも増えてきた。

3. 日本の家屋

伝統的な日本家屋といえば、一戸建ての木造住居であり、部屋の仕切りには紙と木でできた「ふすま」が使われ、「畳」の敷き詰められた「日本間」と板張りの廊下などで構成されている。またアメリカやヨーロッパの国々とは違って、家の中と外ははっきりと区別されているのが特徴である。靴を履いたまま室内に入ることは決してし

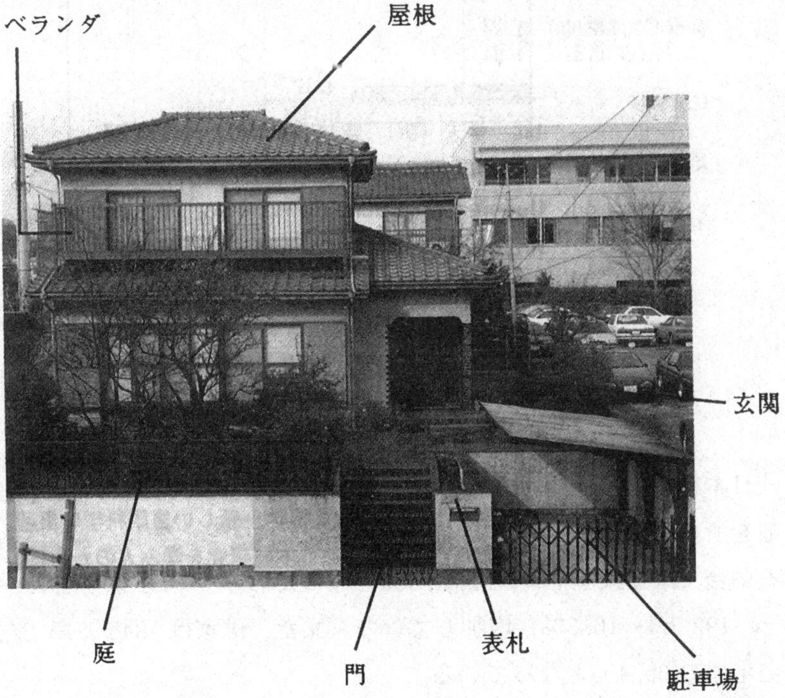

ない。最近では「洋風」が、応接間や食堂や子供部屋用に造られている家屋が多い。

戦前の日本では借家住まいが一般的であったが、戦後になって「いつか庭付き一戸建てのわが家を持ちたい」と願う市民が増えてきた。高度経済成長下での地価の高騰が拍車をかけ、庶民の持ち家志向は家庭生活を営むための中心的な目標となってきた。例えば、具体的には二階のある一戸建て、高い石塀や生垣に囲まれた小さな庭に、自家用車のガレージのある家が理想とされている。

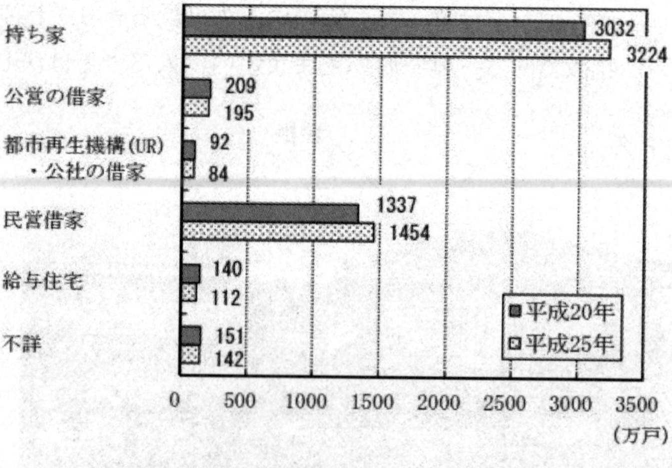

所有の関係別住宅数—全国（平成 20 年、25 年）

（日本総務省統計局平成 25 年『住宅・土地統計調査報告』から）

日本総務省統計局平成 25 年の『住宅・土地統計調査報告』から住宅を所有の関係別にみると、持ち家が 3224 万戸で、住宅全体に占める割合（持ち家住宅率）は 61.9%となっており、平成 20 年と比べると、192 万戸（6.3%）増加している。また、借家は 1845 万戸で、住宅全体の 35.4%となっている。

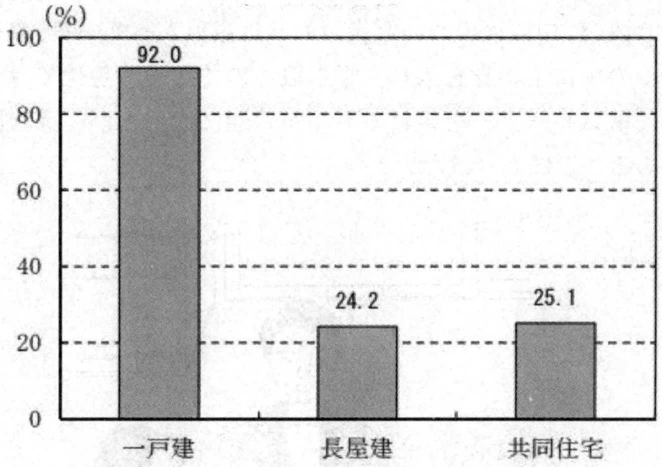

住宅の建て方別にみた持ち家の割合—全国（平成 25 年）

（日本総務省統計局平成 25 年『住宅・土地統計調査報告』から）

住宅の建て方別に所有の関係の割合をみると、一戸建は持ち家が92.0％と 9 割を超えている。一方、長屋建と共同住宅においては、持ち家は25％程度で、借家がそれぞれ69.0％、71.2％となっている。一戸建では持ち家が大半を占めており、また、長屋建及び共同住宅では借家が 7 割を占めている。

(1)床の間：

昔ながらの日本家屋には、必ず「床の間」のある和室がある。部屋の一角に設けられた半畳或は一畳ほどのスペースで、床が一段高くなっているのが特徴である。正面の壁には「掛軸（かけじく）」と呼ばれる山水か、花鳥書画を鑑賞用として飾られ、また板張りの床には生け花や置物を飾るのが一般的である。

(2)こたつ：

「こたつ」は日本家屋に合った暖房器具である。木製（もくせい）のテーブルを布団で被(おお)い、中に火のついた炭(すみ)が入った壷(つぼ)が入っている。畳に坐ってこたつの中に下半身を入れ、暖(だん)を取るのである。現代では、炭の代わりに電気ヒーターを入れるものが普通になったが、家族団欒の場所であることに変りはない。

(3)風呂：

日本式の風呂の入り方は、洋式のものとはずいぶん違う。日本人は浴槽のそとで体を洗い、風呂自体は体を温めるためだけに使うのである。一般的に家族全員が入り終わるまで、浴槽のお湯は取り替えないので、きれいに使う必要がある。寝る前に熱めのお湯が入った深い浴槽に肩まで浸(つ)かり、一日の疲れを癒(いや)す。しかし、最近では若い人の間には風呂場でシャワーを使用する風習が広がってきている。

(4)神棚：

神道と仏教が信仰される日本では、一般家庭でも神社からもらったお札やお守りを祭っておく棚が特別に設けられていて、神棚（かみだな）と呼ばれる。神棚は白木の木製で拝殿のように屋根と階段があり、引き戸やふすまや、障子などの上部に渡された「鴨居（かもい）」と呼ばれる横木（よこぎ）の上に置かれているのが一般的である。

(5)縁側：

和風住宅で、畳敷きの部屋の、庭に面した側に設けられた板張りの部分を「縁側（えんがわ）」という。部屋との間は障子（しょうじ）で区切（くぎ）られ、庭との間にはガラス戸と雨戸（あまど）が使われるが、その開け閉めによって気温の調節ができ、夏は涼む場所、冬はサンルームとして活用する。また、

屋内と屋外のちょうど中間的な役割をはたす縁側は、近隣の人々とのコミュニケーションの場所としても大いに利用されてきた。縁側は、主室の副次的空間として控（ひか）え室（しつ）や通路としても設けられたのが始まりである。現代の都市住宅では、狭い住宅事情からあまり見受けられなくなったが、地方の農家などでは縁側でのコミュニケーションは今でも健在である。

(6)畳：

本来、「たたみ重ねる」という意味を持つ畳は、乾燥したわらを重ねて縫った台の上に、いぐさで編んだ畳表(たたみおもて)をかぶせ、黒や茶、緑色などの布で縁取(ふちど)った平安時代から伝わる代表的な床材(ゆかざい)である。江戸時代になると武家(ぶけ)の家だけでなく、庶民の家でも畳が敷かれるようになった。畳の大きさは地域によって異なるが平均すると一枚約90×180センチ、厚さ約6センチで、和室の広さは例えば、六畳敷とか八畳敷というように、その畳の枚数で表される。

(7)座布団：

座布団(ざぶとん)は、背もたれなどに使うクッションと違い、畳や板張りの床に座る時に下に敷く、正方形の小さな蒲団といえるだろう。ちょうど一人が座れるぐらいの大きさで、体を冷やさないように、中には綿などが詰められている。一般的には絹や綿、麻などで作られたカバーがついているが、湿度の高い夏の間は、いぐさなどで編んださらっとした風通しのいいタイプのものが好まれる。

(8) 襖（ふすま）：

部屋と廊下の間仕切り（まじき）や、押入れの戸として使われる日本式引き戸は「ふすま」と呼ばれる。木で作られた骨組（ほねぐ）みの上に両側から和紙や布を貼る。現在ではあまり見られないが、昔はふすまに美しい絵や模様が描かれた。描かれたのは山水画、花鳥画、動物画などで、江戸時代、狩野探幽（かのうたんゆう）(1602～1674)①が描いた二条城②の「松鷹図（まつたかず）」など著名なふすま絵が多く現存している。

4. 日本人の衣生活

(1) 和服：

日本を代表する伝統的な衣服としての「着物（きもの）」と「浴衣（ゆかた）」は、絹や木綿（もめん）、麻など植物性の繊維で作られた。

流水菊花模様染繡小袖

（江戸時代前期）

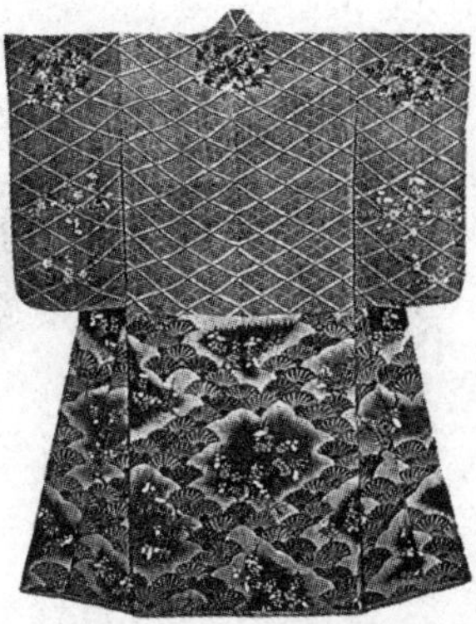

業平菱に菊青海梅折枝模様振袖

（江戸時代中期）

①江戸初期の画家。幅広い画技を有し、幕府の御用絵師として、一門の繁栄を拓いた。二条城・名古屋城の壁画など数多くの作品を残す。

②京都における徳川氏の城郭。京都市中京区にある。徳川家康が京都の警衛並びに上洛時の宿所として 1602 年起工し、翌年竣工。

「着物」は、日本人の日常着としての存在は薄れたものの、正式なパーティーや結婚式、成人式、卒業式、元日などの特別な機会に、着物を着る女性は現在でも多い。日本舞踏など、日本の伝統の芸能を継いだり、学んだりする人や、料亭の仲居さんなどは和服を着ることが必要になる。結婚前の若い女性は、袖のたけの長い「振袖（ふりそで）」、既婚女性は袖の普通の長さの「留袖（とめそで）」を着用するなど、その年齢によって着るべき「着物」の種類が決まっている。また、「着物」の上に締める帯も、年代や場所によってその結び方が異なる。男性は未婚・既婚に関係なく「着物」の場合「羽織袴（はおりはかま）」を着用する。「振袖」や「留袖」、「羽織袴」などの礼装には、それに合った「足袋（たび）」をはいてから、「草履（ぞうり）」をあわせるのが通常である。「足袋」は、足先が親指と残りの4本指の二つの部分に分かれた和装用の靴下で、サイドにはホックがついていて履き脱ぎがしやすくなっている。

振袖

黒留袖

羽織袴

「浴衣」は夏に着る裏地（うらじ）のない木綿の「着物」で、気取らない普段着（ふだんぎ）として今も愛用されている。「着物」を着る機会の少ない現代でも、花火や盆踊り、縁日（えんにち）には多くの人が「浴衣」を着用する。また、旅館ではくつろぐための部屋着や寝間着（ねまき）としても常用されている。「浴衣」を着るときには「足袋」をはかず、素足に「下駄」を履くのが普通で、見た目にも涼味を感じさせる夏の姿である。「浴衣」は略式の「着物」で、公式の場には出られない。

(2)「草履」と「下駄」:

「着物」や「浴衣」など、和服を着るときに必ず「草履」や「下駄」を履く。伝統的な「草履」は、わらや竹皮、いぐさなどを編んで作られている植物性のものであるが、最近ではビニール製や皮製のものが多く出回っている。底は平で、爪先に向かって「鼻緒」と呼ばれるV字型の緒がついている。この一方に親指を、もう一方に他の四本の指を入れて履く。「草履」と比べて、比較的カジュアルな履物が「下駄」である。長方形の平らな板の下に、2枚の木片が横向きについている。男性用は普通、桐や杉でできた無地の板に、黒い鼻緒がついている。女性用はそれに多種な漆を塗ったものが一般的で、鼻緒にも色が塗られている。歩くと、「カランコロン」という、日本情緒たっぷりの歯切れのいい音がする。

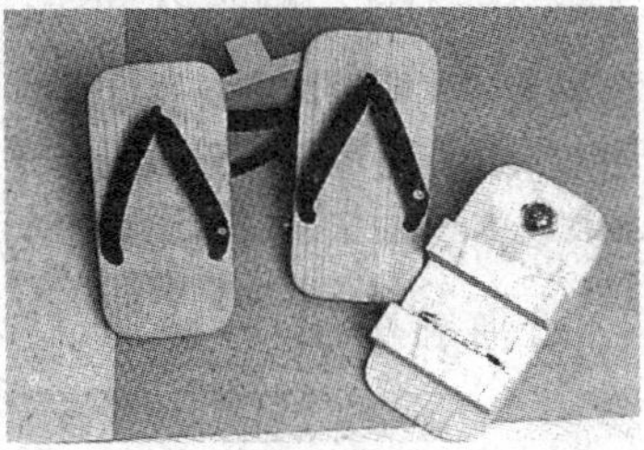

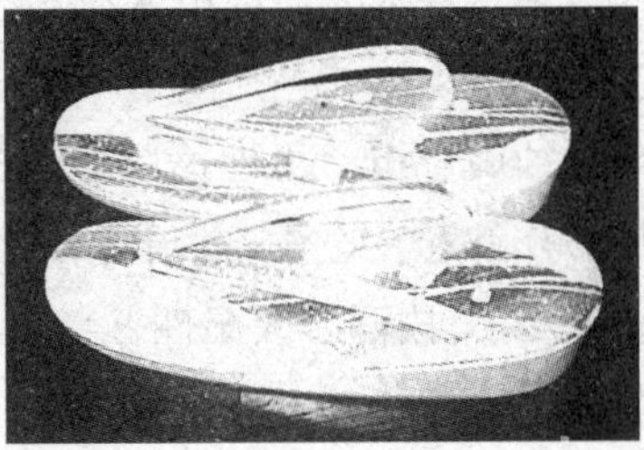

(3)家紋:

着物の「黒留袖」や「羽織」には家紋がついている。家紋は、家によって定められているしるしで、代々受け継がれる。日本の家紋は約 12000 種類あり、植物や縁起のよいものが図案化されている。例えば、江戸幕府を築いた徳川家の家紋は「三ツ葉葵」、歌舞伎の名門である市川団十郎家は「三升」である。歌舞伎はもちろん、能や文楽(ぶんらく)、落語などの古典芸能では、演者(えんじゃ)の着物に家紋がついていることもある。一般の家でもほとんどが家紋を持っており、結婚式や葬式などの冠婚葬祭の際に使われたり、墓石にも刻まれている。

(4)手ぬぐい：

古くから日本人に愛用されてきた「手ぬぐい」は、横幅が 34～114cm ぐらいの木綿(もめん)でできた薄手(うすで)のタオルで、手や顔を拭くのに使われる。祭りで神輿(みこし)を担ぐ男性達は、汗止(あせど)めのため額に手ぬぐいでつくった「ねじり鉢巻(はちまき)」をする。昔に比べて日常的に手ぬぐいを使う人の数は減ったが、抜群の吸湿性とさらっとした肌触りで、今でも大勢の愛好者がいる。

(5)風呂敷：

大判のスカーフに似た、絹や綿で出来た正方形の布が「風呂敷(ふろしき)」である。最近では日常的に利用する人の数も減ったが、昔は外出時の小物(こもの)や土産物(みやげもの)を包んで運ぶものとして、大変重宝(ちょうほう)された。また「風呂」で「敷」く「もの」の言葉どおり、もともとは浴場(よくじょう)で衣類を包んだり、床に広げて足を拭いたりするのに使われていた。その後、特に女性達の間に普段でもハンドバッグ代りに利用されるようにもなった。

5. 日本人の好きな植物

(1)松：

松は常緑樹で樹齢が長く、巨木となるところから、長寿や節操を表すめでたい木とされる。正月や祝いの席に、松の生け花や盆栽を飾るのはこのためである。めでたく縁起のよいものなので、松は家紋にも選ばれ、その種類は 100 以上もある。「神が天下るのを待つ」とする語源説があるように、松は古くから神木とされてきた。正月に立てる門松も、神を招き寄せるというのが起源である。

松は日本の山野のいたるところに自生し、鑑賞、実用の両面で日本人の生活ときっても切れないものとなっている。日本に自生するのは、黒松、赤松、五葉松などの 7 種がある。植林、庭園樹、盆栽のほか、材は土木、建築、器具、パルプ用として広く用いられる。

日本各地には、文学作品、伝説、神社仏閣の縁起、有名な武将、高僧の故事や伝説と結びついた松の老樹、銘木が 1500 以上もあり、天然記念物に指定されているものもある。『万葉集』①には松に関する歌が約 80 種、能にも『高砂』②『老松』③など松にちなんだ名作がある。謡曲『高砂』は、祝いの席で今でもよく歌われる。

日本の風景に松は欠かせない。白砂青松の舞子の浜（兵庫県）、羽衣伝説の三保の松原（静岡県）、虹ノ松原（佐賀県）の三大松原を始め、松の名所、歌枕が多い。ただ最近は開発や酸性雨、松食い虫の被害によって、昔の面影をとどめている所が少なくなった。

---

①日本現存最古の歌集。約 350 年間の長歌・短歌・旋頭歌。仏足石歌体歌・連歌併せて 4500 首。編集は大伴家持という。東歌・防人歌なども含み、豊かな人間性に基づき現実に即した感動を率直に表す調子の高い歌が多い。

②世阿弥作の神物。住吉の松と高砂の松が夫婦であるという伝説を素材とし、天下泰平を祝福する。婚礼などの祝賀の小謡に常用する。

③世阿弥作の神物。大宰府の天満宮の神木である老松・飛梅の伝説を素材とし、天下泰平を祝福する。

「松竹梅（しょうちくばい）」はめでたいものとして、正月や慶事に生け花や盆栽として飾る。起源は中国で、中国では寒さに耐えて美しい姿を見せるところから画題とされていたのが、日本へ来てめでたいものとなった。飲食店などで料理の品質、価格を示すとき、上、中、下としないで、松、竹、梅とする習慣がある。劇場でも古風な所はこうした表現をしているところが多い。

(2)竹：

竹は強い萌芽（ほうが）力、まっすぐにすくすく伸びる生長力、常緑のすがすがしい姿、地下茎（ちかけい）の豊かな広がりなどから繁栄の象徴とされる。竹はまた神霊を招くとされ、正月の門松に添える。

中国で竹を梅、蘭、菊ともに「四君子（しくんし）」といい、君子のように節操の正しい植物とみなしている。さっぱりした性格を「竹を割ったような」というように、竹は淡白さ、純粋さをも表す。

竹にちなむ伝説は中国、日本ともに多い。「竹林（ちくりん）の七賢（しちけん）」は、中国の西晋（せいしん）時代に世俗を避けて竹林にこもり、清談に時を費やした7人を言う。日本の昔話（むかしばなし）では『竹取物語』が有名である。竹から生まれたかぐや姫が5人の貴族と帝の求婚を退け、8月15日の満月の夜に月の世界に帰っていくという物語で、日本最古の仮名による物語文学である。

年中行事にも魔よけとして、竹や、笹（ささ）が取り入れられている。例えば関西では1月10日の初恵比寿（えびす）に、商売の神恵比寿様に参って商売繁栄を祈り、笹に札（さつ）、大判（おおばん）、小判（こばん）、俵（たわら）、槌（つち）などを結びつけた縁起物の「福笹（ふくささ）」を買う。6月20日、京都の郊外に位置する鞍馬寺（くらまでら）で①は、大蛇（だいじゃ）を退治（たいじ）した故事にちなみ、雄蛇（おすへび）になぞらえた青竹（あおだけ）を切る竹伐（たけき）り式を行う。7月7日の七夕には、笹竹（ささたけ）に5色の短冊（たんざく）に願い事などを書いて飾るなどの諸例も多い。

---

①京都の鞍馬山にある鞍馬弘教の本山。もと天台宗。平安京の北方鎮護と京人の福徳の寺として信仰を集める。融通念仏の地として知られ、竹伐り、火祭などの行事は有名。

日本の温暖多湿の気候が適しているため、日本の竹は美しく、日本画の重要な題材となっている。「竹に雀（すずめ）」、「竹に虎」は図柄（ずがら）の組み合わせの妙をいう。竹は日常生活の中でも重要で、植栽用のほか、建築や生活調度品の材料になる。尺八（しゃくはち）①、能管（のうかん）②も竹が材料である。また地震の時竹やぶへ逃げると安全といわれるのも、竹やぶは地下茎が網（あみ）のように広がり、ちょうどハンモックに乗ったような状態になるからである。

云知识
扫一扫

(3)桜：

桜は日本人の最も好きな花である。日本人にとって、桜は花の中の花であり、一般的に「花」と言えば桜をさす。

桜はめでたいものとされ、桜の咲く 4 月に入学し、入社する習慣のある日本では、希望に満ちた第一歩、明るい未来といったイメージが桜と強く結びついている。また花びらの塩漬（しおづ）けに熱湯（ねっとう）を注（そそ）いだ桜湯（さくらゆ）は、めでたいものとして結婚式など祝いの席に出される。

めでたさとは逆に、日本人は桜の花に滅亡、死も見る。昔の武士や第二次世界大戦以前の軍人は、戦場で桜の花のようにぱっと散るのを本領としたし、歌舞伎で桜の花の出る場面は妖怪（ようかい）が跳梁（ちょうりょう）し、悲劇が起こることが多い。「桜は七日」という言い方があるように、花の盛りが極めて短く、一夜（いちや）の風に誘われて散ってしまうから、桜に潔（いさぎよ）さ、日本人がはかなさを感じたためであろう。

国風文化の隆盛とともに、平安時代には桜が最も愛好されるようになる。『古今和歌集』③にも桜の歌が断然多い。以来 1000 年有余そ

---

①管長一尺八寸を標準とする、したのない縦笛。竹製。

②能楽に用いる横笛。竹製で長さ一尺三寸。

③勅撰和歌集の始まり。紀貫之らが撰。914 年頃なる。六歌仙・撰者らの歌約 1100 首を収め、その歌風は優美・繊麗。真名序、仮名序がある。

の伝統は続き、桜を取り入れた文学作品や故事、伝説は枚挙にいとまがない。「願わくは花の下にて春死なむそのきさらぎのもちづきのころ」は、平安時代末期から鎌倉時代初期に活躍し、桜の詩人といわれた西行（1118～1190）①の歌の一つである。彼は歌のとおり 2 月に亡くなり、希望に従って桜のある塚に眠っている。西行の歌で構成した夢幻能②『西行桜』③がある。

桜の種類については、現在多く見られるのは、明治初年から広まった染井吉野（ソメイヨシノ）で、それ以前は山桜（ヤマザクラ）が普通であった。日本では、花見の時期になると、天気予報と一緒に桜前線（ソメイヨシノの開花前線）の北上予報が発表される。

(4) 梅：

梅は清楚、清雅、気品、忍耐等のイメージを持つ。早春の時期、百花に咲きがけ、高い香気を放って咲く梅の花の愛好者は多い。梅は奈良時代に中国から渡来した。当時は万事が中国風であったから、中国に倣って梅が好まれ、『万葉集』では萩に次いで 118 種が詠まれている（桜は第五位で 40 首）。

平安時代、菅原道真（845～903）④が九州の大宰府に左遷されるとき「東風吹かば　匂ひおこせよ　梅の花　あるじなしとて　春な忘れそ」と、自邸の庭で梅の木に詠みかけた別離の歌は有名である。これがもとで、その梅の枝が大宰府まで飛んでいって根付いたとい

---

①平安末・鎌倉初期の歌僧。述懐歌にすぐれ、『新古今集』には 94 首の最多歌数採録。歌集『山家集』。

②旅人や僧が、夢まぼろしのうちに故人の霊や神・鬼・物の精などの姿に接し、その懐旧談を聞き、鬼神舞などを見るという筋立ての能。

③能の一。世阿弥作。西行の庵にある老木の桜の精の翁が、京都の春景色を語り舞う。

④平安前期の貴族・学者。醍醐天皇の時、右大臣となったが、讒言により太宰権帥に左遷されて没。死後、種々の怪異が現れたため御霊を鎮めるために北野天満宮に祭られた。後学問の神として尊崇される。

う、飛び梅①伝説が生まれた。

梅の花は白色、淡紅色、紅色などあるが、花木用は庭木、盆栽として鑑賞される。各地に銘木があり、天然記念物に指定されているものもある。果樹用の木は、6月ごろ熟した果実を梅干し、梅酒、梅酢などにする。

水戸市の偕楽園、九州の太宰府天満宮など梅の名所が各地にある。「梅に鶯」は取り合わせのよいことの譬え、「梅に桜」は美しいものや良いものが並んでいることの譬えである。

(5)桃：

『古事記』に桃を投げて神の窮地を救ったという神話があるように、桃は悪魔を払う魔よけの木とされる。桃は中国原産で、中国でも古来より邪気を払う仙果とされ、桃源郷を彩る花であった。平安時代、清少納言(生没年未詳)②は紅梅を花木の第一としたのに対し、紫式部(生没年未詳)③は近くで眺める桃が勝るとした。3月3日のひな祭りは桃の節句と呼ばれ、雛人形と一緒に桃の花を飾る。桃はまた五大昔話の一つ『桃太郎』④を連想させる。「桃栗3年柿8年」は芽生えてから実がなるまでの年数をいう。桃は成長も早いが寿命も短い。桃は、梅の後桜の前に淡紅色または白色の豪華な花をつける。観賞用の花桃は採果用と別品種である

---

①菅原道真が大宰府に左遷されて家を出る時、詠んだ梅の木が道真の配所筑紫まで飛んで、その庭に生え匂ったという伝説。

②平安中期の女房。和漢の学に通じた才女で、紫式部と並び称せられ、『枕草子』の作者。生没年未詳。

③平安中期の女房。中古三十六歌仙の一。著作は『源氏物語』のほか、『紫式部日記』など。

④桃の中から生まれた桃太郎が、犬・猿・雉・を連れて鬼島の鬼を退治するという話。室町時代の成立で、時代色を濃く反映し、忠孝勇武の徳を謳歌する。

第三章　「家」を基盤とする「タテ」の社会構造

一、「タテ」の社会構造

戦後の日本社会は、民主化によって大きく発展してきたが、前近代的なものがまだ多く残っていた。しかし、前近代的なものといわれたこれらのものは、現代の日本社会において現代経営体制と全く矛盾したものではなく、日本経済の高度成長を促進した一つの重要な原因ともなった。これは、日本の「家」制度を基盤とする「タテ」の社会構造と、文化構造の特殊性によって成し得たと言われて来た。

日本の著名な社会学者中根千枝（なかねちえ）氏は、社会人類学の立場から現代の日本社会を分析し、『タテ社会の人間関係』という著作を出版した。中根千枝は、日本人の集団分析の鍵としての「場」と「資格」の概念を分析することから始めて、帰属意識の強い日本人がその「場」で「タテ」に人間が関係し合い、そこに「タテ」集団が成立すると述べた。日本社会の人間関係は、個人主義、契約精神の根づいた欧米とは大きな相違を見せ、「場」を強調し、「ウチ」と「ソト」を強く意識する日本的な社会構造は、「タテ」社会の人間関係である。会社、学校、社会集団は、序列関係によって、人と人と、団体と団体の単一的で、明確な上下関係によって、底辺のない∧型の「タテ」

の構造関係で結びついている。この構造に置かれているどの階層も、どの人間も絶対的に上級者に忠誠を尽くし、全ての集団成員、集団の指導者を含め、みな集団の利益に忠誠を尽くさなければならない。このような「タテ」の人間関係は、集団成員の向心力を形成する鍵であるとされている。

中根千枝氏は、この本の中で「タテ」の日本社会における「ウチ」、「ソト」、「ヨソ」の意識、序列意識、年功序列と終身雇用、愛社精神、親分・子分、党派性、派閥争い、非社交性、「ヨソ」の競争、「タテ」の集団と「ヨコ」の集団の比較、リーダーシップの問題、契約精神の欠如、タテ序列に伴う情緒、社会的強制、論理より感情など、日本人の特色について述べている。

「タテ」社会として日本を見る中根の分析は、次のような考えに基盤を置いている。社会集団を構成している個人の一人一人は、誰もに「資格」と「場」の両要素が備えられている。先ず「資格」の要素については、生まれながらの氏と身分、生後個人が獲得した学歴、地位、職業など、又経済学的観点からの資本家、労働者、地主、小作人など、又社会的、生物的に男女、老若など種々の「資格」に分けることができる。これに対して、「資格」の相違にかかわらず、一定の地域と所属機関などのように、一定の個人が集団を構成している場合は、「場」による分類の要素がある。例えば、国、県、市、町、村の成員、会社、企業、大学の成員というのは「場」による分類である。○○国民、○○市民、○○社員というのは「場」による分類であるが、教授、学生、サラリーマンというのは「資格」による分類である。ところで、どの社会においても、個人は何らかの「資格」と、何らかの「場」による集団、あるいは社会階層に属しているが、中根千枝の分析によれば、日本人の集団意識は非常に「場」におかれており、逆にインドでは「資格」におかれていて、中国や欧米諸国の社会は中間に位置すると見る。

日本人の集団意識が「場」に置かれていることは、日本人は自分の職種よりも、自分の属する組織を強調するところに特徴が見られる。日本人が自分を社会的に位置づける場合、社長であるとかサラリーマンであるというよりも、○○会社の者である、○○大学の者であるという風に、「資格」よりも「場」を優先する。これは、会社とか大学と言った枠という「場」が、社会的に重要な役割を持っていることということで、個人の持つ「資格」は第二の問題となってくるということである。

このように「場」を強調する日本の社会が、「資格」の異なるものを包括する社会になり、その構成員を結びつける理論としては、「タテ」の関係が大きく作用するようになる。

人間の社会の構造は、「タテ」と「ヨコ」二つの関係で考えられる。例えば、親一子の関係は「タテ」の関係で、兄弟姉妹の関係は「ヨコ」の関係である。先生と学生或は会社などでの上下の関係は「タテ」の関係で、同窓及び同僚は「ヨコ」の関係である。親会社一子会社の関係は「タテ」の関係で、子会社の間は「ヨコ」の関係である。どの社会も、この二つの要素を含み、条件によって顕著になったり、均衡になったりして社会の状況を表わしている。

中世のヨーロッパ封建社会は、「ヨコ」の組織社会であった。宣教師、貴族（支配階級）と非支配階級は、お互い封鎖状態におかれ、通婚、共同生活などのような密接な関係を持たなかった。各階層は各自の範囲内で、「ヨコ」の関係に従って行動した。インドのカースト[①]制度も同じ状況であった。中国の伝統的な社会は、士、農、工、商の四つの階層に分けられている。一番上の「士」の階層は支配階層

---

①インドに見られる社会集団。儀礼的な観点から序列づけられており、各集団間は通婚・食事などに関して厳しい規制があるが、弱まりつつある。多くの場合、世襲的職業を持ち相互に分業関係を結ぶ。

だが、他の三つの階層と関係を持っている。つまり、科挙制度を通して、他の三つの階層が士大夫階層に入ることができる。同時に各階層は、また各自「ヨコ」の関係で行動している。だから、中国の伝統社会構造は、「タテ」の関係であると同時に「ヨコ」の関係でもある。両方が同時に存在し、儒学思想の「調和」、「中庸」との精神の影響を受け、中国社会は「タテ」と「ヨコ」の人間社会であるといえるだろう。

上述の国々と違って、日本の伝統的な社会構造は「タテ」の構造に現われた。上述したように、日本において親子、上司と部下、先輩と後輩は同列に置かれない「タテ」の関係で結ぶが、兄弟、同僚のような同列に立っている「ヨコ」の関係も、序列によって「タテ」の関係が成り立つようになる。つまり、同じ実力と資格を有するサラリーマンであっても、年齢、入社年次、勤続期間の長短などによって差が生じ、先輩後輩の序列が形成する。このように、日本の「タテ」の社会構造は次のような二つの特徴を示している。

（1）日本の「タテ」型の上下関係は、厳しい身分等級制度や序列秩序の上に成り立っている。社会集団と社会の中での等級が厳しく、階段式の序列の等級があって、各等級にまた厳しい序列がある。序列を決定する基準は、年齢、社会的地位、集団における経験年数、性別などである。例えば、江戸時代の「大名」の等級にも、血縁以外に徳川幕府に従属した年代によって、「親藩」①、「譜代」②「外様」③などのように分けた。下層の家来も年齢、主人に仕える期間によって

---

①江戸時代、徳川家の近親が封ぜられた藩。尾張・紀伊・水戸をはじめ、越前家など諸藩。

②江戸時代、関ヶ原の戦以前から徳川氏の臣であったもの、及びその家格に準ぜられたもの。

③江戸時代、徳川氏の家門またはその本来の家臣ではなく、主として関ヶ原の戦後に臣従した諸大名。

等級が分けられていた①。だから、日本では、どの人も相対的な等級の世界に生活し、「タテ」の制度の中で一つの位置を占めていた。この制度の下で集団の構成は序列によって並べられていて、成員の「資格」が同じである集団も、このような並び方を取っていた。

現在の日本社会は、身分制度がなくなったが、序列意識が依然として強く残っている。日本の大部分の企業、歴史の有る大企業にしろ、中小企業にしろ新しい企業にしろ、安定性と密度の高い企業であればあるほど、序列関係が強固になる。個人の力の発揮を強調する作家や俳優、芸能人の世界においても、序列意識が強く存在している。

安定した集団社会内部だけではなく、日本人の日常生活の中にも上下の序列意識が存在している。日本では、人が集まると、序列が意識され、自分の属している序列の位置に従って行動する。言葉には尊敬語や謙譲語があり、公式の場では、席に就く順序（席次）があり、日本式の和室では、入り口の反対側にある「床の間」の前が「上座（かみざ）」であり、入り口付近が「下座（しもざ）」になる。年齢の上の人や地位の高い人が「上座」に座る。日本人は謙遜であろうとするあまり、多くの人が「下座」に座ろうとして、座る場所がなかなか決まらない、という場面がしばしばある。

此処で指摘したいのは、社会では等級序列によって並べられているが、「家」制度の下では、上下の関係は家族の中での親分—子分という関係に現われていたから、欧州やインドのような等級分離や等級封鎖の状態にはならなかった。「タテ」の等級制度は職業の区別や階級の区別を無くした。

---

①日本の徳川時代の支配体制は、拡大された「家族」の重層構造による「タテ」の社会構造であった。しかし、それと同時に「ヨコ」の社会構造もあった。それは大名分国による各藩並立共存と、城下町の形成による藩と藩、農村と都市の経済流通構造である。王鉄橋氏の『儒教文化とその変容』参照、軍事誼文出版社、2002 年。

(2) 日本の「タテ」の社会組織と社会構造は「単一性」を持っている。中根氏によると「タテ」の構造では、各集団（人或は系統）は、普通、上下両極と関係を発生し、同じ等級にあるほかの系統とはあまり関係を発生しない。図一のようにリーダーaと成員のd、e、f、gとの関係は、bとcを通して成立することができ、bとcの間も、aを通して関係が成立することができる。aは、最高支配者であると同時にこの構造の鍵として、aが無ければ、bとCの関係が成り立たない。aとbの関係が中断されると、d、eとaの関係も中断されてしまう。aのdに対する支配はbを通して実現する。そして、e、f、gとaとの関係も同じである。aの権威がbとcを通して、d、e、f、gに至る。故に、集団構造の核心がa－b、a－cの関係にある。この関係が無ければ、この構造が集団としてなりたたない。このような集団の特色としては、①第一に、成員はaを頂点としてのみ全員がつながっている。②第二の特色としては、このような集団は底辺のない三角関係であることである。例えば、もし集団に新たにhが入団したい場合、この集団の成員のいずれかを一人（例えばbかc）に緊密な関係を設定し、bの他の成員への依頼によって入ることができる。

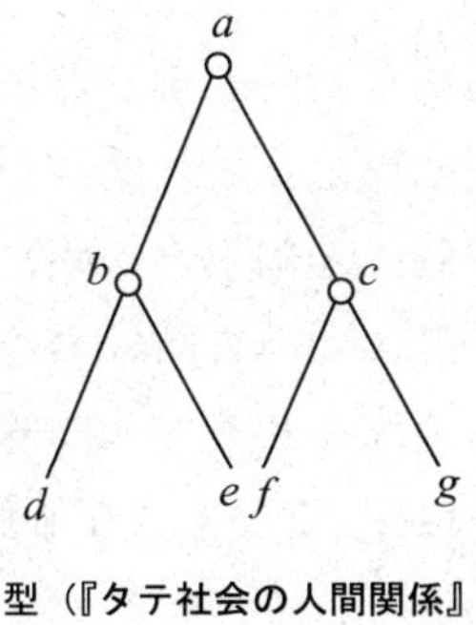

底辺のない∧型（『タテ社会の人間関係』による）

このように、新成員の集団参加は、特定メンバーとの結びつきが、そのまま組織に定着してしまう。このような組織は、ヒエラルキーを生み、古顔が力を持ち、新成員は常に下位に立たされる。同じ集団のメンバーでありながら、必然的に上下関係が存在することになる。しかし、メンバー同士の連帯感の強い「タテ」型の集団においては、感情的、情緒的関係が生まれる。中根氏は「この組織の長所は、リーダーから末端成員までの伝達が、非常に迅速に行われるということ、そして、動員力に富んでいる」[①]と言い、また、「この集団組織構造では、必然的に、運動方向が「タテ」になっているため、「ヨコ」の連絡・調整が実に難しいのである。」[②]と述べている。

日本の伝統社会の上下対応関係が、日本の社会構造原則の基礎となっている。この上下対応関係と序列関係が、集団の中だけではなく、現代社会の中でも、日本人の日常生活の中にも満ちている。上から下まで底辺のない三角関係の構造が、日本という社会を支えてきた。日本社会のこうした特徴は、日本国家の政体の形成に対しても影響を与えた。江戸時代に、幕府や大名の条例などの実施に当たって、確実に各村、各家庭に至るまで条例を徹底することができた。これは、支配者の権威が社会の底辺まで貫通していたというより、この「タテ」の社会組織構造が役割を果たしていたと言うべきであろう。

一方、人間関係が極めてパーソナルな、直接的関係、つまり感情的、情緒的、接触的な関係によって結びつく日本の「タテ」の社会は、西洋社会のような個人と個人との間に納得できる理性的普遍的なルールを設定することによって結びつく社会となりにくい。人と人との関係を何よりも優先させる、人間的な価値観は、日本人に相対的な価値観を形成させる。このような価値観は、日本人の党派性、

①中根千枝、『タテ社会の人間関係』、講談社、1967年、128頁。
②中根千枝、『タテ社会の人間関係』、講談社、1967年、130頁。

派閥争い、非社交性、「ヨソ」の競争という特色をもたらしただけではなく、日本人の契約精神の欠如、社会的強制、論理より感情などももたらしたと中根氏は言う。

「タテ」の序列社会がもっとも顕著なのが、企業や官公庁の職場である。同じ年次に入った人達が同じ階層を構成し、給料と地位でほぼ同じ取り扱いを受けるという年功序列制は日本的なものといえるだろう。こうした序列社会では、情緒的な一体感が生まれる。日本の若者が、どんな仕事をするかという「就職」の意識より、どの会社に入るかという「就社」の意識が強いのは、「タテ」の秩序が出来上がっている秩序社会だからだ。日本では、雇用されるときに職種が決まっていない場合が多い。採用後に会社が決めるのである。一人がいくつもの職種を経験することも珍しくない。「何をするか」が重要なのではなく、「どこの会社の人か」が大切なのである。

二、日本の「家」制度

「タテ」の社会構造を構築した日本は、上述したように厳しい等級制度があったが、日本はインドやヨーロッパのように階層の分離、封鎖状態にはならなかった。つまり、日本の「タテ」の社会関係は、日本特有の「家」制度の下では「親分」－「子分」という形式に現れていたため、職業と階級の厳しい区別を無くした。

この原則に従って、「タテ」の上下関係は、現実には「家」を本位とする「親分」－「子分」の関係で表わされている。例えば、父母、領主、上司などが、「親分」にあたり、子供、家臣、部下などが、「子分」に当たる。「親分」は、「子分」を支配し、「子分」の面倒を見るが、「子分」は、「親分」に尽くす義務もある。伝統的な封建社会の大多数の日本人が、職業と地位に問わず大体このような「親分－子分」関係の中で生活していた。

上述した日本の「タテ」の社会構造は、日本の伝統的な封建社会の「家」本位制度の上に成立したものである。中根氏は「伝統的な、そして日本の社会の津々浦々まで浸透している普遍的な「イエ」(家)の概念に明確に代表されている。」[①]と述べ、そして「『家』というものは、生活共同体であり、農業の場合などをとれば経営体であって、それを構成する『家成員』(多くの場合、家長の家族成員からなるが、家族成員以外の者を含みうる）によってできている、明確な社会集団の単位であるということである。すなわち、居住(共同生活)あるいは（そして）経営体という枠の設定によって構成される社会集団の一つである。…ここで重要なことは、この『家』集団内における人間関係というのが、他のあらゆる人間関係に優先して、認識されているということである。」[②]と規定する。そしてこのような規定を行った日本の社会のいろいろな局面について、中根はスパッと明快に斬ってみせる。例えば、ほかの家に嫁いだ自分の娘よりも、よそから來た娘、つまり妻の方がずっと重要だという考えは、「われわれ」というグループ意識をもつために、外にある同様のグループに対抗意識を燃やすという行動である。そしてこのグループは情的に結びつき、感情的なアプローチを取るという感覚である。そのため、グループ内部での人間同士の接触が頻繁になり、その結果、公私の区分がつかなくなりがちな生活、といった具合である。

「家」は、厳しい経済生活を前提とした生活の共同防衛組織であった。しかし、戦後の高度経済成長に伴い、農村の都市化や家内工業の企業化などが進み、さまざまな組織は変動していった。それにもかかわらず、日本人の思考方式は、社会構造との相関関係において、人間関係を重視するという従来の傾向を脱することがなかった。

---

①中根千枝、『タテ社会の人間関係』、講談社、1967年、31頁。

②中根千枝、『タテ社会の人間関係』、講談社、1967年、32頁。

今日では、企業や各種の組織体が、従来の「家」の機能を果たしている。企業は、終身雇用制と、年功序列制によって、従業員に封鎖的な「家」の集団社会を作っている。「企業丸抱え」という言葉で表現されているように、従業員と企業が契約を結ぶというより、婚約関係のように結びついている。閉ざされた世界の中にいる従業員は、集団に一体感を持つようになり、共有する「場」を通じて、同族意識が生まれる。日本会社の中でよく言われている「愛社精神」、「企業は人なり」、「従業員は家族の一員であり」、「縁あって結ばれた仲」などはいい例である。だから、日本の社会組織は、「家」の拡大図であると言われている。今日でもなお、個人は常に「家族の一員」として認識され、会社の従業員の家族は従業員とともに一単位として認識されている。そして、個人の行動や考え方にまで集団の力が及ぶ。

「家本位」の観念が、企業だけではなく、日本の各種の組織体にも現れている。日本には地方レベルのものから全国的なものまで、いろいろな組織体がある。企業や商店はさまざまな組織を作っている。中小企業を中心とした全国組織の日本商工会議所や、大企業中心の経済団体連合会すなわち「経団連」などが形成され、医師会、歯科医師会、農業協同組合すなわち「農協」や、労働組合の連合体も組織されている。また政党は、対立する派閥を内包している。

一方、「タテ」の社会構造をもっている日本の社会では、枠がはっきり決まっているので、「枠」によって、その集団に属する「内の者」と、そうでない「外の者」を区別しがちになる。「ウチ」と「ソト」意識の強い日本人は、「場」を共有している仲間うちでの交際が中心になるため、自分の集団以外の人との接触がうまくなく、それが社交性の欠如に繋がる。したがって日本社会における人間関係の特色は、強い地域性(ローカリズム)であり、直接接触性であると中根氏は言っている。

日本人の道徳や倫理規範も、閉鎖的な人間共同体の「家」の習俗によって理念化され、形成されていったものになる。従って、自分の属する「家」や、集団、企業、国家に対する道徳は発達しているが、個人として守るべき道徳の観念は薄い。

三、中日の「家」制度の比較①

云知识
扫一扫

日本と中国は、同じ東洋に位置している農耕社会の国家として、「家」制度が各自の社会に大きな役割を果たした。しかし、日本の「家」制度は、中国の「家」と比較すると大きな差異を示している。

まず、中国の「家」制度を考察してみよう。中国の家族は父系関係によって結ばれ、母親方の親戚を「外親」と呼び、父親方の「本宗」と区別する。考古学によると、中国東部沿海と黄河流域の龍山文化、斉家文化と、揚子江流域の屈家嶺文化、青蓮崗文化などの時期から父権制が確立し始めた。父権製の確立に伴って父系大家族が社会の基本構造となり、氏族構造と一体化した。家長が即ち氏族長であり、同祖同姓の血縁関係が唯一の紐帯（ちゅうたい）であった。階級と国家の形成後、分封（ぶんぽう）制の出現によって氏族制が家族—宗族制に変わった。この制度は夏に始まり、周に至って盛んとなった。春秋戦国時代の土地私有制の変化に伴い、領主（りょうしゅ）—奴隷型経済システムから、地主—小作農（こさくのう）型の経済システムと転化し、分封制度が廃止され、家族は宗族から遊離し始めて、最終的に宗族に代わる基本的な社会群体となった。勿論、伝統社会の中で中国の宗族の残余が、まだ相当に残っていることは言うまでもない。

中国の「家」制度は次ぎのような特徴がある。

(1) 中国の「家」は、家、家族、宗族という三つの部分で構成さ

---

①『文明の衝突と融合』を参照。張旅平著、文津出版社、1993年。

れている。家は、同居して共同生活をしている親族団体を指しているが、通常二、三世代を含んでいて、祖父母や既婚の息子と未婚の孫などが含まれている。祖父母が亡くなると、一般に同輩の兄弟が分居する。最高支配者を「家長」という。家族は、家の総合体として、同じ先祖の男系後代たちによって構成され、範囲は普通四世代までだが、最高者を族長という。経済単位と共同生活団体の家と違って、家族は血縁単位であり、成員達が必ずしも同居しているとは限らず血親関係を表している。宗族、或は宗法組織は、同じ姓の同族組織で、最高者を「宗子」という。宗法組織は封建社会の貴族の親族組織として、封建制度が廃除されて以来、宗法組織も崩壊し、現在の宗法組織は本来の意味での宗法組織でなくなった。

(2) 中国の「家」制度は、父権を中心とし、血縁関係を重視しているのが顕著な特徴である。家長としての父親や、祖父の権力は、経済、法律（家法、族規、宗法）、宗教等の方面に至るだけではなく、家成員の生死の決定権も持っていた。家族内部は、家族成員の血縁関係により、その尊卑、長幼、上下、親疎が決められる。父系に従う同族、同姓、同血縁の跡継ぎが無いことが家族に一番忌まれる。

(3)「家族」と「家族」とが結合して形成された宗法組織が、地方の基本政権と社会組織となった。中国の伝統的な封建社会では、県以下の権力行使は、宗法制によってその管理と支配を行った。宗法組織は「族規」や「族法」を制定し、「族産」も持っていた。族長と族中の有力者が族産の使用と分配を掌り、祖先の祭祀や、族内成員の大小家事などと人間関係を管理し、仲裁した。「家族」と宗法組織の結合は、中国伝統社会の「自給自足」、封鎖された「半分自治」といった特色を持つ社会団体を形成した。

(4) 中国における「家」の財産相続制度は、男子平均相続制である。中国は、戦国時代の長子相続制が崩壊して以来、男子平均相続制が行なわれた。中央集権制の政府が、一方では男子平均相続制を通して、土地貴族の強大化を防ぎ、もう一方では学問を通じて、科挙を奨励した。

日本の「家」制度は、次のような特徴を示している。

(1) 日本の「家」制度は、濃厚な母権制の色彩を帯びていた。これは、婚姻制度と相続(そうぞく)制度によく反映されている。日本は、大陸の文明の影響を受け、新しい生産方式と国家行政体制が形成されたが、生活習俗と伝統、つまり日本の伝統的な「家」制度が依然と強く残されていた。4世紀まで、日本は母権制の社会制度で、婚姻状態が「妻(つま)問婚(といこん)」①(妻訪婚)であった。4世紀以後、母権制が衰(おとろ)え、父権制が生まれ始めた。7世紀中期の「大化改新」以後、日本は、中国の影響を受け、父権制が発展したが、妻問婚が依然として行われていた。13世紀初期、武士の経済的地位と政治地位が上昇してから、嫁入(よめいり)婚が流行し始めたが、民間まで普及したのは14世紀以後のことであった。それでも、母権制の残余が依然と残っていた。封建制が確立される以前、日本人の相続制度は男子女子平均制であったが、封建社会になっても依然として女子の相続権が認められていた。

(2) 母権制の影響で、日本の父権制の出現が遅れ、同族同姓の父系血縁観念の重要性が薄くなり、日本は、中国ほど血縁関係の観念が強くない。日本の「家」は、父系の血縁と関わるが、場合によって、社会関係、階層関係、業界(ぎょうかい)関係、地縁(ちえん)関係とも関わることがある。中国では、「家」に血縁関係の男子が無いと、その「家」の消滅を意味するが、日本では、「家」という実態の存続(そんぞく)のため、血縁関係を破り、完全に血縁関係の無い弟子(でし)、家臣、家来などのような「他人」を「養子」として取り入れ、模擬(もぎ)血縁関係によって「家業(かぎょう)」を受(う)け継(つ)がせる。日本の「家」は、「血縁団体」というよりも「家」制

①夫が妻の家を訪れるだけで、同居しないもの。

度体というような独特な「場」の構造によって形成された社会の「組合」として、一つの「経営団体」でもある。だから、日本の「家」は、「組織」であり、「企業体」であって、家族成員だけではなく、非家族成員をも含めることができる。

(3) 荘園制度以後に形成された父権制の「家」は、長子相続制度が慣行となり、伝統的な日本社会の中では、長男が相続人として家の中で特殊な地位を占めた。家族内でも「タテ」の人間関係が重視され、長子が小さい時から優遇され、弟や妹に対し支配権が与えられ、弟や妹から尊敬される。長子が、家業を受け継いで、家長となると、分居している弟達に対しても支配権を行使する。長子が「本家」となり、結婚して独立した弟たちは「分家」となる。「分家」は、「本家」の土地を借り、あるいは「本家」の援助により経済活動に従事し、経済的に「本家」に従属しながら生活する。「本家」は「分家」の面倒を見る義務があり、「分家」は「本家」の労作を手伝う義務がある。このような厳しい「本家」と「分家」の関係は、中国の兄弟関係と全く違う。

以上の分析から分かるように、日本の「家」は生まれた時の状況による自然に構成された「血縁団体」ではなく、人為的に構成された「模擬血縁団体」の「家」制度体であることが分かる。つまり、独特の「場」による社会の「組み合わせ」であって、この「組み合わせ」は一つの「居住体」であり、また一つの「経営団体」でもある。この集団あるいは家から見ると、中心地位にあるのが「人」ではなく「家」自身である。だから、血縁関係によって構成された中国の「家」と大きな差異を示している。中国の「家」は「血縁連合体」であるが、日本の「家」は「機構」であり、「財団的な性質」のある広義的な「企業体」であるともいえるだろう。そして、この「家」集団内における人間関係が、ほかのあらゆる人間関係に優先するものと、認識されている。「家」という「場」の構造によって、血縁関係のない資格を異にする構成員も含むことが出来る。だから、全く血のつながりのない他人を後継者(こうけいしゃ)、相続者として迎えることができるばかりでなく、昔は奉公人(ほうこうにん)[1]や番頭(ばんとう)[2]が「家」成員を堂々と構成し、家長の成員同様の取り扱いを受ける場合が非常に多かったのである。日本の「家」は模擬の性質が強く、社会集団構成の原理を充分に反映し、日本の全国民に、共通して「家」が見られることが、日本の社会構造の特色である。

四、日本の「家元」制度

日本の「家」制度をよく表したもう一つのものは、「家元」制度であろう。茶道、華道、香道、音曲などの伝統的な芸の世界では、「家元」制度によって技芸が伝授(でんじゅ)されている。「家元」とは、その芸を創始した流祖の嫡流であり、芸と血統が正統であることによって生じる一切の権利を持っている家である。この制度は、一人の師匠に弟子がいくら増えてもよい構造を持ち、その流派の秘伝(ひでん)として特定の弟子に伝えていく。家元は、世襲によって引き継がれていくのが普通である。そこには血の正統に対する日本人の信仰があり、巧妙に組み立てられた社会制度があり、ただ一人の頂点に対する献身的な奉仕があり、神秘化(しんぴか)された技への賛仰(さんぎょう)がある。家元制度に象徴的に見られる日本的特徴は、民間の芸能の伝授にもはっきりみることができる。例えば、ある芸能は特定の村にしか伝授されない。芸能の所有は社会的権利であり、技は村の氏神に伝えられる神秘的なものであるとされている。家元制度は、ひとつの日本の縮図になってるといえる。

流派のなかには、弟子の数が万を越すものもあるといわれるが、

---

①主家に仕える従者。家臣。または、他家に召し使われる人。雇い人。召使。

②一般的に、商家の雇人の頭で、店の万事を預かる者。手代の上位。

その弟子の一人一人は、全て家族の構成員のように見立てられている。これは、世界でも一番大きな「模擬的家族」であると思ってもいいだろう。日本社会には、今でも「模擬的な家族」という考え方が、数多くありそうである。例えば、酒場の女主人をママと呼ぶ。任侠の世界は「親分」と「子分」で構成されており、ご丁寧にも叔父や兄弟、姉御まで揃っている。代議士の秘書は、自分の主人を「親父」と呼ぶ。

家元は非常に権力を持っている。茶道、華道などを教えるためには、家元が発行した免許状が必要で、その免許状を発行する権利は家元が握っているのである。免許は、段階的になっており、上の段階の免許をもらうたびに、免許料を納めなければならない。最も上の段階になると、何百万円も必要というケースもあるという。

関連知識三

云知识
扫一扫

1. 日本企業の三大特色

（1）終身雇用制：

終身雇用制とは、特別のことがない限り、被雇用者の所定の年齢（大正時代は 55 歳、現在は 60 歳が多いが、現在次々と定年の年齢は延長されつつある）までに至るまでは、雇用関係が続くことを前提とした雇用形態を指しているが、この間、能力の向上と年功により賃金と地位が上昇する。終身雇用制の利点は雇用の安定性と所得の安定性にあり、それが企業への忠誠心や技術革新の円滑化などにつながる。マイナス面では、雇用の非弾力性、自己開発の努力の衰退などをもたらすことがあるが、日本企業について言えばメリットが多かった。

（2）年功序列制：

年功序列制とは、勤続年数が長くなるに連れて、給与が上がり、地位が上昇していくという慣行である。日本の社会では、昔から年齢の上の者を尊重する習慣がある。企業においても、勤続年数が長くなるに従って能力と権限も大きくなり、企業に対する貢献も増加するという考え方が背景にあるといえよう。このような企業運営のもとでは、他人より特に優れた能力があっても、所定の最低勤続年数がないと昇進できないので、一部の優秀な人には役不足という感を持たせることもあるが、職務権限の弾力（だんりょく）的運営によって、能力の発揮が阻害されるということは少ない。むしろ大部分の人には安心感と落ち着きを与え、企業への信頼感や忠誠心を持たせることができる。

（3）社内組合：

社内組合とは、職種別ではなく、企業別の組合である。経営者も管理者も昇進前は組合員であり、経営者にはまた組合の指導者であった人もいるので、組合員も終身雇用や年功序列などにより、基本的には会社に対する信頼感を持っており、要求するほうも認めるほうも対立が厳しくないと言われている。会社と組合は、双方ともに企業の繁栄を図(はか)る面では、共通の基盤に立っているのが日本の労使関係の特徴と言われている。

2. 日本人の社会生活

(1)学歴社会：

人間の社会的地位や収入、さらに人物の評価までもが学歴によって判断される社会が「学歴社会」と呼ばれる。高学歴至上(しじょう)主義の風潮が依然として強い日本では、就職の際に大学名が重視されたり、就職後もその学閥(がくばつ)が人事に影響を与えたりする。しかし進学競争の低年齢化などの弊害(へいがい)も多く、エスカレートする学歴志向に、歯止(はど)めをかけようとする企業や学校も、徐々に増えてきている。

(2)資格：

日本は資格国家であるとも言われている。その種類は1000種類以上にものぼり、公務員や医師になるための国家資格から、個人のレベルを知る判断材料となる英語検定・秘書検定など、その分野、用途はさまざまである。資格をもつと、専門的な職種に就くことができ、給与面で加味(かみ)されるというメリットがある。依然として続く就職難の時代、企業に対するセールスポイントになればと、いろいろな資格取得を目指す学生も増えている。

(3)印鑑：

欧米ではサインが重要視されているが、日本では公式の書類を作る際、または本人の証明を要する際には、印鑑を使う。直径1～2 cm、長さ 7～8 cm程度の木または象牙(ぞうげ)、水晶(すいしょう)などに名前を刻み込んだもので、その面に朱肉(しゅにく)を着けて書類に押す。

印鑑には、「実印(じついん)」と「認印(みとめいん)」の２種類がある。「実印」は、居住地の区市町村長に登録し、特に指定された重要書類に捺印する時、間違いなく本人の印鑑であること証明できるようにしたものである。これは各人または法人(ほうじん)が正式に登録してあるもので、偽造すると犯罪になる。「認印」は、苗字(みょうじ)などを彫刻して、日常用の事柄に使う略式の印鑑である。会社内では、それぞれの認印を、自分の書いた書類に責任を持つという意味で押したり、他から回ってきた書類を承認したという意味で押したりする。会社員にとって、なくてはならないものである。

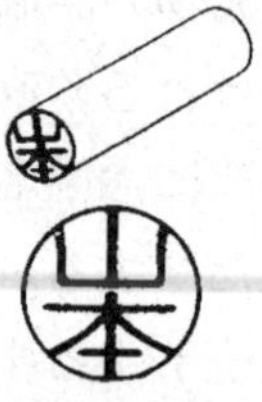

認印

実印

他に本の愛好家が「蔵書印」を作ったり、芸術家が「遊印(ゆういん)」を作って作品や色紙(しきし)に押したりもする。

(4)名刺：

名刺は日本の社会に必要不可欠なものである。昔、中国で竹や木を削(けず)ってこれに姓名を記したものを「刺」といったところから、「名刺」といわれるようになった。日本では小型の紙に、自分の氏名・会社名と役職、会社の住所、電話番号などが記載されて、人に接する場合に用いる。日本で名刺が最初に使われたのは、江戸時代の安政元年（1854）、米国使節と幕府の役人が交換したのが始まりと言われている。以後、欧米よりも名刺の交換は活発に行われた。

交際にあたって、初めての挨拶が名刺の交換である。連絡をとりたいときに便利なことはもちろんだが、記載されている役職名にも関心を寄せる。つまり名刺は、個人よりも企業や団体の肩書きに重(おも)きをおく、日本社会を象徴しているのである。

(5)はちまき：

日本製のタオルである手ぬぐいなどをたたんで、頭の鉢(はち)に巻くものをはちまきという。もともとは頭髪(とうはつ)の乱(みだ)れなどを防ぐために締(し)め、また、魔除(まよ)けの方法でもあったといわれている。また受験生が、「必勝合格」などと書いたものをはちまきに使ったりすることもある。近年は、デモ行進とか、小学校や中学校など学校の運動会、また神社の祭礼以外では、あまり見かけなくなった。

(6)宴会：

宴会の起源は『風土記(ふどき)』[①]『万葉集』に見受けられる。主に神事(しんじ)あるいは種々の宗教的行事として、聖なる空間に人々が集まって、飲んだり、歌ったり、踊ったり、食べたりする会合である。現代の宴会はビジネスの場としての接待であると同時に、忘年会や新年会など、儀礼や楽しみの席になっている。

(7)忘年会：

年の終わりに、その年にあった苦労を忘れるための宴会である。年末になると、仕事仲間や友人同士が集まり、お互いに一年の苦労をねぎらい、翌年の厚意を願う。多忙な毎日を過ごしている最中(さいちゅう)に催す宴会である。忘年会では、カラオケで歌ったりおしゃべったりして、ストレス解消をする人が多いようである。

(8)万歳三唱：

万歳は両手を頭の上に上げ、三唱とは祝福の言葉としての「万歳」を三回繰り返すことである。万歳する風習は古代中国で、皇帝に拝謁(はいえつ)

---

①713年、天皇が諸国に命じて、群卿の名の由来、地形、産物、伝説などを記して撰させた地誌。文体は国文体を交えた漢文体。

し、慶賀(けいが)するときに「万歳三称」したと記録されている。日本では平安時代に、天皇に対して「万歳」を唱えたと言われる。この行為は、慶賀の表現として諸種の儀式や、また壮行(そうこう)会や祝勝(しゅくしょう)会などで、広く一般にも行われるようになった。

(9)女性の社会進出：

女性が社会で働いて、経済的に自立した生活を送るのが一般的になってきたのは1970年代頃からである。それまで女性は、学校を卒業してから結婚までのわずかな期間、腰掛(こしかけ)程度に働くのが良いとされていた。結婚したら家庭に入って家事と育児をもっぱらとし、夫は外で働くという、役割分業意識が強かった。現在もその意識は残っているものの、結婚しても働く女性や、出産して一定期間休んだあと、また再び働く女性も増えてきている。

云知识
扫一扫

(10)OL：

和製英語「office lady」の略語で、一般的には企業の事務部門で働く女性社員のことを言っている。日本では1888年に、日本銀行で採用されたのが最初といわれている。当時はオフィスガールと呼ばれていて、1955年ごろにはビジネスガール（BG）が使われ、OLとなったのは1962年ごろからである。その頃から女性の社会進出が進み、働く女性が増えた。学校を卒業して結婚、出産まで働き、子供が大きくなるにつれて、また再び働くという女性や、そのまま一生働きつづける女性も徐々に増え、女性の管理職も出現するようになっている。

(11)定年退職：

ある年齢になると、自動的に雇用が終わる制度のことである。日本企業で定年制が普及し始めたのは、大正(たいしょう)時代である。当時は55歳くらいであったが、男性の平均寿命が47歳程度だったから、生涯雇用と言ってもよいだろう。その後、段階的に定年年齢は引き上げられ、現在は60歳が一般的である。ただし、平均寿命が80歳時代を迎えたことから、定年後、どう暮らすかが問題になっている。何もすることなく、抜け殻のようになった男性が、妻から離婚を告げられる「定年離婚」も増えているといわれる。

(12)ボランティア休暇：

近年企業の社会的責任という問題が関われるようになり、地域や社会への企業の貢献のあり方に関心が高まっている。これは企業市民という考え方から、アメリカで発達してきた。その一つに、社員にボランティアをするための休暇を与えるのが、ボランティア休暇である。休暇をもらえる条件は各企業によって異なるが、1 ヶ月から 3 年程度の期間で社員が希望するボランティア活動を行うことが出来る。その間、給与は 6 割から全額までも支給されるというケースが多いようであるが、現在ではまだこの制度が定着したとはいえない。

(13)職人：

自分の手技によってモノを作り、それを生業としている人のことを職人と言う。一般に、大工や左官などのように、屋外で仕事をする「出職人」と、自分の住まいの中に仕事場を持つ「居職人」に分けられる。現在職人の専門的な知識や技術伝承の意義が衰退しつつあるのも事実であるが、一方で日本の伝統産業としてこれらを保護、育成しようという国レベルの動きもある。

3. 日本人の人間関係

(1)暑中見舞い：

日本の夏は高温多湿で、体調を崩しやすい季節である。そこでこの時期、親しい人の安否を確かめ合う習慣が成立した。これが「暑中見舞い」である。現在のような葉書による暑中見舞いは、大正時代からである。葉書は、暑中の時期である 7 月 20 日頃から立秋の 8 月 7～8 日までに送る。その時期が過ぎると「残暑見舞い」になる。しかしこの習俗も、現在ではファックスや、メールの普及で次第になくなりつつある。

(2)お中元：

「中元」とは、中国で旧暦7月15日のことを指している。この日にもてなしをすると、罪が許されるという道教の教えと、仏教の盂蘭盆（うらぼん）が影響して、半年間の無事を祝う行事になったものである。現在の日本人の「お中元」は、お世話になっている人に儀礼として贈り物をするという習慣に変化している。贈るのは7月上旬から中旬までで、この時期のテパートは、贈答品（ぞうとうひん）を選ぶ人で賑わう。

(3)お歳暮：

年の暮れに、仕事やプライベートでお世話になった人たちに贈り物をするのが歳暮である。通年の御礼という点で、1年の半ばに贈る「お中元」に比べて、少し高価なものを贈る人が多いようである。明治時代までは、魚や米などの食料品が一般的であったが、現代では食品や衣料品なども含め、さまざまなものが贈られている。公務員や会社員に、ボーナスが支給される12月上旬（じょうじゅん）から中旬までが贈答のピークである。

(4) 世間体：

世間体とは、世間の人に対する体面重視のことである。所謂世間の一般の常識を過敏なまでに意識し、それに外れないよう体裁を取り繕うとすることが日本人の社会生活の行動原理の一つともなっている。この規範から逸脱して行動すれば、「世間体が悪い」などといって咎められることもある。集団行動をよしとする風潮の強い日本では、「世間」は日常の行動や生活態度を決定する際の、拠り所となっているのである。

(5) 新人類：

1960 年以後に生まれてきた若者を総称して呼ぶ言葉である。豊かな時代の申し子で、物事に対する考えや感性が、それ以前の世代と明らかに違うことからつけられた。例えば、日本人の価値基準であった会社への忠誠心や帰属意識が薄く、人との関係も義理と人情に縛られることなく、やさしくクールな関係を好むという新しい日本人像を象徴する言葉である。

(6) 建前と本音：

かつて村や地域を単位とした共同体が、日本人の生活の基盤となっていた時代には、統一した意見や方針をもとに、集団で行動することが重視されていた。「本音」よりも「建前」が優先されることによって、秩序が保たれている日本の縦社会では、この方があつれきを起こさず、生き残りに必要だと考えられていた。相手を傷つけることなく、効果的に物事を解決する方法としては、「建前」が用いられ、自分の意見を強硬に通そうとすることを避けようとする。「本音」を言って自己主張を通すよりも、「建前」を言うことで仲間うちの和を尊ぶことのほうが大切だと考える日本人の独特の意識は、他の国の人々からは、異質なものとして映るようである。「日本人は何を考えているのか分からない」と思われがちなのも、このあたりから来ているのだろう。

(7)井戸端会議：

井戸端会議とは、取り留めのないおしゃべりのことを言う。江戸時代、一間ずつ仕切られた長屋に住む町人の女達が、共同の井戸端で水汲みや洗い物をしながら、世間話やうわさ話をしていた。つまり井戸端が一種の社交場だった。それが会社などの会議になぞらえて井戸端会議とつけられた。井戸から上水道に代っても、第二次世界大戦までは路地の水栓は共同使用されていたので、女達の情報交換の場として近隣の付き合いの核になっていた。それ以後は、場所が公園やカルチャーセンター、スポーツセンターなどに換わっても、女性の長談義好きは変わらないようである。

(8)お世辞：

会話の中で用いられる、社交辞令の一種が「お世辞」である。相手を喜ばせるため、時には実際以上の言葉で相手を誉める。日本人にとっては、人間関係をスムーズに進めるための処世術とも言えるが、度を越した真実味のないお世辞は「おべっか」「諂い」などとも称され、逆に嫌われる。

(9)良妻賢母：

明治期から第二次世界大戦までの女子教育において目標の根幹になったのが、「良妻賢母」という女性像である。それは明治時代の国の制度の土台となる「家」制度を支えるものであり、家父長たる夫や舅姑に、従順でよく仕える女性が理想とされた。そのため女性への教育も、家庭生活に役立つ家事、裁縫、母親としての子供に接する厳しい躾などの作法が重要視された。こうした考えは、根強く残り、昭和40年ごろまでは女性は結婚したら仕事を辞め、家事、育児をするのが幸せだと言われていた。現在は、自立した男と女が家庭を作り、社会に関わっていく男女共同参画という社会になりつつある。

4. 日本人の暮らし

(1)健康保険：

日本では、官庁、公共機関、民間の事業体に雇(やと)われている人とその家族が、勤務先で強制的に健康保険組合に加入することになっている。保険料は基本的に、労働者側と使用者側が大体半分ずつ負担することになっている。一方、「健康保険法」などの適用を受けない農民、自営業者、仕事をしていない人、その他の一般国民及び外国人を対象とし、疾病(しっぺい)、負傷、死亡などに関して医療の給付などの保険給与を与えることを目的として、国民健康保険がという社会保険制度が設けられた。1938 年公布の国民健康保険法に基づいて、1958 年に国民皆保険を目指して改正を行い、市町村および特別区が運営をしている。1961 年、健康保険組合に加入していない住民は、必ず国民保険に入るように強制されていて、これが、日本の社会保障制度の基盤を作っている。

(2)介護保険：

世界一の高齢化社会に対応するために、2000年4月に導入されたのが介護(かいご)保険である。体が不自由になったお年寄りの介護が、21 世紀の大きな問題の一つである。労働人口より、リタイアした高齢者が多くなる日本において、個々の家庭の力だけでは、面倒を見ることは不可能である。介護が必要になったときに、在宅でのサービスや施設でのサービスを受けることが出来るように、医療保険とと同じように、介護保険をかけることが義務付けられた。被保険者が、毎月、保険料を市町村に支払うことで、介護サービス提供機関からサービスををうけることができるようになった。対象者は、65 歳以上の高齢者であるが、40 歳から 64 歳までの間の、介護を必要とする人も対象となる。介護を必要とした場合に、市町村に申し込むと調査が行われ、どの程度の介護を必要とするかの認定を受けてから、介護サービスが始まる。

(3)年金：

日本厚生労働省　平成29年版『厚生労働白書』から

①国民年金でもらう年金は「老齢基礎年金」と言う。2017（平成29）年度から、老齢基礎年金の受給資格期間を25年から10年に短縮された。

国民年金は、保険料を納めた期間などが10年以上（2017年7月までは25年以上）あると、原則として、65歳になると老齢基礎年金を受け取ることができる。給付額は保険料を納めた期間などの長さに応じて計算することとされており、その期間が40年以上の場合は満額の老齢基礎年金(2017年度で64,941円)を受け取ることができる。

②厚生年金は、老齢基礎年金の受給資格を有する人が、原則として、65歳になると老齢厚生年金を受け取ることができる。給付額は厚生年金保険に加入していた期間の給与（標準報酬月額）と加入期間に応じて計算することとされており、例えば、男子賃金の平均額で40年間厚生年金保険に加入していた場合には、約91,000円を受け取ることができる。

③2016年3月末の数値で、6712万人が国民年金に加入している。一方、年金をもらっている高齢者が3465万人である。

(4)高齢化社会：

厚生労働省が発表した簡易生命表のにより、2016年日本人の平均寿命は男性80.98年、女性87.14年であり、男女ともに過去最高を更新した。

日本の自然増減率は平成29年（2017年)は3.2で、合計特殊出生率は1.43人と少子化が進んでいる。65歳以上の老年人口割合は増加しており、平成9年以降は老年人口が年少人口を上回っている。平成28年は年少人口12.4%、老年人口27.3%となった。(以上は日本厚生労働省　平成29年(2017)『人口動態調査人口動態統計月報年計（概数）の概況』から)

これが 2030 年には、高齢化率が 31.2%で総人口の三人に一人が 65 歳以上の高齢者になると予測されている。（日本厚生労働省　平成 29 年版『厚生労働白書』から）

日本総務省統計局　平成 30 年報『人口推計』

【平成 29 年 12 月 1 日現在（確定値）】

＜日本人人口＞1 億 2457 万 6 千人で，前年同月に比べ減少▲37 万 9 千人（▲0.30%）

・15 歳未満人口は　1556 万 3 千人で，前年同月に比べ減少▲18 万 2 千人（▲1.15%）

・15～64 歳人口は　7591 万 6 千人で，前年同月に比べ減少▲58 万 5 千人（▲0.77%）

・65 歳以上人口は　3521 万 5 千人で，前年同月に比べ増加 54 万 4 千人（▲1.57%）

（5）原爆と敗戦：

日本は世界で唯一、原子力爆弾を投下された経験を持つ国である。

原爆は1945年8月6日8時18分に広島市に、同年8月9日午前11時2分に長崎市に投下された。被害は、広島市で死者25万人、長崎市で死者15万人と言われているが、母親の胎内で被爆した人もおり、現在も放射能症に悩まされている人が少なくない。新型化学兵器の威力を知った日本は8月15日、ポツダム宣言を受諾して戦争が終わった。現在は、犠牲者の冥福と世界の平和を祈って、8月6日に広島、9日に長崎で記念式典が行われ、また被爆時そのままに爆心地に残る広島の原爆ドームは、ユネスコの世界遺産に指定されている。

(6) ゴミ：

物質文明が高度に発達した現代では、その「副産物」としてゴミを排出する。日本のゴミ処理については、60年代の高度経済成長時から問題化した。清掃工場は可燃ゴミで溢れ返り、不燃ゴミや粗大ゴミの埋立地も、わずかの時間で満杯になるなど、ゴミ問題は深刻の一途を辿っている。人口1200万人を抱えている東京はとりわけ深刻になったため、可燃ゴミと不燃ゴミの分別回収、粗大ゴミ処分の有料化、ゴミ袋の改定などの法令を定め、現在では一般家庭以外で出るゴミも、有料シールの義務化などごみ減量作戦が次々と打ち出されている。

一方、ゴミ消却炉周辺の土壌から有害物質であるダイオキシンが検出されるなど、各自治体はその対応に苦慮している。

(7) 宅配便：

小荷物(1個30キロ以下)をトラックで、宛先の家まで配送する輸送サービスである。コンビニエンスストアや小売店など、生活に身近な所に取次店を設置、そこに持ち込めば全国どこにでも送れるという速配制と料金の単純・明快性をセールスポイントにしたため、1980年代に入って急速に普及した。その後、都会では主に企業を対象に、ビジネス書類をオートバイで届ける宅配サービスや、ピザを電話で注文すると30分以内で届けてくれる宅配ピザなど、各種各様な宅配サービスができている。

云知识
扫一扫

5. サラリーマンの世界

アメリカに次いで世界第二位の国民総生産（GNP）を誇（ほこ）る日本の労働力人口は、約6700万人で、男性が約6割を占める。労働力人口の約8割は雇用者つまりサラリーマンで、彼らが日本経済を支えていると言ってもよいだろう。しかし日本経済は、近年低迷しており、総務庁の調べによると、失業率は1953年に調査を始めてから最悪の状態になっている。以下に都会のある程度の規模を有する会社に勤務する、日本の典型的なサラリーマンの世界を見ていこう。

(1) 通勤と会議：

会社の始業時間は8時半～9時というのが一般的であるが、大都市では通勤時間の平均が1時間以上もかかるため、サラリーマンは7時ごろには家を出なくてはならない。おまけにラッシュアワーの通勤電車はかなり混雑を極め、ほとんど立ちっぱなしで、会社に着くまでにかなりの疲労を強いられる。そして、会社に到着後タイムカードを押し、仕事が始まる。週に一度、あるいは月に一度といった定例会議や、販売会議、宣伝会議などセクションごとの会議、また、部課長会議、支店長会議などの職制別の会議など、実にさまざまな社内会議が行われる。会議に参加する回数は、職制が上がるほど多くなる傾向にあり、一日中会議ということも珍しいことではない。会議の時間は、一応決められてはいるものの、結論がなかなか出ずに伸びてしまったり、あるいは後日（ごじつ）改めて会議を開くということもある。

(2)社員食堂、喫茶店：

昼食（ちゅうしょく）時ともなると、オフィス街周辺のレストランなどは、サラリーマンで満員となるが、会社には社内に社員用の食堂を常設しているところも多い。社員食堂は、会社が業者と契約して設置しており、財政的にも何割かを負担しているため、値段は市価よりも安い。いわば、社員食堂は福利厚生の一環であると同時に、社内にあることで、例えば社内コミュニケーションの促進、すぐ仕事に戻れるなど業務効率を図る役割もある。商談は、社内で行われるのが普通である。商談の重要性や相手との関係にもよるが、一般的には、簡単な打ち合わせ程度の場合は喫茶店でお茶を飲みながら、行われることも少なくない。勿論経費は会社持ちである。

(3)退社後：

所属するセクションにもよるが、退社時間が来ると仕事をやめて、すぐ帰宅するという社員はほとんどいない。やりかけの仕事を終えるまで、残業をするのが普通である。また、夜は取引先の接待などもあり、帰宅が深夜に及ぶことも珍しいことではない。現在では、日本の経済状況の変化で接待費あるいは交際費を削減した会社も増え、所謂「社用族」は大幅に減ってきた。

(4)会社人間：

会社人間とは、勤めている企業への忠誠心が高く、家庭を省(かえり)みず猛烈(もうれつ)に働く人のことで、猛烈社員とも言われている。戦後日本の高度経済成長を支えたのは、このような人たちであった。その後、社会の変化とともに、家庭を大切にするマイホーム主義が増え、今の若者は、会社との関係をもっとドライに考える傾向になりつつあるようだ。

(5)配転・転勤：

入社後は、終身雇用・年功序列のもとで一応の生活は保障されるものの、その一方では、会社員に会社の命令に対しての拒否権、あるいは選択権はほとんどないと言ってよい。まず、どのセクションに配属されるかは会社が決める。転勤や辞令もそうした範疇の一つで、従わなければならない。特に、日本の企業では、ある一定の期間ごとに配置転換を行うのが普通なので、勤めている間に会社員は、何度かの配転(はいてん)、転勤(てんきん)を経験するのが一般的である。会社の命令に従わないと、社内において不利な状況に追いやられることも多い。

(6)家族との関係：

サラリーマンの生活が会社中心なので、家庭は妻を中心に運営される。このため、家計、子供のしつけ、教育などは妻に任せ、月給も全額妻に渡し、必要な小遣(こづか)いを妻からもらうという家庭も多くある。

(7)単身赴任：

昔は、親が転勤することになったら、子供も転校したものであった。「親の仕事の都合で小学校、中学校と3回も転校しました」と聞いても、誰も不思議に思わなかった。しかし、近頃では、マイホームがあって、家族を残したまま単身赴任(たんしんふにん)といわれる勤務形態が多くなった。単身赴任率は、40 歳で半数を超えるというデータがあるほどである。サラリーマンの単身赴任の理由の一つは、子供の教育のためである。子供を有名校に進学させたいと願っている家庭にとっては、子供を親の転勤につき合わせ、学校を変わらせることは受験不利になる。もう一つの理由は、交通の便の発達のおかげである。空の便や、新幹線が整備され、日本全国どこへ行くにも、わずかの時間しかかからない。週末に家族のもとに帰ってきて、月曜日の朝早く赴任地に戻ることも可能になった。

しかし、単身赴任者は慣れない土地で勤務し、仕事から帰っても料理、洗濯といった慣れない作業もしなければならない。また、企業の国際化に伴って、海外へ単身赴任するケースも多くなった。7割以上の会社が、単身赴任者に月額2～3万円の別居手当、3割の会社が月1～2回の帰宅手当てを支給しているという。だが、単身赴任の問題は、決して金銭で解決できる問題ではない。月に数回しか合わない夫婦、父親の顔も見ずに育つ子供達、日本の家庭生活の崩壊の一因がここにもある。最近、単身赴任の家庭に起こる物質的・精神的な問題が社会問題化してきて、「単身赴任保険」などという変わった保険も出来た。

(8)収入とボーナス：

厚生労働省の調査によれば、従業員30人以上の企業の、2002年の一人当たりの月給給与総額は、38万7638円である。これには残業手当や特別給与（ボーナス）を月に均(なら)したものも入っている。

近頃は、年俸(ねんぽう)制を導入する企業も増えてきたが、日本の企業では月給(げっきゅう)制が主流である。月給は日常生活のために使われるが、原則として夏と冬の年二回支給されるボーナスは、特別収入の意味合いが濃くなっている。その時期はちょうどお中元やお歳暮、帰省(きせい)や旅行などで出費(しゅっぴ)が重なるシーズンでもあるので、サラリーマンは、ボーナスを心待ちにしている。

(9) サラリーマンの付き合い：

日本企業は集団主義と言われるように、人間関係の和を重要視する。そのために、企業内ではフォーマル及びインフォーマルなさまざまな催し物が行われる。一般に人生の大半を一つの会社で過ごし、「ウチ」「ソト」意識の強い封鎖された集団の中においておのずと会社中心の付き合いとなる。人間関係を円滑にすることは、サラリーマンにとって重要なことでもある。一方、商売上の付き合いも人間関係が重視され、上下関係に基づく儀礼的挨拶、或は接待、贈り物などの独特の慣習がある。

(10) 運動会・忘年会：

多くの会社では、定期的に組織全体、或はセクションごとの行事が行われる。それは、従業員の家族も参加する運動会や、転勤者への送別会、或は歓迎会、年末の忘年会などさまざまである。このような行事は、日本の会社の家族主義的慣習で、人間関係を緊密にするとともに、組織は運命共同体であるという意識を持たせ、組織の活性化を図るという効果もある。会社内には、スポーツから文学、囲碁、将棋といった趣味の分野に至るまでのさまざまな同好(どうこう)会がある。同好会は、社内の厚生施設を利用し、活動している。こうした活動では労使の区別は無く、経営幹部も一般社員と一緒になって楽しむのが普通である。

(11) 社員旅行：

日本企業の特徴の一つである「家族主義的」経営は、社員旅行にも現れている。年に一回くらい、大企業なら部や課ごとに、中小企業なら社長以下社員全員で、温泉地や観光地に一泊(いっぱく)旅行に出かける。一緒に温泉に入って、裸のコミュニケーションをする。夜の宴会では無礼講(ぶれいこう)になり、社員が「かくし芸(げい)」などを披露する。しかし、最近は若手社員には、こうした社員旅行を望まない傾向が出ている。退社後のいわゆるアフターファイブまで干渉されたくないと言う意識が彼らの間に強くなってきたためと言われている。

(12)赤提灯：

日常的な付き合いで最もよく利用されるのが、赤提灯と言われる大衆酒場である。終業時間が終わると、同僚若しくは上司たちと連れ立ち、飲みながら雑談するわけだが、インフォーマルな席として、日ごろの不満などを言い合うなど、一種のストレス解消の場ともなっている。

(13)社宅：

一般にある程度の大きさを持つ企業が社員に提供する住居で、家賃は市場相場より安く貸すのが通常である。社員の福利厚生の一環でもあり、人材確保の手段という側面もある。大都市では地価が高く、なかなか持ち家を持つことが難しいことから、社宅を利用する人は大勢いる。ただし、若い世代の中には、アパートや寮などの集合型住宅では、プライベートの時間が制限されると社宅を嫌う人もいる。

(14)接待とゴルフ：

ビジネスマンの付き合いで欠かせないのがゴルフである。商取引において、日本では普段の付き合いが重要とされ、しばしば接待が行われる。接待のもともとの意味は「人をもてなすこと」であるが、ビジネス社会の中では、意味が少し変わってくる。取引を有利に展開するためとか、取引するもの同士の人間関係を円滑にするためなど、日本のビジネス社会では、接待はそれほど悪いこととは考えられていないようである。

接待する場所は料亭、高級クラブもあるが、この酒席とともに多いのがゴルフ接待である。そのためビジネスマンは、挙ってゴルフを始める。従ってゴルフは、必ずしも純粋に個人的趣味ではなく、仕事上の利益を伴っている場合が多い。業者が公務員を接待し、その公務員が自分の地位を利用して業者に便宜を図ったと言う事件もおきている。この際、業者は贈賄罪、公務員は収賄罪に問われる。

(15)窓際族：

第一線のポストを外され、肩書きはあるが実質的には仕事がない状態のサラリーマンを指す。多くは古株社員で、窓際の他の社員に邪魔にならない席に移動させられることから、「窓際」族と呼ばれる。終身雇用をモットーとしてきた日本企業の一種の切捨て政策であるが、最近の経済不況では、このような穏便な措置をとることも出来ない会社が増え、事実上の首切りであるリストラが断行されている。

(16)脱サラ：

サラリーマンを辞めて、独立して仕事をすることをいう。「企業組織の中では所詮自分は歯車、生きがいはない。自分の能力を試みしてみたい」と、高度成長時代の終焉を迎えた1970年代に、「脱サラ」がブームとなった。「男のロマン」をかかげて脱サラした人は増えたが、現実に成功した人は2割に満たないとの調査報告もある。今日のような不景気の世の中では、脱サラする人は減っている。

第四章　実用を重んじる文化心理①

一、日本人の「即物主義」的な性格

東洋哲学（此処では主に儒学から見る）と西洋哲学を比べてみると、西洋では、科学の根拠を自然の中に求め、思弁的に世界の根源について究明してきたが、東洋では特に中国の原始儒学は倫理思想、政治思想を中心に展開された。しかし、中国では戦国春秋時代前に、すでに世界の根源について、感覚と経験を超える形而上学的思惟がすでに発生している。例えば『周易』（易経）②の「一陰一陽之謂道」の「道」は、万事万物の根本規律の「道」であり、「陰」と「陽」の推移と運動である。これは世界観に関する、抽象的な哲学的な思考である。漢代董仲舒（前179～前104）の「天人感応」③体系思想

---

①この章の内容は主に魏常海氏の『日本文化概論』（世界知識出版社、1996年）と、王家驊氏の『儒家思想と日本文化』（浙江人民出版社、1990年）という著書を参考としている。

②五経の一。周易または単に『易』と称する。中国古代、伏羲氏の画した卦について周の文王がその総説をなして卦辞といい、周公がこれの六爻について細説して爻辞といい、孔子がこれに深奥な原理を付して十翼を作った。陰・陽二元をもって天地間の万象を説明し、この二元は太極から生ずるとし、陰・陽は老陽（夏）・少陽（春）・少陰（秋）・老陰（冬）の四象となり、さらに乾・兑・離・震・巽・坎・艮・坤の八卦となり、八卦を互いに相重ねて六十四卦を生ずるとなし、これを自然現象・家族関係・方位・徳目などに当て、哲学理上・政治上の説明・解釈を加えたもの。

③中国の世界観の一。天と人とは理を媒介にして一つながりだと考え、人には天が投影している董仲舒が見ていた。

の中に包摂された陰陽五行[①]思想と、儒家の仁義礼智信(じんぎれいちしん)との結合も、形而上学的な思想である。人性論、倫理学の思想が中心となる儒学は、宋代になって、仏教の華厳宗(けごんしゅう)[②]と禅宗の世界観と認識論、及び道教[③]の宇宙化成説を吸収して、本体論や宇宙論方面から儒学の思想体系に抽象的な哲学的な基礎を構築した。こうして中国思想史において、規模の大きい形而上学的な思想を含める宋明理学体系が形成された。

日本は、古くから中国の儒学思想を取り入れ、また、中国の宋明理学も受容したが、多くの儒学者がその形而上学的な内容に重点を置かず、それに無関心な態度をとった。一部の儒学者が、源了円氏が指摘しているように「いつのまにかそれを『経験合理主義』とでも言うべき実学思想に変えた」[④]のである。日本の儒学は、形而上学を全く問題にしなかったわけではなく、ただそれを比較的重要視しなかったのである。したがって相良亨氏の指摘しているように「儒教を手がかりとして行われた江戸時代の日本人の思索が日本人の精神に刻印したものは、そのすべてではないとしても、なによりも基本的には、人間がこの現実社会において、よって生きるべき倫理が存在するという自覚」[⑤]であり、世界の根源と法則についての形而上学

---

①古代中国に起源をもつ哲理。一切の万物は陰・陽二気によって生じ、五行中、木・火は陽に、金・水は陰に属し、土はその中間にあるとし、これらの消長によって天地の変異、災祥、人事の吉凶を説明する。

②華厳経を所依としてたてた宗派。中国で唐の法蔵により大成。全世界を毘盧遮那仏の顕現とし、一微塵の中に全世界を映じ、一瞬の中に永遠を含むという一即一切・一切即一の世界を展開している。

③中国漢民族の伝統宗教。黄帝・老子を教祖と仰ぐ。古来の巫術や老荘道家の流れを汲み、これに陰陽五行説や神仙思想などを加味して、不老長生の術を求め、符呪・祈祷などを行う。後漢末の五斗米道（天師道）に始まり、北魏の寇謙之によって改革され、仏教の教理を取り入れて次第に成長。唐代には宮廷の特別の保護をうけて全盛。金代には王重陽が全真教を始めて旧教を改革、旧来の道教は正一教として江南で行われた。民間宗教として現在まで広く行われた。

④源了円、『文化と人間形成』、第一法規、1983 年、75 頁。

⑤相良亨、「江戸時代の儒学」『講座東洋思想 10・東洋思想の日本的展開』、東京大学出版会、1967 年、288 頁。

的思索への啓発ではなかったのである。つまり日本人は思弁的、形而上学的な問題を好まず、事実、現象、経験、実証の方に強い関心を示してきた。その故、仏教も早くから中国より取り入れたが、中国のような体系的で雄大な構造は形成されなかったのである。

王家驊氏が『儒学思想と日本文化』の中で、次のように指摘している。すなわち日本人は、理性より直感を重視し、理論より実用主義を重んじる。日本の儒学は、抽象（ちゅうしょう）的な世界観認識が欠けていて、認識論の面では、感覚経験を重んじ、倫理観の面では、感情色彩の強いことに現れている。

日本の儒学は、中国の儒学とは異なっている。日本古代の『古事記』、『日本書紀』等のような文献から見ると、宇宙生成などについて若干（じゃっかん）記載されているが、世界観に関する抽象的な思考が見られない。奈良や平安時代の早期儒学も、儒家の政治思想に関する思想で世界観に関する抽象的な思考が見られない。鎌倉、室町時代に朱子学が日本に伝わったが、仏教に従属するものとして占いの易学教育が行われ、独立した抽象的な世界観思考がなかった。江戸時代に入り、日本の儒学者たちが思弁的性質の強い中国の宋明理学を受け入れ、自分なりの理解によって研究するようになったが、やはり「理」を経験事物と関連する自然規律と道徳規則として理解し、形而上学の世界の本体としては理解しなかった。これは、源了円氏が指摘した日本人の「即物主義」と関係があり、中村元（なかむらはじめ）氏（1911～1999）が指摘した日本人の「非合理主義」とも関係が深い。

上述した通り、源了円氏が「日本人の自然観」の中で、「日本人の自然観」は、日本人或は日本文化の性格の一つとして、「即物主義」的な傾向を現していると詳しく論じている。源了円氏の説によれば、古代日本には、古代ギリシャや古代中国におけるような哲学的な反省はなかった。また古代日本の大和言葉には、山、川、草、木等の自然物の語彙は豊富にあったが、「自然」に当たる言葉はなかった。

古代日本人にとっての自然は、一つ一つの山であり、川であり、そして一本一本の草であり、木であって、それを超えた自然という概念は成立しなかった。古代末期から中世にかけて、仏教の無常観の裏付けによって、日本人の「美的自然観」である「雪月花」の自然観が形成されたが、「超越的自然」、「外なる自然」と「内なる自然」を統合する哲学的な視点はまだ形成されなかった。近世になって、以上で述べたような文化的背景のもとに、知識人は「超越的自然」「外なる自然」と「内なる自然」を統一的に捉える朱子学思想体系に大きな衝撃を受けたが、それを経験主義的方向に修正したり（貝原益軒）、全面的これを否定したりする人々（古学派）も多く生まれた、と同氏はいうのである。また、中村元氏の『東洋人の思惟方法』も、日本人の思惟方法の特徴の一つである「非合理主義的傾向」として、「日本人の思惟方法のうち、かなり基本的なものとして目立つのは、生きるために与えられている環境世界ないし客観的諸条件をそのまま肯定してしまうことである。諸現象の存する現象世界をそのまま絶対者と見なし、現象をはなれた境地に絶対者を認めようとする立場を拒否するにいたる傾きがある。このような思惟方法にもとづいて成立した思惟形態は、明治以後の哲学者によって『現象即実在論』と呼ばれ、一時、世に宣伝せられたが、その淵源はきわめて古いものである。」①と、日本人は思弁的、論理的な思惟能力に劣（おと）り、抽象的な普遍性を持つ空想性に貧しいことを論じている。日本の儒学が、形而上学的な内容に比較的無関心であるという傾向は、日本人あるいは日本文化の性格としての「即物主義」的な特質の所産でもあり、性格の一つでもある。

認識論の面からいうと、日本の儒学の認識論は、中国よりもっと事実、現象、経験と実証を重視した。中国の儒学の認識論は、孔子

---

①中村元、『東洋人の思惟方法』第三巻、春秋社、1949年、13頁。

の時代から天賦と先験的な道徳意識を重視し、「見聞之知」と「徳性之知」との両方の存在を認めたが、感性認識と理性認識の区別と統一に対し、正確な認識が持ってなかった。中国の儒学者は、感覚と思惟がなくても「天命」①「天理」②「良知」③に直接合一できる精神境界を追求して来た。大多数の儒学者は、認識対象を自然界に向けるのではなく、内面世界の道徳修養に向け、「君子不器」④といった科学技術を蔑視する伝統が形成されるようになった。しかし、日本の大多数の儒学者は、感覚経験と実証を重視すると同時に、「経世之学」と科学技術を重視した。また自ら自然科学に従事する儒学者も出てきた。この意味では、日本は中国よりもっと自然界に向かい易く、西洋の自然科学を受け易く、近代科学認識の途に付き易くなる。

倫理観の面では、日本は感情的色彩に富み、理性より感情を重視する日本文化の特徴と関係があるだろう。竹内義雄氏の『日本の儒学』と相良亨氏の『近世の儒教思想』という著作の中に、中国では「敬」中心の儒学、「致良知」⑤中心の儒学が形成されたが、日本では「誠」中心の儒学が形成されたと述べられている。実際、中国にも「誠」の倫理思想が存在していた。しかし、中国の客観的実在性を概括する最高範疇としての「誠」の意味とやや違って、日本の「誠」中心の儒学においては、「誠」は主観的心情を現す倫理学的概念とされる。例えば、山鹿素行（1622～1685）は人々の内面から抑え難く湧

---

①「中庸・天命之謂性」天によって定められた人の宿命。

②人為でない天の正しい道理。

③孟子：尽心上「所不慮而知者、其良知也」人の生まれながらにして備えた知能。考えなくても分かる心の先天的なはたらき。

④論語：為政。器物はそれぞれ一つの用に適するだけだが、君子は一技一芸にすぐれるばかりでなく、どんな用にも融通が利く。

⑤良知を致すこと。良知とは、孟子から出た語で、先天的な道徳知をいい、王陽明はこれを借りて、心即理説を致良知説へと展開した。良知は心の本体としての理の発出であり、この良知を物事の上に正しく発揮することによって道理が実践的に成立するとする。

き出る情を尽くすべきことを強調し、抑え難く内から出る情、この意味のおいて「不得已もの」が、彼においては「誠」であった。このように、外界自然に対してあるがままの意義を認めようとしたのと同様に、「人間の自然の欲望や感情をもそのままに承認し、しいてそれを抑制したり、あるいはそれと戦おうとする努力をしない傾向」①を持ち続けた。従って、中国の倫理思想と比べてみると、日本の倫理思想は、抽象の形而上学的な性質が少なく、感情的色彩に富み、禁欲主義の色彩が少なく、情欲に対し寛容の態度を示した。

日本民族は、感情を尊重する文化伝統を持っている。この文化的な伝統が『古事記』、『日本書紀』の歌謡、『万葉集』中の歌、『源氏物語』②の文学作品によく現れているが、ロマンチックな愛情と性愛に対して、日本人は抑制の態度を採らなかった。倫理思想の面では、古代日本人が「清明心」を重視し、中世の日本人が「正直」を強調し、江戸時代の儒学者達が「誠」を「内心と表向きと一筋(ひとすじ)にしてうちそと二筋ならぬ」ことと解釈し、人間の感情に対しては、その真実性と純真性を重視した。故に、仏教と宋明理学が日本に伝わったが、日本人はその禁欲思想を受け入れず、人間の内面感情を重視した。これは、日本の儒学の主観的心情を重視する傾向と「明浄正直」を重視する日本人の伝統的な性格、あるいは日本文化の「情的、共感的性格」と方向を一にするものであると思われる。

日本文化のこのような「即物主義」は、日本人が現実を重視し、実用を重視し、また実践を重視するという特徴を持たせることになった。日本人の日常的な行動には、多元性と有効性が含められており、日本人は、日常の実践力と政治の実行力で、特殊な思惟方式

①中村元、『東洋人の思惟方法』第三巻、春秋社、1949 年、54 頁。

②平安中期の長篇物語、紫式部の作。宮廷生活を中心として平安前・中期の世相を描写し、全編を五十四帖に分かつ。主人公光源氏を中心に藤壺・紫の上など幾多の才媛を配して、其の華やかな生涯を描く。日本の物語文学の代表として、世界的に高く評価されている。

と能力を創造した。日本は、世界の先進文化の優秀な継承者であり、実践者でもあり、継承と実践を通じて外来文化を日本化したといえる。

二、日本人の「実用主義」的な宗教観

云知识
扫一扫

日本人の宗教観も、日本文化の「実用主義」を反映している。一人一人の日本人に「信じている宗教は何ですか？」と聞くと、キリスト教や新宗教の信者を除いて「ありません」と答える人が多いが、「あなたの家の宗派は何ですか？」と聞くと、「浄土宗です」とか、「日蓮宗です」という返事が返ってくるだろう。多くの日本人にとって、それぞれの家が昔から先祖を祀るところとしている寺が、自分の宗教となっている。宗教は、もはや信仰心と別の問題となったのである。「生まれたら、『お宮参り』と言って、神社に連れて行かれ、」、「結婚式は神社かキリスト教の教会で挙げ」、「日常の生活は儒教などの道徳に則り」、「死んだら仏教の寺に葬られる」と、日本人の一生を形容するが、これは、実用主義の宗教信仰の特徴である。日本人の信仰心は、日本固有の神の信仰、仏教、中国に興った儒学、それに西洋のキリスト教と言う四つの宗教と道徳に支えられている。儒学は、主に道徳についての教えと考えられている。

日本文化庁のまとめによると、平成 28 年（2017）12 月 31 日現在、日本の宗派の信者数は神道 84,739,699 人、仏教 87,702,069 人、キリスト教 1,914,196 人、その他の諸教 7,910,440 人である。これを単純に合計する約 1 億 8227 万人になり、人口（1 億 2680 万人）の約 1.5 倍になる。というのは、キリスト教や新宗教の信者を除いて、ほとんどの日本人は、仏教と神道の二つ以上の宗教を同時に信じていることである。「一国多教」、「一家多神」というのが、日本の宗教信仰の特徴であると言えるだろう。この裏には、また日本人には、敬虔（けいけん）

な宗教信仰が無いことを示している。「役に立てば信じ、役に立てなければ信じない」という「実用主義」的な宗教観念を反映していると言えるだろう。

一般に、あらゆる宗教の基盤にアニミズムと呼ばれているものがある。アニミズムとは宇宙の万物に霊魂が宿ると考え、それを崇拝する原始的な信仰である。こうした原始的な神の観念の上に、シャーマニズム（巫女＝シャーマンによる呪術を中心とする原始宗教）も、一神教も多神教も成り立っていると考えられている。

日本の信者数

（平成 28 年 12 月 31 日現在）

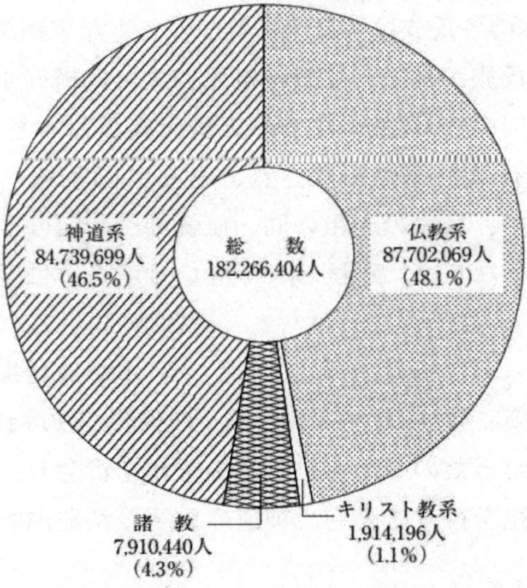

こうした土壌の上で、古代から現代までの日本人の精神文化の中心には、神道的なものがあった。神道は、日本古来の多神教の信仰である。この世の森羅万象（しんらばんしょう）はすべて神によって作られ、またそのすべてに神が宿（やど）っているという「自然崇拝」の観念からきている。『古事記』は、日本古代の神々の神話と国土生成の神話について書かれ

た書物で、次のような記述がある。草や木がそれぞれに言葉をしゃべり、国土のそこここで岩や、石や、木や草の葉がたがいに語り合い、夜は鬼火のような怪しい火が燃え、昼は群がる昆虫の羽音のように、いたるところでにぎやかな声がした。日本人は、神が宇宙のいたるところに存在すると考え、樹木や山、川、岩などを祭った。こうした自然や神のとらえ方は、アニミズム、または精霊信仰と呼ばれるものである。

神道では、また、昔の人々に深い尊敬と畏敬の念を抱く「先祖崇拝」の観念もが重要な内容の一つなっている。日本人は、「記紀」に書かれている神話伝説に基づいて、神を敬い、祖先を尊び、祭祀を行う。古代日本の各氏族は、自分達がどのような家柄から出たかを物語る神話や、氏族が神として祭る祖先、または信仰する神について語り伝えた。これらの氏族の中で、天皇氏族がもっとも有力であり、皇室によって氏族国家が形成され、さらに国家統一が進められていった。そして、皇室の先祖の同一血統のつながりが、日本民族の連帯感の中心となり、「万世一系（ばんせいいっけい）」[①]という考え方に発展していったのである。

「自然崇拝」と「祖先崇拝」のほか、日本の原始神道は、農村の農耕儀礼と密接に結びついていた。神々の保護がなければ、稲の収穫も期待できなかったのである。農業の豊作を祈念し、また豊作の感謝のための祭祀を行うことも、神道の重要な祭祀内容の重要な一つであった。

同時に神道では、家、村、郷土という人間共同体で功労のあった人を祭る習慣があり、「神」的なものと、人間的なものとが交じり合って、人間共同体の幸せを祈願した。日本人の先祖は、豊かだが厳しい自然に親しんで暮らしてきて、「現世謳歌」が生きる目的だったの

---

①永遠に同一の系統が続くこと。多く皇統についていわれた。

だ。仏教が渡来する以前から、現世中心的で楽天主義だった古代日本人は、どこまでも現実のありのままを認める考え方を身に付けていた。すなわち日本の原始神道は、現世に価値を認めてきた。

こうした日本古来の信仰は、人々の日常的な生活習慣と深くかかわりあった自然発生的なもので、特定の教祖もなく、経典もない。神々の数が多いことから、総称して「八百万(やおよろず)の神」といわれたのである。

6 世紀に仏教が伝来して以後、神道の概念も体系化されるようになった。奈良時代には、日本固有の神の信仰と仏教信仰とを融合調和して、両者を共にまつるいわゆる「神仏習合(しんぶつしゅうごう)」①が始まった。明治時代になって政府は 1868 年「神仏判然令」を出して、「神仏習合」を廃止し、神道を制度化して、国民に強要するようになった。明治政府は、各地の神社神道を皇室神道の下に再編成して、国家宗教として「国家神道」を作ったのである。しかし、第二次世界大戦で日本が敗北した後、国家神道が軍国主義、国家主義と結びついて、天皇を「現人神」とし、天皇制支配の思想的支柱になったことの反省から、占領軍の指令により国家神道は解体され、国家と神道は完全に分離される状態にされた。

しかし、「自然崇拝」と「祖先崇拝」を中心とする神道思想は、日本人の心を強くとらえ、この観念が日本人独特の精神文化を形成してきたといっても過言ではない。

世界三大宗教の一つである仏教は、紀元前 5 世紀頃仏陀釈迦牟尼(しゃかむに)（前 566～486？、前 463～383）②が、インドのガンジス川中流地方

---

①日本固有の神の信仰と仏教信仰と折衷して融合調和すること。奈良時代に始まり、神宮寺・本地垂迹説などはその現れ。

②インドのヒマラヤ南麓のカピラ城の浄飯王の子。母はマーヤ。姓はゴータマ、名はシッダールタ。生老病死の四苦を脱するために、29 歳の時、宮殿を逃れて苦行、35 歳の時、菩提树下に悟りを得た。その後法を説き、80 歳で入滅。

で仏教を興し、それがアジアで広く信仰されるようになった。仏滅後百年頃から部派に分裂し、部派仏教の時代に入ったが、1世紀ごろ、それに批判的な「大乗（だいじょう）仏教」[①]が興り、中国から朝鮮を通って、6世紀の半ばに日本に伝来した。飛鳥時代、聖徳太子が日本における仏教の交流に努めた。日本最初の仏教文化として中国の北魏や六朝の文化的影響の下に展開され、法隆寺[②]に代表される遺品を残している。古代国家が完成された奈良時代の仏教は、国家権力と結合して発展した。すなわち、仏教は鎮護国家を目的とした国家仏教として位置づけられ、保護・統制されたのである。それは信仰というより教学であり、僧侶達は仏教によって国家を守護させせることが使命だった。聖武（しょうむ）天皇(701～756)[③]による国分寺造営と東大寺[④]大仏の建立（こんりゅう）はその頂点を示すものである。仏教は、国の国分寺・国分尼寺計画によって地方へ伝播した。しかし、僧侶の活動は一般に寺院の中に限られ、民間への布教はあまり行われなかった。

奈良から平安時代にかけて、仏教は一般には、病気平癒や雨乞いなど、現世利益の宗教として信仰されていたが、やがて、最澄（さいちょう）

---

①利他中心の立場で広く大衆が救われるという考えに基づいた仏教。

②現存する世界最古の木造建築物で飛鳥様式の金堂・五重塔を中心とする西院と、天平様式の夢殿を中心とする東院とに分かれる。金堂の釈迦三尊・薬師如来・四天王・夢殿の救世観音、百済観音などの諸仏像、玉虫厨子・橘夫人厨子などをはじめ各時代にわたり違法が多い。

③奈良中期の天皇。光明皇后とともに仏教を信じ、日本全国に国分寺・国分尼寺、奈良に東大寺を建て、大仏を安置した。

④奈良市にある華厳宗総本山。本尊は「奈良の大仏」として知られる盧舎那仏。751年大仏殿完成、翌年開眼供養を行い、754年鑑真により日本で最初の戒壇院を設立。草創以来の堂舎として法華堂・経庫及び正倉院などで、天平時代作の仏像を蔵し、また、鎌倉時代再興の南大門の仁王は運慶・快慶の合作。現存の大仏殿は江戸中期の再興で、世界最大の木造建築。

(767～822) が天台宗①を、空海が真言宗②をそれぞれ中国大陸から学び、新しい日本的な仏教として広めている。804 年、最澄が入唐して天台宗を学び、翌年帰国して比叡山延暦寺を拠点に天台宗を説き広めた。彼は、『法華経』を中心として、仏教を説き、密教・禅・戒をも合わせて伝えたので、日本の天台宗は総合的な学風を特徴とする。また空海は、高野山金剛峰寺を拠点に、真言宗を説き広めた。彼は、宇宙のあらゆる事象が大日如来のあらわれであるから、手に印契を結び、口に真言を唱え、意で仏と一体になりきるよう、密教の教える修行をするならば、即身成仏できると説いていた。密教では加持・祈祷の儀式が重んじられ、神秘な雰囲気は貴族に好まれ、多くの信仰を集めた。このため、天台宗も次第に密教化し、平安仏教は密教が主流となっていた。最澄と空海が、いずれも宗教の国家への従属を否定しようとしていたが、実際は国家守護とともに個人的な現世利益も重視する点から出発し教団組織を作り、世俗的な権力との結びつきが強くなっていた。

また、平安時代には、それまでに見られた「神仏習合」という神と仏とを融合させる考えかたがさらに広まり、神はもともと仏・菩薩で、教化のため日本の神として出現したという本地垂迹説が説かれるようになり、日本人に広く信仰されるようになってきた。

平安中期以後、貴族政治が動揺し、戦乱が相継ぎ、社会不安が増大することによって、浄土教が盛んになり、仏教は一般の生活に溶け込み、庶民に親しみやすいものに変わっていった。空也（903～972）は、諸国を念仏しながら遊行し、道を開き井戸を掘り、死骸を葬り、

---

①仏教宗派の一。法華経を根本経典として一乗主義の立場をとり、五時八教の教判理論や止観の実践体系を特徴とする。中国で、北斉の慧文・慧思を経て、智顗によって大成された。

②仏教宗派の一。歴史上の釈迦仏を超えた永遠の宇宙仏である大日如来こそ真実の仏であるとし、大日経・金剛頂教などを所依の教説とする。胎蔵・金剛の両部を立て、六大・四曼・三密などの説により、即身成仏を目的とする。

阿弥陀聖と呼ばれた。源信（942〜1017）は、「厭離穢土、欣求浄土」と説いた。こうした背景の下、日本の鎌倉新仏教が生まれるようになった。

鎌倉時代には、鎌倉六宗が形成された。法然（1133〜1212）が、末法の世の煩悩にまみれた人々は、自力のむずかしい修行によって悟りを得ることは不可能であると考え、自力教を排し、ただ阿弥陀仏の力にすがって、ひたすら「南無阿弥陀仏」を唱える「専修念仏」によって、極楽浄土に往生することを目的とする浄土宗を開いた。自力ではなく、他力念仏によって救われると説いたのである。ひたすら念仏を唱えれば、誰でも救われるという法然の教えは、戦乱の世で地獄への恐怖に震える人々に一筋の光明与えた。

法然の門下から出た親鸞（1173〜1262）が、法然の説を踏まえながら、更に徹底した念仏による他力信仰を確立し、浄土真宗を開いた。親鸞は、自力で救われることの不可能さを徹底して主張し、念仏を唱えることや救われたいと思うことさえも自力ではなし得ず、阿弥陀仏の慈悲の力によるものであるととらえた。親鸞は、「善人なをもて往生をとぐ、いはんや悪人をや」という悪人正機説を説き、善人には自力を頼むあまり、かえって仏の慈悲にすがる気持ちがおきにくく、むしろ自己の煩悩の深さをどうすることもできない悪人の方がひたすら阿弥陀仏にすがろうとするので救済されやすいと述べている。阿弥陀仏の絶対他力本願を信ずることによって往生成仏できるとし、称名念仏が仏恩報謝の行であるとした親鸞の教えは、仏の広大な慈悲の力を強調し、無力の人間に救いの思いを与え、絶対他力の信仰として、日本の浄土信仰に独自の意義を与えた。

『阿弥陀仏経』を所依にする同じ浄土派に属しながら、平生を臨終と心得て念仏することを旨とし、遊行と念仏を行う時宗を開いたのが、一遍（1239〜1289）である。彼は、信・不信にかかわらず念仏を唱えるものは全て往生すると説き、「南無阿弥陀仏」と書いた念仏札を配りながら、日本諸国を遊行して人々に念仏を勧めた。また、念仏を唱えながら踊る「踊念仏（おどりねんぶつ）」をはじめ、人々の熱狂的な支持を集めた。彼の教えは、ただいまこのときを死期と心得て念仏するという点に特色があり、その宗派を臨命終時宗（りんめいしゅうじしゅう）ともいう。

末法思想や他力の信仰を批判して、禅にもとづく自力の信仰の道を確立しょうとしたのが道元である。禅は、坐禅によって煩悩を断ち、解脱を実現しようとした。禅宗は、中国において確立し、栄西（えいさい）（1141～1215）と道元（1200～1253）が、入宋して、日本に禅を伝えた。栄西が、三回入宋し、禅を学び、帰国後は京都で臨済（りんざい）宗を広め、公案によって弟子を教化する看話禅の立場をとった。室町幕府は京都・鎌倉に五山を定めて栄西の布教を保護した。

道元が、臨済宗から出発しながらそれと決別し、純粋に禅のみを実践する中国曹洞（そうとう）禅の「只管打坐（しかんたざ）」の禅風を日本にもたらし、曹洞宗を開いた。彼は、坐禅によって一切の執着を離れた悟りの境地を、「身心脱落（しんじんだつらく）」と言いあらわした。また、参禅がそのまま証（あかし）であるとする彼の考え方を、「修証一如（しゅうしょういちにょ）」という。このような修行の方は、後の武士道などを通して、日本人の精神形成に大きな影響を与えた。

鎌倉新仏教の中で、個人の内面の救済にとどまらず、自らの信仰を国家や社会のあり方を導く指針として、人々に積極的にはたらきかけたのが日蓮（にちれん）宗を開いた日蓮（1222～1282）である。日蓮は、『法華経』を所依とし、『法華経』の中心である題目「南無妙法蓮華経（なむみょうほうれんげきょう）」を唱えることによって、現世の利益と後世の語りを得られ、「即身成仏・立正安国」を説いた。日蓮は、『立正安国論（りっしょうあんこくろん）』などを著し、『法華経』の思想によって多様な思想・信仰を統一し、さらに国土の安穏を実現することを主張した。その立場から日蓮は、浄土教をはじめとする他宗派の教えを厳しく排撃している。このような立場は、他宗派の反発を招いたが、日蓮はさらなる布教活動に励み、広く人々に受け入れられた。

以上の鎌倉新仏教は、宗派が違っても、いずれも、「易行」、「選択」、「専修」という共通性を持っていた。つまり、人々が救われるためには、困難な修行の必要はなく、数多くの経典の中から一つの教えを選び、もっぱら、それにすがれと、説いたのである。それまでの祈祷や学問中心だった仏教は、利他救済の立場をとり、人間全体の平等と成仏という新しい理論を通して、人々の内面に深く入っていった。

江戸時代の仏教は幕府の権力下にあった。そして、庶民がキリシタン(キリスト教徒)ではなく、檀徒であることを寺に証明させる寺請制度①により、ほとんどの人が仏教とかかわるようになった。しかし、その一方で、神道は日常の信仰として生き続けた。神道と仏教は共存してきた。

しかし、明治時代には神仏判然令②が出された。しかし本来の分離の意味が拡大され、永年寺院の支配下にあった神社・神官による寺院、仏具、経文などの破壊運動が起こり、仏法を廃し、釈尊の教えを棄てる「廃仏毀釈」③が行われ、仏教界は大きな打撃を受けた。その後、仏教界内部の改革運動もあり、仏教は復興に向かい、現在に至っている。

現在、日本国内で活動している仏教の宗派には、華厳宗、法相宗、律宗、天台宗、真言宗、浄土宗、浄土真宗、時宗、融通念仏宗、日蓮宗、臨済宗、曹洞宗、黄檗宗という十三宗がある。現在まで残された各宗の寺院建築や仏像などは、重要文化財として大切に保存さ

---

①江戸時代、庶民がキリシタン信徒ではなく、檀徒であることを、その檀那寺に証明させた制度。

②維新直後の明治政府の宗教政策の一。1868 年の神仏判然令など神道国教化を目指して行われた一連の政策により、神仏習合を否定し、神道を仏教から独立させたこと。

③仏法を廃し釈尊の教えを棄却すること。1868 年 3 月神仏分離令が出され、これに伴って神社と仏寺との間に争いが起こり、さらに寺院・仏具・経文などの破壊運動が起こった。

れている。仏教は、日本人の基本的考え方から、美術や文学などの伝統文化に至るすべての分野において、多大な影響を与えている。

また、キリスト教の状況はどうだろうか。室町時代の 1549 年、プロテスタント勢力の拡大に対抗して、東洋伝道のため、イエズス会の宣教師、フランシスコ・ザビエルが鹿児島に来てキリスト教を広め始めた。キリスト教は、ザビエルをはじめとするスペイン、ポルトガルのローマ・カトリック教[1]、イエズス会の宣教師によって、日本に広められていった。宣教師たちの伝えた一夫一妻、堕胎禁止などのキリスト教倫理や新しい教育思想が、わずかの期間で信徒を獲得し、1580 年には、信徒の数は 12 万になったともいわれる。しかし、日本の神仏信仰に由来する秩序と本質的に相容れないキリスト教は、治国の障害と考えた豊臣秀吉は、1587 年に「伴天連追放令」を出した。統一政権がキリスト教禁止の方向に踏み出したのである。

江戸時代になると、幕府が 1612 年に禁教令を出したり、キリシタン信者を国外追放するなど、キリスト教は厳しい弾圧を受けた。江戸幕府のキリシタン禁制後、江戸時代初期（17 世紀初め）に 75 万人に上ったと言われたキリスト教徒は、多くが改宗したが、一部の信徒は迫害に屈することなく、殉教する者もあった。また、ひそかに信仰を持ちつづけた信者も多く、その人たちを「隠れキリシタン」と呼んだ。

明治政府は 1873 年に禁教令を解き、キリスト教を解禁したため、プロテスタント[2]も加わって、信者数は拡大した。当時、プロテスタンティズムを受容したのは、武士の子弟が多く、新島襄（1843～

---

①ローマ教皇を一致して首長に仰ぐ教会。

②16 世紀の宗教改革に端を発した、キリスト教の諸教養・諸教会の総体。ローマ・カトリック・東方教会と並ぶキリスト教の三つの流れの一。首唱者はルター。主な教派は、ドイツ・スカンディナヴィア諸国に行われるルター主義、イギリスの英国国教主義など。新教。

1890）[1]、内村鑑三（うちむらかんぞう）（1861～1930）、新渡戸稲造（にとべいなぞう）（1862～1933）[2]らが代表的な存在である。彼らは、外国人宣教師を通じて語学や技術を習得し、プロテスタンティズムが近代西洋思想を支える精神であると認識するようになった。そして、内村鑑三のように、国家意識の高まりの中でキリスト教的人道主義の立場から、時流を批判する思想かもあらわれた。キリスト教の人道主義、人間平等の精神は、個人の確立を目指している青年層に影響を及ぼした。第二次世界大戦以後、民主主義の時代になって、キリスト教の各派が日本に入り、前述のように信者が急増したが、最近の信者数の伸びは少ないようである。前述のように文化庁編『宗教年鑑』によると、2003 年のキリスト教の各派の信徒の合計は、約 191 万人である。

総じて言えば、日本人のものの考え方の特徴は、与えられた環境や条件をそのまま肯定することにある。実際目に見えている世界をそのまま絶対的なものと見なし、現実世界と離れたところに、絶対的な神の存在を認める立場を否定する傾向にある。従って、日本古来の信仰は、自然発生的なもので、人々の日常的な生活習慣と深く関わっていた。現実に与えられた世界を、そのまま絶対的な意義があるものとして認める考え方は、元来、日本人が自然を愛好することに由来すると考えられる。自然に脅威を感じながらも、自然は人間に対立するものではなく、恵み深く、人間と一体になるものと、考えたのだ。

あらゆる事象を現世中心に受け止めるという気質は、人間の自然の欲望や感情をそのまま認めて、それを抑制し、それに打ち勝とうとはしない生活習慣を生んだ。日本の仏教では、インドの原始仏教や中国の仏教で厳守されていた戒律が、守られていないケースが少な

---

①教育家。1872 年より岩倉全権大使に随行してヨーロッパを視察。1875 年京都に同志社学校を創設、キリスト教主義の教育を創始。

②思想家・教育家。京大教授。国際連盟事務局次長・太平洋問題調査会理事長を歴任。『武士道』を著す。

くない。例えば、「不飲酒」の戒律は守られてはいない。また、除夜の鐘や節分などのように、中国のさまざまな風習が日本に伝えられて、仏教行事として取り入れられ、日常生活と密着した日本独特の行事として、姿を変えたものも多い。民衆の間に、組織もなく、体系的な教義も持たない民間信仰が、いろいろな形で定着したのも特徴の一つである。

このように、日本人の宗教は、神道的なものを根幹としながら、仏教的なものを積極的に取り入れて融合を図り、キリスト教も受け入れてきた。現世中心的な「多神教」の考え方が、日本人の信仰心に根付いているのである。実用的な宗教観、緩やかな信仰心が、日本人の精神文化を形成していると言えるだろう。日本人は、「苦しいときの神頼み」をし、助けを求めるときには、「神様、仏様、ご先祖様…」と、祈ったりするのもその例といえよう。

三、中国儒学の吸収①

孔子（BC551～BC479）に始まる中国の儒学は、先秦（せんしん）儒学、原始儒学ともいう。原始儒学は、中国古来の政治、道徳の学として、諸子百家の一つであり、その代表者は、孔子のほか、孟子（BC371～BC289）、荀子（じゅんし）（BC298?～BC235?）が挙げられる。孔子は、春秋時代の思想家、教育者として、古来の思想を集大成し、原始儒学の思想体系を建てた。孔子は、尭（ぎょう）、舜（しゅん）、禹（う）、文王（ぶんのう）、武王（ぶおう）、周公（しゅうこう）らを尊崇し、「礼」の治国法案を出し、「仁」を理想の道徳とし、孝悌（こうてい）と忠恕（ちゅうじょ）とによって理想を達成しようとした。魯に仕えたがその思想が受け容れられず、諸国を歴遊して治国の道を説くことに十余年経ったが、用いられず、

①王家驊、『日中儒学の比較』を参照。六興出版、1988年。

時世の混乱を見て教育と著述とに専念し、『易経』『書経(しょきょう)』①『詩経(しきょう)』『春秋』『礼記』『楽経』という『六経(りくけい)』を整理した。『論語』は、後に弟子達がまとめた著作である。

早期儒学のもう一人の代表者は、孟子である。孟子は、儒家の理想主義派として、王道主義を唱え諸国を遊説したが用いられず、退いて詩書を序し、孔子の意を祖述して、『孟子』七編を作った。孟子の倫理説は、性善説に根拠を置き、人間の本性は善であり、仁・義を先天的に具有すると考え、それに基づく道徳による政治を主張し、仁義礼智(じんぎれいち)の徳を発揮すると主張した。孟子の政治哲学は、仁徳を本とする「王道」を主張し、武力・権謀を用いる「覇道」に反対した。この基礎の上で成り立っている孟子の「革命」理論、有徳者が暴君に代わって天子となる「易姓革命」論は中国歴史の発展の中で、大きな影響を果たした。

早期儒学の中でのもう一人の代表者は、孟子と対立した現実主義者の荀子である。荀子は、伝統的天人関係を否定し、先秦時代の唯物論の集大成者として、孟子の「性善」論とは異なって、「性悪」説を唱え、人間の本性は悪であるため、社会のルールとしての礼法による教育が重要で、「礼」を持って社会秩序を正すべしと説いた。

先秦儒学は、後漢に至って「五経」②などの経典が権威をもち、儒家が重用され、董仲舒によって経学(けいがく)化され、経典の訓詁注釈を主とする訓詁学(くんこがく)③が流行するようになった。やがて儒学にも渋滞が現われ、六朝、隋、唐代には、経典の解釈学は進んだ反面、哲理面で老子荘子の学や仏教に一時遅れをとった。

---

①尭舜から秦の穆公に至る政治史・政教を記した中国最古の経典。孔子の編という。初め書、漢代には尚書、宋代には書経といった。

②易・書・詩・礼・春秋。先秦時代に存したと伝えられる六経のうち、亡失した楽経以外の経書で、漢代に諸家の流伝をもとに復元編纂。

③漢代及び唐代に経の意義を解釈した学問。漢代は経書の蒐集と訓詁とに力をいれ、唐代に大成。注疏学。

しかし儒学は、宋代に至り新しく発展した。北宋の周敦頤（1017～1073）①の太極説、張載（1020～1077）②の天地の性・気質の性の説、程顥（1032～1085）③、程頤（1033～1107）④らの理気説などが、陰陽五行の伝統的観念や、老子荘子の学、仏教の哲理や世界観を儒学の世界に取り込んで、儒学を新しく体系付けた。南宋の朱熹（1130～1200）が、北宋以来の理気世界観⑤に基づいていわゆる朱子学を集大成した。

朱子による宋学の集大成以後は、儒学は清末まで中国思想の首座を占め続けた。朱子は、宇宙存在根拠・法則としての「理」と、形而下の存在である「気」という二元論的としてとらえ、人間においては前者が本然の性、後者が気質の性となり、本然の性に理が具わるとして「性即理」という命題を打ち立て、この「理」の自己実現を課題とした。方法としては、格物致知⑥・居敬窮理⑦などである。以後、明代、清代を通じて、儒学は封建的身分制の秩序イデオロギーとして体系教学化され、朝鮮や江戸時代の日本に

---

①太極説を唱えて、宋学の宇宙論の確立に寄与した。著『太極図説』『通書』など。

②宋学創始者の一。気一元論的な太虚説を立て、天地の性・気質の性の説を創出。著『易説』『正蒙』など。

③周敦頤に学び、宇宙の本体を乾元の気とし、理を基礎とする道徳説を主唱。著『定性書』。

④周敦頤に学び、性理の説を大成。理気の説を提唱。兄の顥ともに二程子と称。著『伊川先生文集』など。

⑤太極・気・陰陽など道家・陰陽家らの伝統的な概念と唐代華厳経の理事説などを取り入れて、儒家の立場かた体系化した朱子学の宇宙論。朱熹の説は、万物の生成を気の陰陽の働きによるとしながら、一方その働きの根拠に太極としての理があるとする理気二元論の立場。明代に入ると羅欽順らの、理を気の条理とする一元論が現れ、以後それが主流となる。

⑥朱子学では、後天的知を拡充して、自己とあらゆる事物に内在する個別の理を窮め、究極的に宇宙普遍の理に達することを目指す。

⑦常に一を主として他にゆくことなく、敬をもって徳性を涵養することを通して、物事の道理・法則を窮め至ること。

もその面から導入された。明代中葉以後、王陽明（1472～1528）①を始め、朱子学の批判、修正を通じて、多くの儒家による学理上の革新が続き、清末の共和思想にも及ぶなど、思想史上、見るべきものがある。

中国の儒学が日本に伝来した年代と経緯については、定説はないが、『日本書紀』と『古事記』の記録によれば、応神天皇 16 年、西暦 285 年に、朝鮮の百済の王仁が『論語』と『千字文』②を日本に伝えたと記されている。しかし、その信憑性が低い。

六世紀に百済からの五経博士③が継続的に交替しながら、日本へ渡って、儒学を伝えた。五経博士の渡日によって、中国の原始儒学が日本に伝えられ、日本人の間に儒学思想が植え付けられるようになった。

聖徳太子は、中国の儒学思想を日本の政治制度に取り入れた最初の人物である。聖徳太子が、群臣に示した訓戒の「憲法十七条」を制定した時に、中国の法家、儒家、墨家及び仏教などいろいろな思想を取り入れたが、儒学思想がもっとも重要な比重を占め、儒学思想が基調となっていると言えるだろう。聖徳太子は、また冠位制度の「冠位十二階」を徳・仁・礼・信・義・智（各大小二階を分けている）で命名し、儒学の社会政治思想で政権を強めようとした。

既述のように、隋から日本に戻った留学生や留学僧も、中国で勉強した文物制度と儒学の典籍を、中大兄皇子の君臣の大化改新にいかした。大化改新後の 7 世紀の 60、70 年代に、既に日本では学校が

---

①明の大儒・政治家。名は守仁。陽明は号。初めは心即理、後に致良知の説を唱えた。陽明学または王学と称する。著『伝習録』など。

②中国六朝に書かれた。一巻。4 字 1 句、250 句、1 千字からなり、「天地玄黄、宇宙洪荒」に始まり、「謂語助者、焉哉乎也」に終る。初学教科書、また習字手本として流布。

③五経の文義に通暁している学者。漢書には漢の武帝に始まると記される。日本書紀によると、継体・欽明朝に百済より日本へ五経博士を派遣した。

設置され、大学寮などで儒学を中心とする教育を行なわれた。

日本への伝来から平安時代末期までの儒学は、日本の「早期儒学」として、次のような特徴を示している。(1) 中国の原始儒学は、孔子にしろ、孟子や荀子にしろ、共通の中心点がある。それは「以修身為本」即ち修身を起点として、それから「斉家（せいか）」「治国」「平天下」と続くのである。つまり政治と道徳と結合したのである。そこにおいては、政治原理と道徳規範は連続性を持っている。しかし、日本早期儒学は、政治理念として日本の政治だけに影響を与え、当時の日本人の道徳の実践面にはほとんど影響を与えていなかった。(2) 中国の儒学は包容性を持っており、絶え間なくほかの諸家の思想を、吸収して発展してきたものである。同時に中国の儒学はまた、外に向かって排他性を強く持っており、自己を主張し他を押しのけようとして論争を展開する。ところが、日本の早期儒学は明らかに諸思想の共存性を強く示しているのである。儒学の日本伝来の時期に、中国儒学の荀孟の論争、今・古文経学の論争は、既に終止符が打たれ、日本に影響しなかった。(3) 日本の早期儒学は内発的なものではなく、日本人の生活そのものから醸成されたものではない。日本の社会では早期儒学が、政治理念及び教養として有益な役割を果たしていたが、しかし、日本の早期儒学者達は、実生活の中で儒学思想を哲学武器として、そのほかの思想と論弁することができず、思想の創造や発展には、ほとんど見るべきものがなかった。この意味からいうと、日本の早期儒学は、哲学としての意義が欠けていたと言える。

前述した通り、中国儒学の発展は、宋に至って大きな変化を遂げた。儒学者たちは、前秦儒学の中から「形而上」のものを発掘して、また、仏教、道教思想からその思想の精華を取り入れ、宋学を形成した。

新儒学は、前述のように「理」①を最高範疇として、「天人合一」②を唱え、哲学思弁性を強めた。「理」は、儒学伝統の仁、義、礼、智などの学説に通じ、仏教の「空寂」という一面を避け、老荘の学説を取り入れ、朱子がそれらを集大成して、中国封建社会後期の統治思想となった。

中国儒学の発展変化は、日本儒学の発展に影響を及ぼし、鎌倉時代に、新儒学いわゆる宋学・朱子学が、禅学とともに日本に伝来され、次第に広がり、日本の儒学に革新の気運を与えた。

鎌倉、室町時代を通して、宋学はほとんど五山禅僧③の手によって、伝承されていた。中国の宋学と日本で展開された宋学の事情は大きく違っている。中国の場合、朱子学は禅学、華厳宗などの思想を吸収して、高度の思想的完結性を持ち、もはや仏教による補完を必要としないため、一貫して排仏論が主張した。却って、大陸の禅僧には、宋学に対抗するために儒学を克服・包括しようとする者が現れ、儒仏一致を力説した。日本の禅僧たちは、大陸の禅宗の影響を受け、儒仏一致の見地から宋学を講じた。しかし、日本の禅林の宋学提唱は、もとより宋学そのものの普及を目的とする者ではなく、禅法挙揚の方便にほかならなかった。これらの禅僧たちは、まず武家政権の指導者たちの儒学の素養に訴えて、儒学と仏教、殊に宋学と禅宗の一致・融合を説き、次に武家の禅宗への帰依を図った。当時の宋学は、仏教の主として禅僧の研究すべき対象として存在したのである。

---

①事物の普遍規律を指しているが、朱子に至ってそれを宇宙の最高範疇となり、不変の物となった。

②中国の世界観の一で、天と人とは理を媒介にして一つながりだと考えるもの。古代には、人の心・性は天と通じ合っていると考え（孟子）、天人相通論が宋代に発展し、宋学の重要な基礎観念となった。

③当時、鎌倉及び京都の五山の禅僧は、日記・語録・漢文・漢詩という禅林文学を起こし、虎関師錬・義堂周信ら多数の作家が出、江戸時代の儒学勃興の基をなした。

禅僧の間に学ばれた宋学は、鎌倉時代の末期から、その影響が宮廷の天皇、公卿、博士家に波及した。鎌倉時代では、儒学の新注派は禅林の宋学であり、古注派は諸博士家であった。

四、日本の儒学

1. 日本の朱子学派

江戸時代になって、日本儒学は今までの儒仏一致という禅宗の従属の状態から抜け出し、独立を始め、いよいよ全盛期を迎えるようになった。

藤原惺窩（1561～1619）は、江戸初期の儒者として、初め相国寺の僧であったが、禅宗の世界を脱し、還俗して儒学に転身した。彼の転身の理由は、儒学こそ現実の人間関係、すなわち「人倫」を律するにふさわしい思想という認識に基づくもので、このことは、日本の儒学の独立の象徴的な出来事と言えよう。藤原惺窩は純粋な朱子学者というよりも、陸象山（1139～1192）①・王陽明の陸王学に対して包容的・折衷的な態度を取り、旧儒学漢唐訓古学の役割をも無視しなかった。惺窩は多くの儒者を育成し、其の門下には幕府の官学派の開祖林羅山（1583～1657）②などがいた。

日本朱子学派の真の開祖は、林羅山であった。朱子学を信奉した林羅山は、日常生活の中での「居敬窮理」を主張し、「上下定分の理」を説いていた。天地万物には上下尊卑の秩序があるように、人間社会の法則としての人倫の道も、この理に従って、君臣、父子、夫婦、

---

①南宋の大儒。名は九淵。号は象山。程颢の哲学を発展、理気一元説を唱え、心即理と断じ、朱熹の主知的哲学に対抗。

②江戸初期の幕府の儒官。藤原惺窩に朱子学を学び、家康以後 4 代の将軍の侍講となる。また、上野忍ヶ岡に学問所及び先聖殿を建て、昌平広の起源をなした。著『本朝神社考』など。

兄弟の上下の身分秩序に従って行動すべきであるとした。羅山は、また当時の日本の社会によりよく適合できるように朱子学の理論で神道を解釈し、神儒一致論を主張した。そして、朱子学の思想内容を修正し、概念内容を置換して、朱子学の日本的な特色を現している。例えば、忠と孝の関係について言えば、中国の伝統的な見方は、「忠」より「孝」を重視するものであるが、林羅山は、忠＝公と孝＝私を認め、結局は「孝」より「忠」を重視することになる。このような羅山の考えは、幕藩体制の秩序維持の目的と一致し、朱子学は官学として確立された。

林羅山以後の日本朱子学派は二つの方向へと分化したといえる。一つは、朱子学の唯心論的側面を強化し、朱子学の倫理面を強調して、すなわち自己の心を集中し、主観的内省的に行動を正す「居敬」を重視した学説である。もう一つは、朱子学の内包する唯物論的要素を強化し、朱子学の認識論の合理的部分、すなわち客体に宿る存在の根拠としての「理」の追求を強調して、「居敬」より「窮理」を重んじる学説である。この外物への「窮理」が、やがて科学技術への関心を呼び起こす方向に向かった。前者に属する人々には、山崎闇斎（1618～1682）及び崎門学派の人々、幕末の開国論者の横井小楠（1809～1869）①、「教育勅語」の起草に参与した元田永孚（1818～1891）②などがいる。後者に属する人々には、貝原益軒（1630～1714）・新井白石（1657～1725）③、幕末の佐久間象山（1811～1864）④などがいる。

---

①越前福井藩に招かれて顧問となり、開国通商を説き、国事に奔走。明治維新後、参与なる。暗殺。

②儒学者・教育家。維新後、侍講・宮中顧問官・枢密顧問官などを歴任。明治天皇の側近。

③江戸中期の儒学者・政治家。幕政に参与し、朝鮮通信使の応対の変更、幣制・外国貿易の改革、閑院宮家創立などは主な業績。

④幕末の思想家、兵学者。学は佐藤一斎に受け、また、蘭学・砲術に通じ、海防の急務を主張。1854 年門人吉田松陰の密航の事に坐し、幽閉され、1864 年幕命によって上洛、公武合体論を唱えたため、攘夷派の浪士に暗殺された。

山崎闇斎は、朱子学の唯心論的な側面を強調し、仏教を排撃した。山崎闇斎は「居敬」を重んじ、その学風は、道徳を至上とする、厳粛主義的なものである。また彼は朱子学と神道との結合に力を注いで、新しい神道流派である「垂加（すいか）神道」[①]を樹立し、朱子学の大義名分論を強調した。その神道説の神国思想と大義名分論の結合は、内にあっては尊皇論[②]、外に対しては自分の国家への自覚を確立し、忠君報国主義への発展の動きとなったのである。彼の学統は明治以後まで継承され、その尊皇思想と神道思想は、天皇制国家を支える理念として国粋主義者に支持され、太平洋戦争の時期に、それは最高潮に達したのである。「崎門学派」こそ、もっとも典型的な朱子学の日本化の側面を現したのである。

貝原益軒は、「居敬」より「格物」と「窮理」を重んじ、「民生日用の学」として、科学技術への興味を示し、朱子学の認識論の合理部分を強調したのである。朱子学における「窮理」は、道徳的・形而上学的な「理」と自然法則的な「理」を内包するが、しかし貝原益軒における「窮理」の意味は、道徳的、形而上学的な「理」から、自然法則的「理」へ移行し、事物の法則性を客観的に探求するという方向に向かい、合理性と客観性に徹しようとし、学問は博学を旨とすることを主張した。貝原益軒の医学や本草学、また平易な実践道徳論などの博学的な学風は、まさに崎門学派の学風と対照的なものである。

---

①山崎闇斎の首唱した神道説。天道・人道一元の思想（天人唯一）を根本に、唯一神道・吉川神道など緒家の神道を集大成し、儒学上の造詣を加えて、陰陽五行の理を経とし、居敬窮理の説を緯とし、その説の権威を日本書紀神代巻に求め、皇室守護を本旨とする。

②天皇の権威を強調する思想。江戸中期以後、主に水戸学や国学者・神道家により唱えられた。初めは身分秩序の頂点である天皇の権威を高めることで幕藩体制の安定をはかる意味があったが、幕末には幕政批判の思想的根拠として機能するようになった。

2. 日本の陽明学派

一般的には中江藤樹（1608～1648）が日本陽明学の祖であると言われるが、実は室町時代に於いて、日本人は既に陽明学に接触したことがある。江戸時代、中江藤樹、その門人熊沢蕃山（1619～1691）をはじめ、佐藤一斎（1772～1859）、大塩中斎（1793～1837）らによって代表される王陽明の思想に共鳴する思想的傾向は確かに存在していたが、中国の陽明学派と違って、これらの学者は全面的に王陽明の思想を受容したのではなかったし、中断されることなくはっきりした伝授関係を持つ学派として形成されなかった。この点は中国の陽明学派と対照的である。

近江の聖人と呼ばれた中江藤樹は、すべての人間に備わる人倫の道の根源が「孝」であって、「孝」は人を愛し敬う普遍的な原理であり、親子関係をはじめとして主従・夫婦・兄弟・朋友などの人間関係を、根本のところで成立させるものとして、すべての人間が実践すべきであるとした。藤樹は、初は熱心な朱子学者であったが、朱子学の考え方に疑問を持ちはじめ、晩年には王陽明の「知行合一」や「致良知」説に深い共感を覚えるようになり、実践の重要性を説いた。藤樹の門人の熊沢蕃山は、岡山藩で池田光政（1609～1682）に仕え、藩政改革を行った。番山が陽明学から学んだのは、「自反慎独」「心を内に向はしむ」、即ちいわゆる「心学」に共通の心の内的契機を重んずる点であった。致仕後の蕃山は、幕府の圧迫を被って、困厄の中に世を去らなければならなかった。

18 世紀末、19 世紀初期の代表的な人物は、佐藤一斎と大塩中斎であった。佐藤一斎は、林家の塾長と幕府の官立学校昌平黌の儒官として、当時の学界・教育界の中心的地位に居続け、陽明学を奉じながら、表では朱子学を講じたので、「陽朱陰王」と評された。佐藤一斎は哲学者として、朱王の調和も図ろうとし、その思想的影響力は大きかった。幕末の思想界に行動主義的な陽明学が広く流行したのは、中央学界にあった一斎の役割が大きかったからである。その門下から、公武合体派[①]思想家佐久間象山、尊皇攘夷派[②]の活動家吉田松陰（1830～1859）[③]、西郷隆盛[④]（1827～1877）らが輩出した。ともかく、日本の陽明学は、時に個人的に深く心酔するものが現われても、社会的に持続してその思想的影響を及ぼすことは少なかった。日本の陽明学者は、全面的に王陽明の思想を受容したのではなく、必ずしも自分で陽明学者だと自称したのでもなかった。

日本陽明学は以下のような特色があると言えよう。

まずは、その反体制性である。中国の陽明学の左派、特に泰州学派の学者の中には反体制の思想家があったが、日本の陽明学者は、その全体から見れば、中江藤樹から大塩中斎・吉田松陰まで彼らの思想は、多かれ少なかれ反体制的批判精神を多少内包している。藤樹と蕃山以後、日本陽明学の批判的精神は消滅させられたわけではなく、形を変えながら、思想上もしくは政治行動上、大塩中斎や吉田松陰らによって展開されていたのである。

次は、その行動性である。王陽明の「知行合一」[⑤]の思想は、知も重視しておれば行をも重視しているものである。しかし、中国の陽明

---

①幕末、桜田門外の変後、対外問題が紛糾し、尊皇攘夷論が起こった時、朝廷と幕府の協力一致を図って国難を処理しようとした主張。

②天皇の権威の絶対化と封建排外主義とを結合した政治思想。幕末、危機に瀕した幕藩体制の再強化のために、特に水戸学によって鼓吹され、やがて王政復古、倒幕の思想とも結びつくに至った。勤皇攘夷。尊攘。

③幕末の志士。兵学に通じ、江戸に出て佐久間象山に洋学を学んだ。常に海外事情に意を用い、1854 年米艦渡来の際に下田で密航を企てて投獄。安政の大獄に座し、江戸で刑死。

④明治維新の功臣。薩摩藩士。討幕運動に活躍。1868 年大総督軍参謀として東征、江戸城を平和裏に収めた。陸軍大将兼参議に至る。1873 年征韓の議容れられず退官、帰郷、1877 年私学校党に擁せられて挙兵（西南戦争）、敗れて城山に自刃。

⑤朱熹の先知後行説が「致知」の「知」を経験的知識とし、広く知を致して事物の理を究めてこそ、これを実践しうるとしたのに対して、王陽明は「致知」の「知」を「良知」であるとし、知は行のもとであり、行は知の発現であるとし、知と行とを同時一源のものと捉えた。

学者の場合には、例えば泰州学派は、封建正統思想を批判する言論を発表しても、国家体制に対する行動上の反逆として、身を持って実践した人はあまり見られなかった。しかし日本人に対する陽明学の影響は、内面性への関心の深まりのみではなく、社会的な行動性を強めることにあった。幕末の陽明学者大塩中斎及び維新期の吉田松陰らは、この行動性の実践者であった。大塩中斎は、いわゆる「大塩平八郎の乱」①の主謀者であった。中斎は、『洗心洞箚記(せんしんどうさつき)』のなかで、聖人の学を「明体適用の学」であると論じ、個人にとって内面の確立と共に、具体的な実践に生かすべきだと主張した。また、中斎の「明体適用」は、個人の行為の重要性を強調したばかりでなく、社会的な実践の重要性をも強調した。彼は、陽明学を個人改造の論理から社会構造の論理へと発展させた。これが、大塩中斎の思想の主要な特色であろう。幕末の尊皇攘夷派の思想家と活動家も、日本陽明学の行動性の影響を受け、戦闘的な性格を現した。

3. 日本の古学派

普通、山鹿素行・伊藤仁斎（1627～1705）・荻生徂徠（1666～1728）をもって日本古学派の三人の代表者と見なされているが、その間に明確な師弟関係はなく、彼らの思想には共通点もあるが差異もある。彼らの共通点は、朱子学を代表とする儒学に対立し、朱子学と陽明学を仏・老に類するもの、儒にして釈なるものと見なし、聖人の教えの真実は、中国儒学の古典から直接に読み取らなければならないと主張したことにある。「古学派(こがくは)」と呼ばれているのは、古典に帰ろうとする彼らの主張に由来するのである。ただし、彼らの復古の主張は、決して簡単に中国の伝統的な孔孟の学（原始儒学）に復帰すること

---

①江戸後期、天宝の飢饉に救済を町奉行に請うが、入れられず、蔵書を売り払い窮民を救う。1837年大坂に救民・幕政批判の兵を挙げ、敗れて潜伏後、放火して自殺。

ではなく、古典をもって朱子学を否定し、思想の自由を求め、古典から当代の社会に実践理論として役立つ哲学を求めたのである。

山鹿素行（やまがそこう）は日本古学の先駆者（せんくしゃ）といわれる。現在の日本の学界での素行に対する日本思想史上の評価は、素行が（1）日本古学の提唱者とされていること、(2) 日本を中朝として尊び、聖教の事実が古代より日本に行われていたことを論証しようとしたので、日本主義の鼓吹者（こすいしゃ）とされていること、(3) 儒学の士君子の道を取り入れ、いわゆる武士道の「士道」を再解釈し、武士道の提唱者とされていること、だいたい以上の三点に要約する事ができる。山鹿素行は、文献学的な方法で中国古典に基づいて、新しい儒学思想を打ちたてようとする古学の方向を提起したのである。山鹿素行は、儒学的な武士道論の提唱者として大きな歴史的意義を持っているといわれている。江戸時代以前の武士は戦士としてその社会的機能を果したので、その時期の武士道理論の核心は、主君に対する献身であった。山鹿素行は、「死の覚悟」の武士道から「道の自覚」、つまり「士道」への転換を完成した思想家である。平和な時代における武士の二大職分の一つは、昔のように主君への忠節を尽くすことである。もう一つは「人倫の道」を自覚・実践し、模範（もはん）あるいは指導者としてこれを世間に示し、卑（いや）しくもそれが乱れるようなことがあれば、これを正さなければならないということである。江戸時代には、在来の戦国的武士道を鼓吹する『葉隠（はがくれ）』①のような武士道理論はなお存在していたが、山鹿素行によって儒学化された「士道」は、江戸時代の武士達により大きな影響を与えた。文武両道（ぶんぶりょうどう）を兼ねるものが当時の武士の理想像になった。

伊藤仁斎（いとうじんさい）は文献学的方法で、朱子学派のよりどころである『大

---

①武士道を論じた書。元佐賀藩士山本常朝口述、田代又左衛門陣基筆録。1716 年ごろ成る。藩内外の武士の言行の批評を通じて武士の道徳を説く。

学』①と『中庸』②の正統性を否定し、『論語』を「最上至極（しごく）宇宙第一の書」として推尊し、『孟子』を『論語』の不可欠の註脚とした。仁斎の古学は単なる原始儒学への復帰ではなく、『論語』と『孟子』をよりどころとして、後世の儒学を批判し、自己の思想を再構成しようとしたのである。仁斎の学問は孔孟の思想そのままの古代の言語の正しい意味の解釈、すなわち「古義」の再獲得と、それに基づく孔孟の教えの哲学的解明を目標としたので、「古義学（こぎがく）」と呼ばれている。また伊藤仁斎は、人の「情欲」に対して寛容であり、情欲を敵視する朱子と王陽明の「窮天理、滅人欲」論を批判した。

荻生徂徠（おぎゅうそらい）は、宋学から脱却して「古語」と「古文」の意味を、当時の文献の伝えるままに理解するという「古文辞（こぶんじ）」学を提唱した。16 世紀の中国の「古文辞」運動は「文は則ち秦漢、詩は則ち漢魏盛唐」と言い、強烈な古典主義の文学的主張であった。徂徠はこの主張を儒学古典の解釈に取り入れ、儒学に応用した。徂徠によれば、「道」とは、朱子学のような形而上のものではなく、「聖人の道」であり、「天下を安（やす）んずるの道」であり、政治的なものである。「道」とは、中国古代の理想の君主が、国を治め民を安んずるために人為的につくった「経世済民」の道として、その具体的な内容は、『詩経』『書経』などの六経に記載され、「礼楽刑政」の制度であり、自然或は道徳規範ではないと彼は主張した。日本史想史上における徂徠学の位置については日本学者の評価は相当に高い。丸山真男氏の『日本政治思想史研究』によれば、自然、社会、人間の連続性を主張す

---

①四書の一。もと『礼記』の一編。唐の韓愈、草の程子に推重され、朱熹が章句を作った。明徳・止至善・新民の 3 綱領と格物・致知・誠意・正心・修身・斉家・治国・平天下の 8 条目を説く。

②四書の一。もと『礼記』の一編。孔子の孫、子思の作とされる。宋儒に尊崇され、別本となり、朱熹が章句を作った。天人合一を説き、中庸の徳と徳の道とを強調した儒教の総合的解説書。

る朱子学の道徳合理主義の思惟体系は徂徠によって解体された。彼の思想は、個人的修養の修身を拡大して、斉家・治国・平天下に至るという朱子学の政治と道徳、公的領域と私的領域との連続性を断ち切って、政治・公的領域の優位を思想的に確立しながら、私的・内面的世界の自立性をも承認する。自然的制度観から作為（さくい）的制度観へという変遷から見れば、現実の政治秩序を聖人・君主の作為の産物とする徂徠学は、近代的制度観への道を切り開いたとされる。

荻生徂徠の思想は、実証的な精神に富んでいて、この傾向は弟子の太宰春台（だざいしゅんだい）（1680～1747）[1]に受け継がれ、国学を大成した本居宣長にも方法論的反省を及ばれたのである[2]。

4. 儒教の民間への普及

江戸時代における儒教思想の発展は、諸学派の勃興とともに儒学の民間への普及ももたらした。特に 8 代将軍吉宗（1684～1751）の教化政策によって、幕府や諸藩が武士の教育に力を入れ、この風潮は民間にも影響を及ぼし、郷学の創立と寺子屋の数も急速に増えてきた。学問の普及に伴い、庶民出身の学者があらわれた。

18 世紀はじめには、厳しい身分秩序の中で士農工商の四民の最下位と位置づけられていた町人たちは、経済的実力を蓄え、社会的自覚を深め、町人の中から、実生活に即した新しい思想が生まれた。石田梅岩（いしだばいがん）（1685～1744）は、農家の次男として生まれ、京都の商家に丁稚奉公に出された。彼は、自らの商人としての体験をふまえ、完全な独学で神道・儒教・仏教の三教思想を取り入れて、町人の自己修養を体系化した独自の心学（死後から石門心学と呼ばれるようになる）を創始した。梅岩は、人間本来の「心ヲ知ル」ことを目的と

---

①江戸中期の儒学者。経書・経済に通じ、また近世中国語にも詳しかった。

②『日本思想論争史』、今井淳・小沢富夫編、ぺりかん社、1979 年。

し、「我ハ万物ノ一ナリ」「汝万物ニ対セズシテ、何ニヨッテ心ヲ生ズベキヤ。是万物ハ心ナル所ナリ」と説き、「形ガ直ニ心」と、士農工商の身分を問わず、仁義礼智信を求める「心」は同じものでありながら、各自は、「形」によって、「道」の内容が違い、「商人道」としては、「商人ハ直ニ利ヲ取ルニ由テ立ツ」、「実ノ商人ハ先モ立、我モ立ツコトヲ思フナリ」、「売先ノ心ニ合ヤウニ商売ニ情ヲ入勤ナバ、渡世ニ何ンゾ案ズルコトノ有ベキ」と、商売活動による利益の追求を正当な行為として肯定する一方、商人の道に沿って正しく商売を行い、商人として堂堂と生きるべきことを主張した。商人としての実践倫理道徳は、「正直」と「倹約」であるが、「倹約をいふは他の儀にあらず、うまれながらの正直にかへし度為」で、「倹約は、只衣服財器の事のみにあらず。総て私曲なく、心を正ふするやうに教たき志なり」と、「倹約」を通して、人間の貪欲をなくし、人間本来の「心」を自覚すべきことを唱えた。

石田梅岩は、「儒教文化圏」において初めて経済と道徳の両立する経営理念をもとに、「商人道」思想作り出し、その歴史的な功績と意義が高い。梅岩は、商人の日常生活に即して、その理論を平易に説き、その思想は商人階層に広く受けられた。梅岩の死後、弟子の手島(てしま)堵庵(とあん)（1718～1786）は、明倫舎をおこし、梅岩の思想を一層平易に説き広め、庶民に浸透して、石門心学と称されるようになった。心学は、中沢道二(なかざわどうに)（1725～1803）によって、上流武士階層にまで広まり、全国的な心学運動が形成され、日本近世社会に広範な影響を及ぼす庶民の思想運動になった。

農民の立場に立った思想家は、安藤昌益(あんどうしょうえき)（1703～1762）である。江戸時代の農民の生活は、厳しい年貢などによって非常に苦しくなる一方で、農民への圧迫が農民の階層分化をもたらし、18 世紀ごろから百姓一揆(ひゃくしょういっき)が全国に広がっていった。この状況の中で、安藤昌益は、農民の苦しい生活に目を向け、農民の立場から鋭く差別や搾取を生む封建的な制度社会を「法世」とよんで批判し、「万人直耕」の平等社会、すなわち「自然世」を理想社会と考えた。「自然世」とは、だれもがが稲作農耕に従事して衣食住を自給する無差別の平等な社会である。彼はその考えにもとづき、「直耕」という人間の労働が、天地自然の生成活動と相互働きあうという、独自の自然認識を展開して、みずから耕さずに農民の耕作したものをむさぼる「不耕貪食の徒」として支配者の武士たちを激しく非難した。昌益の思想は、社会を根底から支えている農民に対する自負と自尊をあらわしているだけではなく、封建社会の枠組みを超える先進的な思想であったといえる。

二宮尊徳（1787～1856）も農民の思想家として、独自の思想を作り出した。尊徳は、農家に生まれ、通称金次郎という。幼くして父母を失い、伯父のもとに引き取られ、日夜勤労と勉学に励み、26歳で小田原藩に仕えた。のち、幕府に登用され、当時の疲弊した農村の復興と開拓事業に従事した。尊徳は、農民と苦楽をともにするなかで、農業と農民の生活に即した「報徳仕法」と呼ばれる実践を展開した。彼は、「自然に行はるる道」を「天道」、「人の立つる所の道」を「人道」として、両者の道を結びつけ、農業労働の根本的意義を理論づけた。尊徳の復興方法には、小さなものを次々に積み上げて大きくするという「積小為大」と、合理に算出された一定限度のうちで生活する「分度」と、またそこから生じた余剰の富を社会に還元することを「推譲」をすすめた。こういう彼の考え方の背景には、天地や他者によって与えられた恩に報いる「報徳」の思想があった。このように、尊徳の教えは、単なる教説や空論ではなく、「勤労」「分度」「推譲」などに具体化された現実主義の倫理思想であった。

以上のように、中国の儒学は日本に伝わり、特に朱子学は江戸時代に日本の特色のある日本儒学が形成し、徳川幕府のイデオロギー思想として、官学として大衆の思想を支配してきた。明治維新後、文明開化が唱えられ、仏教、儒学などの封建的な思想が批判され、一時、儒学が零落した。しかし、自由民権運動の迅速な発展に恐怖を感じた明治政府は、再び儒学思想を復活した。1890 年に、「教育勅語」が公布され、その公布によって、儒学道徳を骨幹とする教育方針ないし国民道徳方針を確立した。それは、単に日本の近代教育に影響を及ぼしただけではなく、広く、そして永く日本近代の思想を全体的に制約したのである。1945 年 8 月の日本の敗戦まで、「教育勅語」は日本の教育ないし国家主義イデオロギーの、最も基本的な経典としての役割を果たした。要するに、明治維新以後、儒学の道徳観は、日本の国家主義イデオロギーと結合して生きていたのである。

日本軍国主義の膨張の過程では、儒学が悪用された。儒学は日本国内では、その徳目を重要な内容とした「武士道」が、先ず、「軍人精神」として新しい形で再生され、更に国民道徳として宣揚された。そして国外に向けては、「王道楽土(おうどうらくど)」の建設というスローガンで、中国ないしアジア諸国への侵略のイデオロギー用具として用いられたのである。

戦後になって日本は、戦前の儒学道徳教育を学校の徳育ないし国民教化の根本方針とした政策を放棄した。現代の日本では、思想体系としての儒学は、中国思想史あるいは日本思想史などの人文科学研究対象となっている。しかし、それは日本の現代生活で、儒学が影響力を全く失ったことを意味しない。儒学の倫理観と価値観の一部は、日本人の心に染み込んで、日本人の道徳規範と民族心理の重要な内容になっているのである。

関連知識四

1. 日本の新宗教

現在、日本全国で23万の宗教団体が存在する。既存の宗教のほか、近代以後の日本は、数多くの新宗教が誕生し、しかも急増長を見せている。

江戸幕府末期から、明治時代にかけて新しく形成した神道系の教派としては、天理（てんり）教、黒住（くろずみ）教、金光（こんこう）教などいわゆる「神道十三派」がある。

明治の末期から第二次世界大戦終結まで新しく形成した新宗教は、**神道系**として、大本（おおもと）教、生長（せいちょう）の家（いえ）、世界救世教、PL教団などがある。**仏教系**として、創価教育学会（創価学会）、霊友（れいゆう）会、真如（しんにょ）苑、立正佼成会（りっしょうこうせいかい）などがある。

戦後から2000年ごろまでの新宗教は、**神道系**として、天照皇大神宮（てんしょうこうたいじんぐう）教、世界真光（まひかり）文明教団などがある。**仏教系**として、阿含（あごん）宗などがある。

そのほか、どちらとも言えない宗教として、幸福の科学、アーレフ（オウム真理教）などがある。

信者の総数は、各教団の発表によれば、日本全人口の1割に達すると言われている。その中で、1986年に麻原彰晃（あさはらしょうこう）を教祖として生まれたアーレフ（オウム真理教）は、自らの世紀末思想を正当化するために、1995年3月20日の朝、通勤時間で込み合う東京の地下鉄の駅に、猛毒のサリンをまくという事件を引き起こした。死者11人、負傷者5000人という大惨事であった。麻原彰晃をはじめ多数の信者が逮捕されて裁判を受けた。また、事件の再発が懸念（けねん）されたので、オウム真理教に「破壊活動防止法」の適用が検討された。その適用は見送られたが、引き続き彼らの宗教活動に対する国民の不安は強く、2000 年 1 月に活動を規制する法の適用を受けて、日常の活動が監視されることになった。

2. 神道と日本人の生活

(1) 神社と参拝の形式：

自然神や人間神など、神道の神を祭った建物が神社である。入り口には、そこからが神の聖域であることを示す「鳥居（とりい）」があり。

境内（けいだい）には高床（たかゆか）式の本殿、幣殿（へいでん）、拝殿があり、一般の人が入れるのは拝殿までである。拝殿には外拝殿と内拝殿がある。外拝殿の場合は、お賽銭（さいせん）を挙げて拍手を打つ。内拝殿は、靴を脱いで拝殿に入り、座礼（ざれい）或いは立礼（りつれい）をもって参拝する。この時、玉串（たまぐし）といって榊（さかき）の枝に白紙の四手（しで）をつけたものを神前にささげて、拍手を打つ。拍手はいろいろな打ち方がある。普通は二拝二拍一拝といって、はじめに二度深く礼をし、次にポンポンと二度手を打ち、最後にもう一度礼を行なうが、出雲大社の場合は、拍手が四つになる。神社で拍手を打つ理由は、ポンポンと手を打つことによって空気を振動させ、その

力で、神を呼び寄せる。また、人間の魂を動かして、魂を再生産させる、あるいは超生命力をうるのである。神社の祭式では、よく太鼓や笛、時によって琴を鳴らすが、これも、もともとの起りは拍手と同じで、空気の振動によって行なわれる霊振（たまぶ）りなのである。

(2) お宮参り：

お宮参りは、生まれたばかりの子供を連れて、一家で始めて神社にお参りに行くことである。通常は男児は 31 日目、女児は 32 日目に行うのが普通だが、一般的には 30 日から 33 日が選ばれる。江戸時代に一般化し、正式には土地の守り神とされる産土神（うぶすなかみ）に参拝し、その地域の一員として認められる儀式であったが、現在では子供の健やかな成長を願う行事に変わりつつある。昔は、子供に無地（むじ）の着物を着せて、夫の母親が抱いてお参りした。最近は着物の代わりに、白いベビー服を着せている赤ちゃんを抱く略式のケースも多い。

(3) 七五三：

「七五三」は11月15日、親が子供の成長の節目（ふしめ）を無事に迎える喜びをお祝いする行事である。日本では奇数はめでたい数字であることと、ちょうど子供の体調がこの時期に目立って変化するためといわれている。昔は、数え年の3歳で男女児が髪を伸ばし始める「髪置（かみおき）」、5歳の男児が袴をはくようになる「はかま着」、7歳の女児が幅広の帯を締める「帯（お）び直（なお）し」などの儀式を行った。最近は、スーツやドレスなどを着ている子もいる。晴れ着を着た子供は、両親や祖父母などの家族や親しい親族に連れられ、神社に行ってお参りし、一同が子供たちの将来を祈る。帰りに「千歳飴（ちとせあめ）」という紅白の飴を買う。千歳は「千年」を意味する長寿の象徴であり、紅と白の色もめでたい色といわれる。当日、記念写真を写真館で撮る家族も多い。

(4) 初詣：

元旦から三日までの三が日、多くの人は神社にお参りに行く。年が明けて初めてのお参りなので「初詣」という。東京の明治神宮（めいじじんぐう）①や

---

①東京都渋谷区代々木にある元官幣大社。祭神は明治天皇・昭憲皇太后。1915年起工、1920年竣工。例祭は11月3日。

鎌倉の鶴岡八幡宮（つるおかはちまんぐう）①など、有名な神社は大変にぎわう。1年間の家族の健康や、商売繁盛（はんじょう）を祈願し、お守り札などを神官から受ける。初詣の作法は、賽銭を投げ、鈴を鳴らし、拍手を打ってから、礼をする。

云知识
扫一扫

(5) 神前結婚：

日本人の結婚のスタイルは、神前、仏前、教会、人前など、挙式（きょしき）する場所によって違う。また、自分の宗教にこだわるというより、結婚式自体ひとつのファッションととらえている人が多いようである。もっとも多いのは神前結婚式で、全体の8割を占める。神前結婚式は、神社の神殿や、専門の式場やホテルなどに設けられた神殿で行われる。神主が神に新郎と新婦の結婚を報告し、三々九度（さんさんくど）といわれる儀式に移る。大、中、小の三つの杯に神酒を注ぎ、交互に3回ずつ飲み、夫婦の契（ちぎ）りを結ぶ。次いで二人は、神前で結婚の誓いを読み上げる。

神前で結婚

(6) 地鎮祭：

日本人は、新しく家を建てる時、或いはビルや道路工事の着工の際も、四隅（よすみ）に葉付きの竹を立て、注連縄（しめなわ）②を張りめぐらし、神官が払いを行ない、工事の無事を祈り、酒宴をはるという儀式を行う。こ

---

①鎌倉にある八幡宮神社。八幡神を祭神とし、弓矢・武道の神として古来広く信仰された。

②神前または神事の場に不浄なものの侵入を禁ずる印として張る縄。一般には、新年に門戸に、また神棚に張る。

の儀式を地鎮祭という。「近代」のシンボルともいえる超高層ビルの建設際にも行われるが、これも、日本人の神道信仰と関係が深い。つまり、これから新しく家を建てる土地には、霊力があり、土地の神が存在すると思い、この神の怒りに触れることは、大変な災難を呼ぶことになるかも知れないという恐れから、土地の神を祭り、魂を鎮めるというのが地鎮祭である。

地鎮祭

(7) 神輿：

神輿は神の乗り物という意味である。祭りのときに神社から担ぎ出される神輿には、その神社の神が乗り移っていると考えられている。屋上には鳳凰を置き、2 本の棒を台座に通して担ぐ。本来は馬に乗せていたが、平安時代からは、人が担いで練り歩くようになった。

(8) 三大祭り：

日本の三大祭りに関しては、説が分かれている。毎年 5 月 17 日ころ行われる東京の三社祭り（浅草神社）、7 月中旬に行われる京都の祇園祭り（八坂神社）、7 月 25 日に行われる大阪の天神祭り（天満宮）の三つという説、6 月 15 日に行われる東京の山王祭り（日枝神社）、5 月 15 日に行われる京都の葵祭り（下鴨神社及び上賀茂神社）、大阪の天神祭りの三つという説がある。

また、各地域ごとに、東北三大祭り（青森ねぶた祭り、秋田竿灯祭り、仙台七夕祭り）とか、京都三大祭り（葵祭り、祇園祭り、時代祭り）などともいったりする。

3. 仏教と日本人の生活

(1) 禅宗：

禅は、座禅を修行し、現世で悟りを開くことに目的とする。6 世紀、南インドで生まれ、中国に渡り、9 年間面壁して悟りを開いた禅宗の始祖の達磨（だるま）(生没年未詳)によって、中国に伝えられた禅宗は、仏教の宗派の一つである。鎌倉時代に活躍した僧侶の栄西や道元は、宋で修行し、禅宗を日本に伝えた。現在、臨済宗、曹洞宗、黄檗宗の三宗がある。座禅を組み、心を無の状態にする禅の修行は、決して簡単なものではない。しかし、精神的な豊かさの重要性が指摘される昨今では、禅の世界に真の価値を見出そうとする人も少なくない。

(2) 坐禅：

静座して精神を集中させる禅宗の修行法が坐禅である。心から迷いを無くして、真理に到達するために瞑想をする僧侶たちは、長時間身動きもせず精神集中に没頭（ぼっとう）する。喧騒（けんそう）から完全に隔絶された世界で、自分の心を無の状態にし、悟りの境地に達するのである。

(3) だるま：

日本人は、達磨大師の座禅した姿を模した「だるま」という張り子（はりこ）玩具（がんぐ）を作った。顔面以外は赤で、倒してもすぐ起き上がるように底

に重みを入れる。開運の縁起物として、願いをかけるときに片目を入れ、願いがかなったときにもう一方の目玉を描きいれるならわしがある。その「だるま」を売る市が、新年早々に日本各地で開かれる。その中でも、群馬県高崎市の「だるま市」が有名である。

(4)地蔵菩薩：

民間ではもっとも馴染み深い菩薩として、平安時代末期に日本に広まった。あの世とこの世の境にいて、地獄に落ちる死者を救い、身代わりに苦しみを受けてくれるとされている。「子安地蔵」（妊婦の安産を守護するという地蔵）、「とげぬき地蔵」（東京都豊島区巣鴨にある曹洞宗の寺、高岩寺にある地蔵の俗称。本尊の延命地蔵は諸病に霊験があるとされる）など、祈願の内容に応じた名称を持つものも多く、現在でも地蔵に手を合わせ、幸福を祈願する人は数多くいる。

(5)日本の葬式：

人生最後の儀式が葬式である。日本では、自分の信じる宗教というより、古くからの風習として仏式の葬式が大半を占める。他に神式、キリスト教式で葬式を行う人もいる。

通夜：通夜はもともと遺族や近親者が、なくなった人の枕辺で一夜を過ごすという慣例であった。夜通しにぎやかに飲食し談笑したり、死者にあげた線香、灯明の火を一晩中絶やさないという風習は今でも残っている地域もある。現在では、葬儀前日の夜 6 時か 7 時頃から 2 時間程度、広く弔問客を迎えて行われる「半通夜」が一般的になった。通夜は、僧侶の読経が中心で、弔問客が焼香して終わる。通夜の後、弔問客に酒食をふるまう「通夜ぶるまい」をするか、引き物を渡すのが普通である。

葬式：通夜の翌日以後に、家か寺院、あるいは葬儀場で葬式を行う。葬式の段取りなどは、予算や個人の希望に合わせて、葬儀社に任せて行うのが普通である。葬儀は死者の成仏を祈るための儀式である。その前に僧侶から仏弟子になったしるしとして、戒名（かいみょう）・法名（ほうみょう）・法号などを受ける。この名号のつけ方は宗派により異なり、またそれを記した位牌を作る。葬儀は近親者だけで行われ、告別式は、友人・知人などが参列するが、現在この二つの厳密な区別はない。葬儀が終わると、引きづいて告別式に移る。式自体は僧侶がお経を読み、引導を渡す。引導とは死者を成仏に導く言葉である。続いて故人と親しい人の別れの言葉である弔辞（ちょうじ）、参列者の焼香となる。告別式が終わると、棺のふたが開けられ、近親者や友人が菊の花などを遺体の周りに入れ、最後の別れを惜しむ。そして、出棺となり火

葬場で火葬される。

火葬：死者を葬(ほうむ)るやり方は日本では、昔は土葬と火葬する習慣があったが、現在は墓地埋葬法によって火葬と定められている。亡くなったら市町村長に火葬の許可を受ける。火葬された遺骨は、一般には墓地に埋葬されるが、最近では自然葬といって一定のルールに従って、海や山などに散骨する人もいる。

喪服：喪服(もふく)は葬式に着るときの服装である。黒を基調した服装は、仏教の影響があるという説もある。現代、喪主(もしゅ)の男性の正式な喪服は、和服なら、黒羽二重(くろはぶたえ)の染め抜き五つ紋付に羽織袴である。洋装なら、黒のモーニングに黒のネクタイである。女性は、和装の場合は羽二重に染め抜き五つ紋をつけた黒の無地（関東地方）、洋装はの場合黒無地のワンピース、スーツなど、略式の喪服でご参列するのが一般的である。

墓参り：遺骨を埋葬した墓にお参りに行くのは、法要(ほうよう)以外には、

お彼岸、お盆、亡くなった祥月命日①などである。お墓をきれいに掃除した後、水をかけ、花と線香や供え物を上げ、両手を合わせてお参りする。

初七日・法要：仏教では、死者が冥土の閻魔の庁で、極楽浄土へいけるかどうかを決める審判が七日ごとに七回行われるといわれている。今では初めての「七日目」（初七日）と「五七日忌」（35 日目）あるいは「七七日忌」（49 日目）には盛大に法要を営む。僧侶に読経してもらい、焼香する。故人が来世で幸せな生を受けられるように祈るのである。法要は百ヶ日法要もあるが、今では「七七日忌」が最後の審判の日で、この日を過ぎると「忌明け」と称し、当日にお墓に納骨するのが一般的である。次に法要は「一周忌」、「三回忌」と続き、最近では「十三回忌」、「十七回忌」、「三十三回忌」まで行って、「三十三回忌」をもって「弔い上げ」とするケースが多くいる。

香典：香典はもともと死者の霊に供える香や、米その他の食べ物であったが、次第に現金に代わってきた。参列者は通夜や告別式の際に、地味な色のふくさや風呂敷に包んで、或いは不祝儀袋に入れて遺族に渡す。この場合、新札は避け、その金額は故人との関係や、故人の社会的立場によって多少異なるが、普通の付き合いの程度であれば 5000 円から 1 万円が一般的である。香典には遺族が、葬式費用の一部にするなど、相互扶助的な意味合いもある。49 日の「忌明け」後に、もらった香典の半分程度の金額の品物を返礼として贈る。これを「香典返し」という。ただし、香典を辞退する遺族もいる。

仏壇：仏壇はもともとその宗派の本尊を祀るところであるが、仏になった故人を祀るところでもある。仏壇は普通三段になっており、一番上がご本尊、左右に先祖の位牌が置かれる。中段はお茶や果物やお菓子などを供えるところで、下段には蝋燭立て、花立て、香炉

---

①一周忌以後における故人の死去の当月当日。

を置く。毎朝、新しい水などを供えてお参りすると、供養になるといわれている。

仏　壇

(6)「お盆」:

家に帰ってくる先祖の霊を迎えて、供養する仏教の行事を「盆」、正式には「盂蘭盆」という。そもそも旧暦の7月15日を中心に行うのがしきたりだったが、現在は新暦7月16日に行う地方と、8月16日に行う地方とがある。いずれも13日に火をたいて祖先の霊を迎える「迎え盆」と、16日の夜にまた火をたいて霊をあの世に送る「送り盆」など、かつてはさまざまな「お盆」の行事があったが、現在はお墓参りをする程度のようである。

お盆は地獄も休みなので、この世でも仕事を休むという習慣ができたのは江戸時代のようである。戦前には旧暦の7月16日、住み込みで働いていた奉公人は、「薮入り」といって生家に帰ることを許された。「薮入り」は小正月の 16 日にもあり、奉公人にとって年に二度の休日であった。現在でも多くの企業が、この期間に社員たちに数日間の休暇を与えている。都会で働く人は故郷の生家に戻り、交通機関は大混雑になる。

迎え火

精霊棚

棚経

4. 多元化した日常生活

(1) 十干十二支：

日本には、「昭和」、「平成」などの年号のほか、中国や韓国と同じように「十干十二支（じっかんじゅうにし）」という年を表す暦法がある。甲（きのえ）・乙（きのと）・丙（ひのえ）・丁（ひのと）・戊（つちのえ）・己（つちのと）・庚（かのえ）・辛（かのと）・壬（みずのえ）・癸（みずのと）の「十干」と、子（ね）・丑（うし）・寅（とら）・卯（う）・辰（たつ）・巳（み）・午（うま）・未（ひつじ）・申（さる）・酉（とり）・戌（いぬ）・亥（い）の「十二支」を組み合わせた「十干十二支」の暦法は、60 通りの年や月、日に当てたものである。組み合わせによって、さまざまな言い伝えも生まれた。例えば、日本では昔から「丙午（ひのえうま）」の年は火事が多く、またこの年の女性は夫を殺すので、出生を控えるほうがいいといわれる。科学的な根拠は全くない迷信だが、実際に 1966 年の丙午の年は、例年よりも出生数が 2 割ほど減少した例もある。

「十干」になじみが薄い若者も、12 年周期で回ってくる「干支（えと）」には親しんでいる。「十二支」はそれぞれネズミ、ウシ、トラ、ウサギ、タツ、ヘビ、ウマ、ヒツジ、サル、トリ、イヌ、イノシシの動物がシンボルになっている。これによって、イノシシが象徴する亥年（いどし）生まれの人は猪突猛進（ちょとつもうしん）型、ウサギがシンボルの卯年（うどし）生まれの人は性格がおとなしいなどというわけである。ちなみに2005年は酉年（とりどし）である。干支はかつて、年のほかに方位、時刻などを表すためにも利用された。

(2) 日の吉凶：

大安とか友引とかという日の吉凶（きっきょう）は、中国の十干十二支思想のなかにある。天体自然現象は周期をもって反復すると考えられ、六進法で反復するものとか、七つで反復するものとかいろいろあり、それが日の吉凶を決めているのである。

これに名称がついているため、縁起（えんぎ）を担ぐ人が出てきて広がったのである。例えば日の吉凶については、以下のように言われている。「大安（たいあん）」の日は、吉日で、万事進んでよいとされる。結婚式などはこの日を選ぶことが多い。「赤口」の日は、正午のみ吉とされるが、凶とされる日。特に訴訟や公事、契約などは避ける。「先勝（せんしょう）」の日は、午前は吉、午後は凶で、急用や訴訟にもよい日とされる。「友引（ともびき）」の日は、勝負（しょうぶ）なしの日で、朝晩は吉、昼は凶とする。友を引くとは、つまり人の死を誘うことで、この日葬式を営むことを忌（い）む俗信がある。「先負（せんぶ）」の日は、平静を守って吉、午前は凶、午後は吉という。訴訟や急用を忌む日である。「仏滅（ぶつめつ）」の日は、釈尊の入滅の日として、俗に万事に凶である悪日とされる。結婚式や店の開店などは避けたほうがよいとされる。

しかし、「大安」はほぼ六日に一度あるわけで、特別おめでたいわけでもないが、やはり結婚式などはその日を選ぶ。冠婚葬祭の実施の場合には、日の吉凶は付きものとなっている。

(3) 太陽暦：

日本では、1872年から「太陽暦」を採用している。当時、政府が「明治5年12月3日を明治6年1月1日とする」と発表し、また昼夜12時間制を改め、1日24時間制とした。「太陽暦」の採用の結果、それまで用いていた月の満ち欠けから判断する「太陰太陽暦（旧暦）」と、約一ヶ月のずれが生じてしまった。現代でも農村など、お盆を8月に行う地域があるが、これは旧暦に従って行事を行っているからである。

現在、使われている「太陽暦」は、グレコリオ歴である。世界の時刻はロンドンのグリニッジ天文台を通る子午線を基準にしているが、日本の中央標準時は、兵庫県明石(あかし)市が基準である。日本全国同一時間で、グリニッジ時より9時間進んでいる。

（4）初節句：

子供が生まれて初めて迎える節句で、男の子は5月5日（端午の節句）、女の子は3月3日（桃の節句、雛祭り(ひなまつり)）に祝う。男の子には、幟(のぼり)や鯉のぼり、よろい兜(かぶと)や武者(むしゃ)人形、女の子には内裏雛(だいりびな)①を母方の実家が送る習慣は今も残っている。当日、両親は親しい人々を招いて、祝いの膳でもてなす。

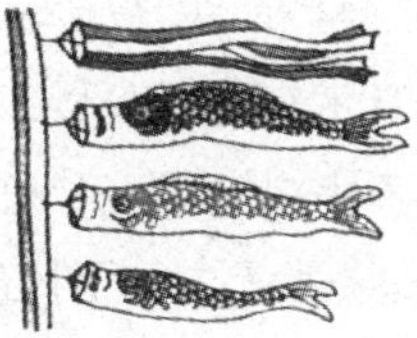

鯉のぼり

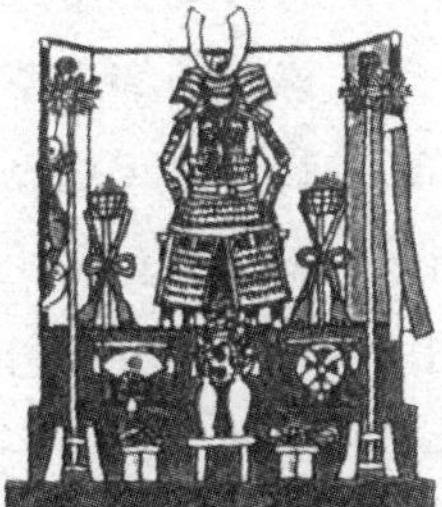

武者人形

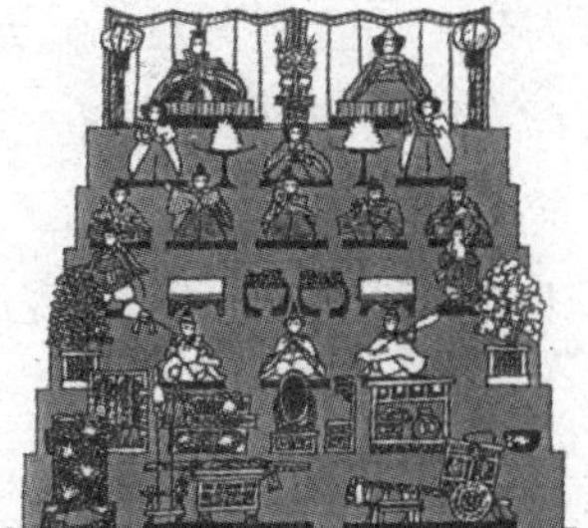

ひな祭り

（5）還暦とその後の長寿の祝い：

---

①雛人形の一種。天皇・皇后の姿をかたどって作った男女一対の人形。3月の雛の節句に飾る。

年祝いは中国の陰陽五行説の暦信仰からきていて、干支が循環する六十が単位になっている。ちょうど人間の生命が一サイクル回るということで、六十歳以上生きると長生きで、それ以下だと短命とされている。いまでは平均寿命も七十歳を超えているが、昔は日本では「人生僅か五十年」といわれていたから、六十一年目にもう一度同じ干支が帰ってくる、いわゆる「還暦」は、非常に御目出度いとされたのである。

「還暦」の時に赤いチャンチャンコを着る風習があるが、これは、暦が六十年前の赤ん坊に生まれ変わった印なのである。その日から生命が再生産されるので、赤ん坊から出発し直すという意味で、象徴的に赤ん坊の服装、或いは赤いものを着るというわけである。

「還暦」は長寿の祝いのスタートとして、周りからも大きな祝福を受けるが、これは、六十一年のその日を特に印象付け、生命の尊さを再確認する意味で必要だと言える。「還暦」のあとの年祝いとしては、数え年の七十歳の「古稀」の祝いがある。これは杜甫の詩の「人生七十古来稀なり」から出たものである。次いで、七十七歳の「喜寿」の祝いがある。これは「喜」の字を草書で書くと、七十七になるからである。また八十歳では「傘」の字から「傘寿」の祝い、八十一歳の「半」の字から「半寿」の祝い、さらに「米」の字から、八十八歳の「米寿」、そして九十九歳の「白寿」の祝いとなる。「白寿」というのは、百から一をとると「白」の字になるからで、別名白字の祝いともいう。

(6) おみくじ：

神社仏閣にお参りした際に、吉凶を占うために、普通は多くの串や棒片などを入れた筒をふって引くくじを「おみくじ」という。おみくじには総合運として、大吉、中吉、吉、小吉、凶のいずれかが書いてあり、別項として、失せもの、商売、学問、健康、縁談などの運勢が書いてある。普通は、読んだら境内にある木に結び付け、願い事の成就を祈る。

(7) お守りと絵馬：

「お守り」は、小さな木片（もくへん）や紙片（しへん）に、神様の名前や寺社の名前を記したものである。祈祷により神仏の霊がこもっているため、幸運を呼び入れ、災厄（さいやく）を追い払い、持っている人を加護するとされている。寺社にお参りしたときに買い求める。家の「神棚」に置いたり、車につけたりして安全を願うが、小袋に入れた「お守り袋」をいつも持ち歩いている人もいる。

受験や縁結びなどの祈願や、また願いがかなったお礼のために、神社仏閣に奉納（ほうのう）する絵の額が「絵馬（えま）」である。四角いものもあるが、現在のものはほとんど上部が屋根形になっている。かつては、願い事をするときに、馬を納める風習があったことから、この木札に馬の画を描いた。願い事がある人は、絵馬を買い求め、願い事を書き入れる。

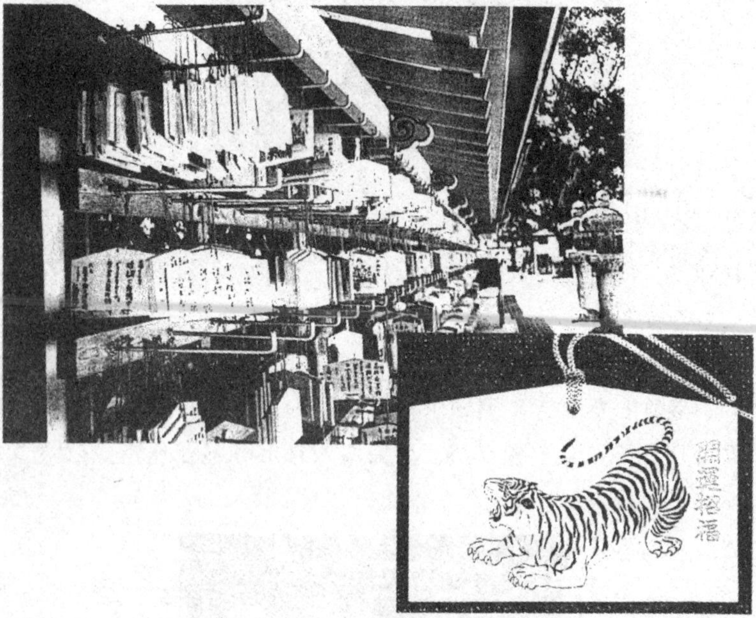

(8) 七福神：

幸せをもたらす7人の神を「七福神（しちふくじん）」という。中国故事にならい、日本でも縁起の良い神を集めて信仰するようになった。メンバーが固定され、人々の中に広がったのは室町時代だといわれている。この七福神ゆかりの寺院を回って参拝する「七福神詣」は、現在も盛んに行われている。

メンバーは次のとおりである。

①打ち出の小槌を持ち米俵を踏まえた大黒天：インドの神として、田の神様と台所の神とされる。

②鯛と釣り竿を持つ恵比寿：七福神で唯一の日本人として、商業の神様とされる

③琵琶をひく姿をした弁財天：インドの神として、音楽から諸芸にわたる女神とされる。

④左手に宝塔、右手に宝棒を持つ毘沙門天：インドの神として、財福の神とされる。

⑤鶴を従えた福禄寿：中国の神として、南極星の化身と言われ、不老長寿の神とされる。

⑥長頭で杖を持つ寿老人：中国の神として、長寿を授ける神とされる。

⑦お腹を出して袋をかついた布袋：中国の神として、弥勒の化身とされる。

また、「七福神」の乗せた「宝船」の絵は、縁起物として、喜ばれる。

（9）日本の妖怪：

日本には様々な妖怪がいるとされるが、その代表的なものをあげる。

まず「河童」は、水陸両生で、形は4～5歳の子供のようで、顔は虎に似、口ばしはとがり、身に鱗や甲羅があり、毛髪は少なく、頭上に窪みがあって、少量の水を容れれる。その水のある間は、陸上でも力強く、他の動物を水中に引き入れて血を吸う。

弁

「鬼（おに）」は、仏教の影響で、餓鬼（がき）、地獄の青鬼、赤鬼があり、美男、美女に化（ば）け、音楽、双六、詩歌などに優れたものとして人間世界に現れることもあるという。後に陰陽道の影響で、人身に、牛の角（つの）や虎の牙（きば）を持ち、裸で虎の皮のふんどしをしめた形を取る。

「天狗（てんぐ）」は、深山に棲息（せいそく）する怪物である。人の形をし、顔赤く、鼻高く、翼があって飛行自在で、山伏（やまぶし）の姿をして高い下駄を履いて、羽団扇（はうちわ）をもち。子供を攫（さら）っていくという。

天狗

一つ目小僧

鬼

河童

海坊主

「一つ目小僧（こぞう）」は、額に目が一つだけの怪物である。日本関東、東北では、旧暦の 2 月 8 日と 12 月 8 日に訪ねてくるといい、目の粗い籠を軒先に高く掲げてこれを脅す風習がある。

「海坊主（うみぼうず）」は、ぬるぬるした大きい頭を持ち、海の中から顔を出す。船員たちは海坊主を見ても、知らん顔をしなければならない。

そうしないと、船を沈められてしまう。

(10)クリスマス：

明治時代（1868～1912）になって、初めて日本に紹介された西洋の祝祭であるが、キリスト教徒が1%に満たない日本にも根付いている。といっても、宗教的な趣はあまりなく、プレゼントとクリスマスカードを交換したり、ケーキを食べたりするのが一般的である。そこで現在、デパートや商店は、クリスマスの売上に大いに期待する。12月に入ると、街や商店街の飾り付けはクリスマス一色になり、巨大なクリスマスツリーを取り付けたり、クリスマスソングを流したりする。特に、若いカップルにとっては、クリスマスイヴとともに、特別な一日になっているようである。

（11）大晦日：

12月31日のことをいう。各月の最後の日を「晦日（みそか）」というので、1年の最後の日は「大晦日」というわけである。大晦日の夜、「年越しそば」を食べる風習がある。江戸中期に始まったといわれているが、その由来は各地にいろいろな説がある。そばの細くて長い形状から寿命を伸ばすように願いをかけるという説や、そばは内臓の汚れを取るといわれていることから、年末に1年の貸借（たいしゃく）をすっきりさせて新年を迎えるという説などがある。地域や家庭によって、代々伝えられる年越しそばの作り方は、いろいろある。「年越しそば」は、大晦日の年越し風景になっている。

また、大晦日の夜、全国各地の寺で108の鐘が撞（つ）かれる。これを「除夜の鐘」といい、仏教でいわれる108の煩悩を、すべて除いてしまうという伝統的な行事である。除夜の鐘を聞きながら、かつて、大晦日は夜を徹して起きていて、正月の神様である「正月様」が来臨するの待つ風習があった。地方によっては、大晦日寝ると白髪（しらが）になると言い伝えられている。現代でも、元旦の未明に神社に出かけて、「初詣」する人々がたくさんいる。

（12）お正月：

一年の初めに当たる正月は、本来は収穫をつかさどる神や、一族を守る祖先の霊を迎える年中行事である。門松（かどまつ）やしめ飾りは、その神を迎えるためのものである。丸いお餅を二つ重ねた鏡餅は、神様が食べる食べ物である。

正月の朝には一家が集まって、寿命を延ばすと言われている「お屠蘇」というお酒を飲んで、新年が来たことを祝い、お互いの健康を祈る。そして、「お雑煮（ぞうに）」という、汁の中に餅を入れた料理を食べる。雑煮の作り方は地方によって様々である。雑煮も含めて、正月のために作った料理は「お節（せち）」と呼ばれる。

年の初めには、日本人の多くが神社や寺へ出かけて、これからの１年を無事に過ごせるようにと、神仏に祈る。これを「初詣」という。特に元日、二日、三日は、前述したように、東京の明治神宮や、鎌倉の鶴岡八幡宮、川崎（かわさき）大師（だいし）①などの神社や寺などは、百万人を越す参拝客でいっぱいになる。

子供には「お年玉（としだま）」といって、お金などをあげるが、これは神様が「お前たちも頑張れ」と授けてくれるもの、という趣旨である。

門松

云知识　扫一扫

①川崎市大師町にある真言宗の寺。1120～1130 年代に創建。徳川家光の再興。厄除け大師として有名。

第五章　日本人の「無常」観

一、「無常」と日本文学

「無常」は、中国古典と仏教経典の中にある言葉で、それは、(1)万物は流転（るてん）して、常住なるものはないとする「諸行無常（しょぎょうむじょう）」の思想、(2)万物の流転することを認識し判断する主体そのものが無常であるとする「五蘊（ごうん）無常」の思想、(3)無常も有常もなく、有無の対立とか差別とかを超越した涅槃（ねはん）に到達した時に、はじめて真の無常観＝空観が成立するとする思想、この三つのうち、日本文学に関わりをもち続け、また広く日本の民衆の精神生活に浸透していたものは、(1)の万物流転の無常感である。つまり、世間すべての物が生滅、変化して常住でないとする仏教的な意味で使われている一方、また人生のはかなさという日常的な意味でも使われている。日本人の思考方法には、前にも述べたとおり、生の普遍的原理を把握しようとせずに、人間関係重視の傾向や情趣に流れる傾向があるので、仏教の無常観も、世界観として確立することができず、むしろ詠嘆的＝抒情的な哀感の表現の仕方に過ぎなかった。その点で無常感は、本来の仏教哲学の主張する「無常観」というよりは、「無常感」と呼ぶのが相応しい感情内容であり、他の美感や神秘感などと同列に並存する情念の一形態にとどまり、日本では、「無常」という言葉は、文学作品、例えば、和歌、俳句の中によく使われた。

弘法大師が作ったと言われている「いろは」[①]歌は、日本人の無常に対する理解をよく示している。

「色は匂へど散りぬるを　　　　我が世誰ぞ常ならむ
有為の奥山今日越えて　　　　浅き夢見し酔ひもせず」

この歌は、美しく咲く花もやがては散ってしまう。私たちの人生もいつまでも不変ではない。この当てにならない人生の山路を今日も越えていくのだ。浅い夢を見ていたり、酔っぱらったりしているようにぼんやりとしていては、この世のすがたを知ることはできないという意味、世の移り変わりが極めて早く、美しい花のような人生の短さと幻さを嘆き、歳月は人を待たないという仏教的な理解を歌ったものである。

王朝文学に見られる無常観の流れは、『竹取物語』『伊勢物語』[②]以後、『大和物語』[③]を経て『源氏物語』に至り、その王朝的表現の典型を形作る。「法華八講」などの華やかな仏事法会（はうえ）の行事が繰り広げられる一方で、憂き世を常無しとして出家（しゅっけ）を思う仏教思想が全編を覆っている。津田左右吉氏（1873～1961）[④]は「源氏物語の一篇は、要するに人生のはかないこと、其のはかない運命には何人も抵抗すべからざることを示したものである。源氏の花やかな歓楽の舞台にも、其の背後には常に一抹の寂しさがつきまとっているのはこれがためである。源氏の生まれたのが既に悲哀の空気の裡においてあっ

---

①手習い歌の一つ。音の異なる47文字の歌からなる。『涅槃経第十三聖行品』の偈「諸行無常、是生滅法、生滅滅己、寂滅為楽」の意を和訳した歌という。弘法大師の作と信じられていたが、実は平安中期以後の作。

②平安時代前期の歌物語。作者未詳。在原業平らしき男性の一代記風の形で、色好み即ち男女の情事を中心に風流な生活を叙した役125の説話から成る。業平の歌集を原形として生立したという。

③平安時代前期の物語。作者未詳。951年ごろ成立、小説話から成り、前半は伊勢物語の系統をひいた歌物語、後は歌に結びついた伝説的説話の集成。

④歴史学者。早稲田大学教授。厳密な古典批判より科学的な日本・東洋の古代史・思想史研究を開拓。著『文学に現はれたる我が国民思想の研究』など多数。

た。」[1]と述べ、この作品の主題が宿世や無常にあったことを指摘した。

平安末期に至って日本人の無常観は、最も華々しい文芸の花を開かせる。『平家（へいけ）物語』[2]全編の思想は、日本全体の支配者として昨日まで君臨（くんりん）していた平家一門が、今日は没落して見る影もない、と嘆じているのである。『平家物語』の冒頭（ぼうとう）に『涅槃経（ねはんぎょう）』の偈（げ）、『仁王経（にんのうぎょう）』護国品の一句を踏まえた名句が書かれていた。即ち、「祇園精舎（ぎおんしょうじゃ）の鐘の声、諸行無常（しょぎょうむじょう）の響きあり。沙羅双樹（さらそうじゅ）の花の色、盛者必衰（しょうじゃひっすい）のことわりをあらわす。おごれる人も久しからず、只春の夜の夢ごとし。たけき人も遂にはほろびぬ、偏（ひとへ）に風の前の塵（ちり）に同じ。」という文から始まって、最後まで一貫してこのモチーフが反復されるのである。最後に建礼門院（けんれいもんいん）（1155～1213）が出家（しゅっけ）し、後白河法皇（ごしらかわほうおう）（1127～1192）[3]が大原の女院（にょういん）を訪ねたという有名な「大原御幸」が語られ、やがて女院の亡くなる記述で終わる。

無常を体験して出家する人はこの時代に多かったが、無常を感ずるには、主体の側にそれだけの主観的根拠や社会的理由がなければならない。中村元氏は、「無常を感じて出家するということは、日本では特に平安末期の旧い支配階級が没落し、次いで登場した新しい支配階級が封建制度を確立したちょうどその転換期に現われているのである。旧い支配階級の没落ということは、其の階級にかつて属していた人々にとって、世俗的な事柄に関する欲望を断念し、宗教に向う心を関させる。」[4]と言うが、死、没落という人生無常の滅びの美を主調音とする物語に、盛者必衰、因果応報（いんがおうほう）の仏教思想が貫流してい

---

①津田左右吉、『文学に現はれたる我が国民思想の研究』第一巻。

②軍記物語。鎌倉時代の作。平家一門の栄華とその没落・滅亡を描き、仏教の因果観・無常観を基調とし、調子のよい和漢混交文で、散文体の一種の叙事詩。平曲として琵琶法師によって語られ、軍記物語・謡曲・浄瑠璃以下後代文学に多大な影響を及ぼした。

③平安後期の天皇。即位の翌年、保元の乱が起こる。譲位後、5代34年にわたって院政。造寺・造仏を盛んに行う。

④中村元、『講座現代倫理』第六巻、無常・仏心・慈悲。

るのである。

鎌倉初期の鴨長明（1155～1216）の随筆集の『方丈記』は、仏教的無常観を基調に様々実例を挙げて人生の無常を述べ、ついに隠遁して日野山の方丈の庵に閑居するさまを記した。「ゆく河の流れは絶えずして、しかも、もとの水にあらず。淀みに浮ぶうたかたは、かつ消えかつ結びて、久しくとどまりたる例なし。世中にある、人と栖と、またかくのごとし。」とか、また「仮の宿り、誰が為にか心を悩まし、何によりてか目を喜ばしむる。その主と栖かと無常を争ふさま、いはばあさがほの露に異ならず」と、現世はかりそめのものであり、頼むに足らないという無常観を述べている。

14 世紀の吉田兼好（1283～1352 頃）の名作『徒然草』も、人生の様々の事象についての思索や見聞等を、243 にわたって述べているが、全編に無常観の思想が貫かれている。

「身を養ひて何事をか待つ。期する所にただ老と死とにあり。其の来る事速かにして念々の間にとどまらず。是を待つ間何の楽しびかあらん。惑へる者はこれを恐れず。名利におぼれて先途の近き事をかへりみねばなり。おろかな人は又これを悲しぶ。常住ならんことを思ひて、変化の理を知らねばなり」とか、「されば、万に見ざらん世までをおもひおきてんこそ、はかなかるべけれ。」と、人生すべてが空しいものであり、求めるに足りないと無常観を説いている。

南博氏は、「日本人は、このような無常観を述べた文章を、中学校から習うのであり、こういう考え方が、日本人の人生観を代表するものであると教えられる。それだけではなく、日本の文学思想には、文学そのものが、無常観を人々の心に植え付けるためにある、と言った考え方さえある。」[①]と、『日本人の心理』の中で述べている。

このように、「無常」は、古代日本人だけではなく、現代日本人の

①南博、『日本人の心理』、岩波出版、1978 年版、49 頁。

心理にも影響を与えた。日本の詩人土井晩翠（1871～1952）の「荒城の月」は、日本人に好まれ、作曲家滝廉太郎（1879～1903）によって一代の名歌となった。

「春高楼の花の宴、　巡る盃影射して、
千代の松が枝分け出し、　昔の光今いずこ
秋陣営の霜の色　鳴きゆく雁の数見せて
植うる剣に照りそいし　昔の光今いずこ
いま荒城の夜半の月　替わらぬ光たがためぞ
垣に残るはただかつら　松に歌うはたた嵐
天上影は替えらねど　栄枯は移る世の姿
写さんとてか今もなお　嗚呼荒城の夜半の月」

“春日高楼明月夜　盛宴在华堂,
杯影人影相交错　美酒泛流光,
千年苍松叶繁茂　弦歌声悠扬,
昔日繁华今何在　故人知何方。
秋日战场布寒霜　衰草映斜阳,
雁叫声声长空过　暮云正苍黄,
雁影剑光交相映　抚剑思茫茫,
良辰美景今何在　回首心悲怆。
荒城十五明月夜　四野何凄凉
苍茫依然旧时月　冷冷发清光
颓垣断壁留痕迹　枯藤绕残墙
松林唯听风雨急　不闻弦歌响。
浩茫太空临千古　千古此月光,
人世枯荣与兴亡　瞬息化沧桑,
云烟过眼朝复暮　残梦已渺茫,
今宵荒城明月光　照我独彷徨。”

このように、日本の歌謡には、日本人の日常生活の中で感じた無常の幻滅感、例えば、ぱっと咲いてぱっと散る桜のように、眩い美しさの後の無限の虚しさを歌ったものが多い。

日本は大陸と離れていて、海に囲まれた孤島の中で、統一国家を形成して以来、外族の侵入が少なく、外来文化を吸収しながら、独自に発展してきた。このような自然環境のもと、仏教の「無常」が日本人の心理に深い影響を与えた。日本文学と芸術が追求してきた「もののあはれ」、「わび」、「寂」等の美意識は、心の底に秘めた孤独を文学美術に託し表現したものであろう。

二、「無常」と日本人の危機感

以上のように、日本人に受容された「無常」は、この世界のものはすべて絶えず変化し消滅していくのであって、一つとして永遠にとどまるものはないという冷徹な哲学的認識の「無常観」であった。しかしそれは、必ずしも悲観的な考えかたとしてのみ受け取られたのではない。既述のように、あらゆるものは移り行くという「無常」のあり方が、日本人の移りゆくものへの細かな感受性や、常なるものへの強いあこがれを中心とした感じ方や考え方、つまり「無常感」を育ててきただけではなく、日本人の「無常」の消極の中に積極を求め、変化のなかに新生を求める考え方を育ててきたといえる。

前述した『平家物語』の全編は、「無常」と感傷を帯びていたが、冒頭の「盛者必衰」、「おごれる人も久しからず」、「たけきひとも遂にはほろびぬ」などの言葉には、人生無常の道理を語る一方、また現実世界の変化規律を総括し、新生事物の成長を認めた。

日本列島は、南北にわたって気候の変化が激しい。平野が少なく、川が短く、雨量が多いと洪水になり易い。また、火山、地震、津波、台風など天災地変の多い自然環境の中で、日本人は、危機を感じる一方、宿命的な「無常」のもと、自然に順応しながら、資源の乏しい島でせっせと働いた。無常感からの危機感は、賭け精神と結びついて日本人の勤労意欲をもたらした。既述のように、日本人は、自然に働きかけ、弛まぬ努力と工夫を自然に加え、稲や農作物を栽培してきた。とりわけ稲は、他の作物と比べて殊のほか手間を多く必要とした。また手間をかければかけるほど増収がもたらされて、勤労の効果がはっきりと表れた。日本人の勤労は、稲の栽培に表らわれただけではなく、現代企業活動の経営にも表れた。日本人は、よく「働きばち」と言われているが、退勤の時間になっても会社に残って、「残業」をやる社員も絶対多数でいた。

友松円諦(ともまつえんてい)氏は、「一般の人は…労苦をなめている、ゆえに無常であることがせめての慰めで、明日の栄楽に希望をつないで生きているのだ。…われわれにとっては無常なるがゆえに明日の楽を楽しむ希望があると云へる。」①という。このように、今日の「無常」は、明日の「希望」がつないでいると思う日本人は、変化の中に新生を求める革新精神が育てられてきた。この新生を求める革新精神は、また日本人に自己否定の勇気をもたらした。日本人は、自己否定という変化の中で、中国の隋唐文化を吸収して、律令国家を建設した。また西欧文化を吸収して、政治、経済面などでの改革を通して、国力を高めた。日本は、常に危機感の中で変化を求め、自己否定を通して、外来文化を取り入れ、自国の発展を促進した。

自己否定は、日本人に革新主義をもたらしたと同時に、また日本人に盲目的な拝外主義をもたらした。例えば、日本は、古代から中国文化に崇拝してきたが、紀元607（推古天皇十五）年、日本の朝廷が小野妹子らを使節として、隋に派遣し、翌年、隋煬帝(ようだい)（569～618）が裴世清（生没年未詳）を使節として小野妹子と一緒に日本に派遣した。日本の朝廷は使節のために、土木建築を行い、新館を建て、

①友松円諦、『報ゆる心』、南博、『日本人の心理』より引用、55頁。

道を整え、四ヶ月の後に正式に推古天皇（554～628）が裴世清使節を会見した。その時、天皇が次のように述べた。「我聞海西有大隋，礼儀之国，故遣朝貢。我夷人，僻在海隅，不聞礼儀，是以稽留境内，不即相見。今故清道飾館、以待大使、冀聞大国惟新之化。」①と。この一文は、中国先進文化に対するあこがれがはっきりわかる。道元が宋に留学し、日本の曹洞宗を創立した。道元は中国文化に対し深い教養を持っていた。道元が『正法眼蔵（しょうぼうげんぞう）』で「西天及神丹人本质直，盖为中华，教化佛法则迅速领会。我朝自来人少仁智，难期正种，此番夷使然……且我国之出家人，诚不如大国之在家人，举世愚笨，心量狭小……如此之辈，即使坐禅，岂能立即证得佛法！……我国之人，仁智未开，人又迂曲，即使教以正直之法，则甘露反成毒汁。」②と述べているが、彼の中華文化に対する推崇の念が窺える。江戸時代の儒学者荻生徂徠は、中国文化へのの極端な崇拝者として、祖先の日本式の復姓「物部」という名字を、自分の祖先が物部氏ということから中国式の一文字姓「物」に変え、物徂徠と名乗り、品川に引っ越した後、中国により近づいたことを喜んだという。

近代に入って、日本はまた西洋文化に対し、崇拝の気持ちを表した。例えば、高橋義雄（1861～1937）が、1884年、『日人種改良論』の中で、日本人は、肉体にしろ、知力にしろ、西洋人種に劣っているから、競争力を高めるため、日本の男子は日本の妻と離婚して西洋の女子と結婚すべきだと主張した。また、日本の作家谷崎潤一郎（たにざきじゅんいちろう）（1886～1965）③も、西洋を崇拝する代表者の一人である。谷崎潤一郎は、『細雪（ささめゆき）』『陰翳礼賛（いんえいらいさん）』のような日本的自然美と伝統美を描く

---

①『隋書・倭国伝』

②道元、『正法眼蔵・弁道話』

③小説家、劇作者。第2次「新思潮」同人。『刺青』、『少年』など、耽美と背徳の空想的な世界を華麗に描いたが、大正後期から日本的な伝統美に傾倒し、王朝文学の息吹きを現代に生かし新しい境地を拓いた。作『春琴抄』『細雪』など。

作品も書いたが、それは作者が晩年になって伝統への回帰のあらわれで、早期と中期の作品においては、谷崎は西洋の芸術にしろ、制度にしろ全てがいいという観点が多く見られる。特に『痴人の愛』には白人崇拝の観念が見られる。戦後の日本の西洋崇拝とアメリカへのあこがれも想像以上のものであった。もちろん拝外主義の裏には、また鄙外主義もあった。しかし、鄙外主義は、拝外主義によってもたらされた反発心理の精神現象である。日本は、拝外主義が主導であったと言えるだろう。

三、「無常」と日本人の死生観

1.「切腹」

仏教の「無常」思想は、日本人の死生観に最も大きな影響を与えた。浄土宗は「厭離穢土、欣求浄土」といって、汚いこの世を早く去り、極楽浄土を求むべきだと唱えた。また道元は、その著『正法眼蔵』の中で、「生死を生死にまかす」と述べ、生死の問題にとらわれることなく、一瞬一瞬に全力を尽くして生きることを教えた。この考え方は、鎌倉時代以後、明日にも戦場に散るかも知れない武士達の心の支えとなってきた。

後述するが、忠誠や礼儀・素質倹約などを重んじる武士の道徳を「武士道」と呼ばれた。「武士道」は鎌倉時代から発達し、武士という身分を誇りにした強い精神と、将軍に忠義を尽くす献身的な姿勢が武士に求められた。また、江戸時代には官僚化した武士に対して、武士の在り方すなわち「武士道」が、儒教の思想に裏付けられた「士道」として大成した。しかし、江戸時代中期に九州佐賀藩の武士道の書『葉隠』では、「士道」的武士の行き方に反対し、「武士道と言ふは、死ぬ事と見つけたり」と言い切って、戦国的武士道の復活を主張している。武士のいう「死の覚悟」とは、仏教の説く悟りそのものとは違って、あくまで世俗の中での心の持ち方であり、戦闘に従事する者の心がまえである。それは一面では生命への執着を残しながらも、死に直面した時にうろたえないための心がまえである。

こうした「死の覚悟」をなしうる根底には、「無常観」が働いていることはいうまでもない。しかし、武士としては、「無常」を感じながらも、「名」や「恥」といった名誉をもっと重んじ、主従関係を中心とした人間関係を否定することはなかった。むしろ、日常的な雑念や欲望を「無常観」によって夢・まぼろしと受け止めることによって、より純粋におのれの名誉や主君のために行き死ぬべく心がけたのである。

「死の覚悟」を徹底したのが武士道における「切腹」である。もちろん、「士道」では「切腹」を主張しないが、「切腹」する武士は、壮絶に死ぬことを通して、自らの名と家名を活かし遺族への保障を得る。それが「切腹」という儀礼であり、また制度でもある。

「切腹」に関する記録が源平の平安時代末期から現れ始め、南北時代になって、「切腹」という観念が固定するようになった。江戸時代にはそれが形式化されると、扇で切腹の真似だけして、首切り役人に首を切られるということも多くなった。1873年「改定律例」の公布によって、切腹刑が廃止されたが、自殺法の一種として「切腹」が残された。

2. 心中

「心中」という言葉は、江戸時代初期、近松門左衛門（ちかまつもんざえもん）（1653〜1724）①が武士の「忠」を分解し、上下を逆にして作った言葉であるという。江戸時代初めごろは、男女が愛情を相互に示す確認のための行為、例えば誓紙（せいし）、断髪（だんぱつ）、入墨（いれずみ）をすることを「心中立てる」「心中する」と言っていた。それが江戸時代半ばから二つとない生命をかけるように

---

①江戸中期の浄瑠璃、歌舞伎脚本作者。狂言本二十数本編、浄瑠璃百数十曲を作り、義理人情の葛藤を題材に人の心の美しさを描いた。主要な作品は『出世景清』『国性爺合戦』『曽根崎心中』『心中天網島』『女殺油地獄』など。

なったことから、「心中死」、または「心中情死」と呼ばれるようになった。1703 年、近松門左衛門は、『曽根崎心中』という浄瑠璃脚本を書いた。その内容は、大坂内本町醤油屋平野屋の手代徳兵衛と、北の新地の天満屋の遊女お初の悲しい恋愛物語で、最後に二人が曽根崎天神の森で情死自殺するという「心中」物語である。歌舞伎や浄瑠璃でもてはやされたこともあって、「心中」即ち「情死心中」となったものである。ここでも、死によって愛情を全うし、「死によって生かす」という日本固有の死生観が貫かれているのである。

仏教の輪廻思想の影響を受けて、現実の社会で結ばれなかった男女は、死んだ後、天国で一緒に幸せになれると信じる人もいた。近松門左衛門の『心中天の網島』の、「寂滅為楽」という表現も、生を否定し、浄土を追及する思想を表した。

現代作家の渡辺純一の『失楽園』は、現代日本人の心中物語を書き、現代日本人の愛情と死に対する観念を反映した。

3. 自殺

第二次世界大戦後も、日本社会には依然として自殺の伝統が残されている。1968 年にノーベル文学賞を受賞した川端康成が 1972 年に自殺し、1970 年に三島由紀夫（1925～1970）①が切腹という方法で自殺した。自殺は、本人にとってこの上ない悲劇であるだけでなく、家族や周囲の者に大きな悲しみや困難をもたらすこととともに、社会全体にとっても大きな損失である。日本厚生労働省の『自殺対策白書』（平成 29 年版）から、日本は自殺が多いといわれる、自殺死亡率（人口 10 万人あたりの自殺者数）は 17.3 人である（2016 年）。世界保健機関の統計によれば、諸国の自殺死亡率は、総数ではリト

---

①小説家・劇作家。20 世紀西欧文学の文体と方法に学んで、秩序と神話を志向、純粋日本原理を模索して自裁。作『仮面の告白』『金閣寺』など。

アニアが 30.8 で最も高く、次いで、韓国が 28.5、スリナムが 24.2 と続いており、日本は総数では 6 番目に高くなっている。警察庁の「自殺統計」によれば、日本の自殺者数は、平成 10 年以降、14 年連続して 3 万人を超える状態が続いていたが、平成 24 年に 15 年ぶりに 3 万人を下回った。平成 28 年（2016）の自殺者数は 2 万 1,897 人で、5 年連続で 3 万人を下回った。前年に比べ 2,128 人（8.9%）減少した。性別では、男性が 1 万 5,121 人で全体の 69.1%を占めた。自殺の原因は、病苦、或いは経済生活問題など様々あるだろうが、仏教による日本人の死生観も自殺行動に影響を与えているといえよう。日本では「死によって活かす」という言葉のように、自殺は、それ自体が潔（いさぎよ）い行為と見られ、あまり罪悪視されることはない。これには仏教に由来する厭世（えんせい）思想の果たした影響もあり、自殺をタブーとするキリスト教文化圏の思想とは大変異なっている。

四、「無常」と日本人の美意識

前述のような「無常」の考え方は、日本人の文学、芸術、芸能などの美意識の成立に大きな影響を与えている。日本人の美意識の底には、常に自然との一体感と、仏教の「諸行無常」の考え方が流れている。しかし、時代によって表現される美意識は異なる。

1.「もののあはれ」

日本人が中国文化の影響を消化し、独自の文化を作り上げたのは平安時代とされているが、この時代に支配的だった美意識が「もののあはれ」である。

「もののあはれ」論は、本居宣長の著作『紫文要領』や、『源氏物語玉（たま）の小櫛（おぐし）』などで主張された文学論である。宣長は、『紫文要領』

で「人のおもきうれへにあひて、いたくかなしむを見聞きて、さこそかなしからめとをしはかるは、かなしかるへき事をするゆへ也。是事の心をしる也。そのかなしかるへき事事のこころをしりて、さこそかなしからむと、わが心にもをしはかりて感するが物の哀也。」、「四季折々の景色は、殊にもののあはれを感ずる物なり」と述べている。宣長にとっては、「もののあはれ」とは、本来「見るものきくものふるる事に、心の感じて出る嘆息の声」であり、自然の月や花を見て、「ああみごとな花ぢゃ」「はれよい月かな」と感じるのが、「もののあはれ」を知るということである。それは「もの」即ち対象客観と、「あはれ」即ち感情主観の一致するところに生ずる美意識として、優美、繊細、沈静、観照的理念である。

あらゆる物事の中にはかなさを見て、心に感動を生じる様子をいうこの「もののあはれ」は、紫式部の『源氏物語』を始めとする文学の世界にも、色濃く反映された。『源氏物語』全体で、「もののあはれ」は 14 個所出てくるが、「紫の上」の晩年の述懐を描いたその一例として、同書の「夕霧」中の一文をとりあげて見よう。

「女ばかり、身をもてなすさまも、所(ところ)せう、あはれなるべきものはなし。物のあはれ、をりをかしき事をも、見しらぬさまに引き入り、沈みなどすれば、何につけてか、世に経るはえばえしさも、常なき世のつれづれをも、なぐさむべきぞは。」と。ここでいう「もののあはれ」は、なかなか含蓄(がんちく)が深く、女性特有のデリケートな心情にまでくいこんでいる。

清少納言の『枕草子』にも、「折節の移りかはるこそ、ものごとに哀なれ。「もののあはれは秋こそまされ」と、人事に言ふめれど、それもさるものにて、今ひときは心も浮きたつものは、春の景色にこそあはれ。」と、(第十九段)「もののあはれ」にふれたくだりがある。

「もののあわれ」の「もの」が、「ものおもい」「ものがなし」の

「もの」と、同じ言葉であることはいうまでもないが、それはまことに幅の広い言葉である。それは自然であっても、人間であっても、人工物であってもよい。対象を眺めることによってもたらされる哀歓が、すべて「もののあはれ」ということになる。

このように、人間性の自然のあらわれ、すなわち美しいものを見て素直に美しいと感じる心の動き、情によって直観的に事物をとらえること、無限定な対象を眺めることによって触発されるある種の感動、それが「もののあはれ」である。デリケートで無目的、それは日本文学の特質に連なる特性であるが、「もののあはれ」とは、まことにうまいことをいったものである。

2.「幽玄」と「わび」、「寂」

中世における文学、芸術、芸能の美意識は、「幽玄」である①。和歌の世界で「幽玄」を美的理念として確立したのは藤原俊成(1114〜1204)②といわれ、彼は、和歌に表面的な美ではなく、神秘的な奥深さを言外に感じさせるような静寂な美しさ、繊細美と静寂美の調和した深々とした余情を求めた。

鴨長明によれば、「詞に現れぬ余情、姿に見えぬ景気」と説明されるが、この美意識の根底にあるのは仏教的な考えである。連歌論に「飛花落葉」という言葉もあるが、自然の中に生きるものの、はかなさを説く仏教の無常観が「幽玄」の美意識を形作った。この「幽玄」の美は、和歌から連歌へと受け継がれ、さらに能楽・茶道などに浸透し、江戸俳諧の「寂」として継承されていく。

---

①今井淳、『日本思想論争史』、ぺりかん社、98〜101頁。

②平安末期の歌人。清新温雅な幽玄体の歌を樹立。歌は新古今集以下勅撰集に400余首載る。

「幽玄」を最も大切な美の一つと説く世阿弥（ぜあみ）(1363？～1443？)①らの能では、「秘すれば、花なり。秘せずは花なるべからず」と説く。ここで「花」とは、客観に与える能の美しさ、感動をたとえるものであるが、それはすべてをあからさまに表現するところではなく、切り詰められた表現、秘められた表現こそ咲くというのである。

この「幽玄」の理念から生み出された美的理念が、安土桃山時代の「わび」「寂」である。千利休（せんのりきゅう）（1522～1591）②を始めとする茶道の宗匠（そうしょう）たちは、一輪の野の花や日常雑器のなかに美を見出した。「わび」の精神は、茶道の世界で、千利休に理想として重んじられ、奢らず質素のなかに、豊かさと静かな心を秘めた「侘び」という美意識を求め、わび茶として大成された。きわめて狭小・簡素な茶室空間、しかも限定された時間に、かえって無限に豊かな美を見出すことができる。茶会は一期一会（いちごいちえ）であるという考え方にもそうした精神がよくあらわれている。

「幽玄」の美意識は、後世（こうせい）の俳句にも引き継がれていく。「寂」の精神は、江戸時代に松尾芭蕉（まつおばしょう）（1644～1694）によって俳諧の世界で確立された。芭蕉の「枯枝に　鳥のとまりけり　秋のくれ」という一句には、「寂」の精神にもとづく寂静・枯淡の情感があらわれている。つまり、芭蕉は「わび」「寂」のほかに「しおり」とか、「細み（ほそみ）」の美についても語っている。「しおり」とは、「しおれる」「しぼむ」「枯れる」ことであり、「細み」は、「繊細な美しさ」を意味しているが、いずれも無常観とかかわりがある。このように、日本人の美意識には、仏教的な思想に源を発する一つの大きな流れが、今日までずっと続いている。

---

①室町初期の能役者・能作者。父観阿弥。能を優雅なものに洗練するとともに、芸術論の基礎を与えた。

②安土桃山時代の茶人。日本茶道の大成者。宗易と号した。武野紹鴎に学び、侘び茶を完成。織田信長・豊臣秀吉に仕えて寵遇が厚かったが、秀吉の怒りに触れ自刃。

関連知識五

1.「もののあはれ」

「物のあはれをしるといふ事、まづすべてあはれといふはもと、見るものきく物ふるる事に、心の感じて出(いず)る、歎息(なげき)の声にて、今の俗(よの)言(とこば)にも、ああといひ、はれといふ是也。たとへば月花を見て感じて、ああ見事な花ぢや、はれよい月かななどいふ。あはれといふは、このああとはれとの重なりたる物にて、漢文に嗚呼などあるもじを、ああとよむもこれ也。…又後の世には、あはれといふに、哀の字を書(かき)て、ただ悲哀の意とのみ思ふめれど、あはれは、悲哀にはかぎらず、うれしきにも、おもしろきにも、たのしきにも、をかしきにも、すべてああはれと思はるるは、みなあはれ也。…さて人は、何事にまれ、感ずべき事にあたりて、感ずべきこころをしりて、感ずるを、もののあはれをしるとはいふを、かならず感ずべき事にふれても、心うごかす、感ずることなきを、物のあはれしらずといひ、心なき人とはいふ也。」(本居宣長の『源氏物語玉の小櫛』抄録)

2.「幽玄」と「わび」「寂」

夕されば　野辺の秋風　身にしみて　うづら鳴くなり　深草の里

—— 藤原俊成

旅人の　袖吹きかえす　秋風に　夕日さびしき　山のかけは

見わたせば　花も紅葉も　なかりけり　浦のとまやの　秋の夕暮れ

—— 藤原定家

花をのみ　待つらむ人に　山里の　雪間の草の　春を見せばや

—— 藤原家隆

古池や　蛙(かはづ)飛び込む　水の音

荒海や　佐渡に横たふ　天の河

——松尾芭蕉

3.「いき」

江戸時代の町人の美意識で、気がきいてセンスのよい事を言う。気持ちや身なりがさっぱりとあかぬけしていて、しかも色気（いろけ）を持っていることを指している。「いき」には「張り、あだ、あか抜け」の3条件があるとされ、「張り」とは自分の考えを貫く心、「あだ」は下品（げひん）にならないこと、「あか抜け」は人生の表裏に通じた軽妙さと言える。または、人情の表裏に通じ、特に遊里（ゆうり）、遊興（ゆうきょう）に関して精通していることも指している。実際の行動に制約の多かった時代に、知性や感性を持つ人々の新しい美意識として定着していったと言われている。その意味での伝統的な「いき」の美意識は、現在の日本にはすでに存在していないと嘆く人もいるが、「いきな計らい」「いきな着こなし」などの言葉は今でも多用されている。

4.「幕の内弁当」

こうした伝統的な美意識を近代文明と調和させ、現代に花咲かせたものを「幕の内弁当（まくのうちべんとう）」的美意識といったのが、栄久庵憲司（えくあんけんじ）氏である。「幕の内弁当」には、ご飯と煮物、焼き物、漬物などさまざまなおかずが少しずつ彩りよく入っている。一つ一つの素材はごくありふれたものであるが、それらが全体としては調和の取れた美として、狭い弁当箱の中にきっちり納まっている。「わび」、「寂び」そして「いき」の精神に立ち、見た目の美しさ、味と言う機能でも優れている。この「幕の内弁当」的美意識は、世界の市場で人気のあるコンパクトにパッケージされ、デザインも優れた家庭電器製品、オートバイ、自動車などの製品にも生かされて、さらに日本が世界をリードしている大規模集積回路の、極微小の世界の根底にも存在していると言ってよい。

第六章　天皇崇拝の伝統①

一、天孫降臨と国体思想

祖先崇拝は原始社会の共同の特性として、ほとんどの民族は、祖先の亡霊に対して畏敬の念を抱くという心理的特徴を表していた。中国人の祖先崇拝は招魂儀礼を通して祖先を祭祀し、祖先を祭った。日本の祖先崇拝も中国人と同じような心理的特徴を持っているが、日本的な特徴も強い。日本人は、生きている人間と死んでいる祖先が繋がっていて、死んだ祖先がみな「神」となり、人間の生活に参与していると考えた。日本人の祖先崇拝観念は、北方シャーマンの色彩が濃く、「神人同格」、「神人同系」に考え、神は人間の祖先で，人間は神の子孫であると考えた。

「神人同系」の神道思想では、日本は「神国」で、天皇は天照大神の万世一系の神の後裔（こうえい）であると信じていることが一番重要な点である。「天孫降臨（てんそんこうりん）」というのは、ニニギノミコトが高天原（たかまがはら）②から、地上の豊葦原瑞穂（とよあしはらみずほ）国の支配者として降りてきたことを言うが、そのニニギノミコトは、須佐之男命（すさのおのみこと）③と天照大神（あまてらすおおかみ）④との「誓（うけ）い」という奇妙

---

①この章の内容は主に沈才彬氏の『天皇と中国皇帝』（六興出版、1990 年）という著作を参考としている。

②日本神話で、天つ神がいた天上の国。天照大神が支配。「根の国」や「豊原の中つ国」に対していう。

③日本神話で、伊奘諾尊の子。天照大神の弟。凶暴で、天の岩屋戸の事件を起こした結果、高天原から追放され、出雲国で八岐大蛇を斬って天叢雲剣を得、天照大神に献じたという。

④伊奘諾尊の女。高天原の主神。日本皇室の祖神。日の神と仰がれ、伊勢の皇大神宮（内宮）祀り、皇室崇敬の中心とされた。

な交わりを通じて生まれてきた子供天之忍穂耳命（あまのおしほみみのみこと）の子である。つまり天照大神の孫に当たる人が、天上世界から中つ国に降りてきて、その後にいろんな結婚を重ねて初代の神武天皇が生まれて、そこから血筋が繋がっている、という神話になっている。この宗教信仰によって、日本人は天皇に対して、特別の感情を持つようになった。

天皇が神の子孫として神聖視され、日本は神々の擁護する神聖なる国とする観念が、日本の「神国思想」を形成した。「神国」の語は、『日本書紀』神功皇后（じんぐうこうごう）①摂政前紀の新羅征伐記事にある。その内容は、神々の教えを受けてかの国に押し寄せた日本の軍勢をみた新羅の王が「われ聞く、東に神国あり。日本といふ。また聖王あり。天皇といふ。必ずその国の神兵ならん。あに兵を挙げてふせぐべけんや」と言って、戦わずして服従したというものである。これは、神話創作に過ぎなかったが、「神国思想」が日本歴史の底をずっと流れ、日本国体思想に大きな影響を与えた。

鎌倉時代には、日本は天壌無窮（てんじょうむきゅう）の国という「神国思想」が一般化されていた。前述のように、日蓮が『立正安国論』を著し、当時頻発した天変地異は浄土宗、真宗など、自宗以外の邪法の弘通によるもので、『法華経』の正法を弘めるべきことを主唱したのも、強い国家的自覚意識の現れである。伊勢外宮の神官度会（わたらい）氏も、古人に仮託して『神道五部書』を偽作し、両宮の由緒を述べる中で、蒙古襲来を契機に神国思想を説き、国家意識を助長した。鎌倉末期に至って、虎関師錬（こかんしれん）(1278～1346)の『元亨釈書（げんこうしゃくしょ）』や北畠親房（きたばたけちかふさ）(1293～1354)の『神皇正統記（じんのうしょうとうき）』などに見える、「三種の神器（じんぎ）」信仰を基調とした国体論が強調された。北畠親房は、鎌倉幕府滅亡後、南北朝の動乱の時代に、南朝方の柱石として活躍した公家である。彼は、『神皇正統記』冒頭に「大日本は神国なり。天祖はじめて基をひらき、日神な

①記紀伝承による伝説の中の仲哀天皇の皇后。

がく統を伝へたまふ。我国のみこの事あり。異朝にはそのたぐいなし。このゆえに神国といふ也」と書き、「神国」としての日本の特殊性の強調を通して、天皇を中心とする政治体制の崩壊に思想的に対抗しようとする彼の立場を端的に示している。この「神国」を支えてきた道が神道である。従って、神道は単なる神に仕える道ではなく、天皇の治世の要道であり、臣下の踏み行うべき人としての道でもあると規定される。彼は、神代から後村上天皇(1328～1368)までの歴史を記し、南朝の正統性を主張した。

室町時代に入ってもしばしば「神国」という表現が用いられた。吉田兼倶(1435～1511)は、吉田神社の神官として、吉田神道(唯一神道①)を唱え、「神を以て本地と為し、仏を以て垂迹と為す」の本地垂迹思想と敬神尊王思想を『唯一神道名法要集』に強調した。近世になって、前述の山崎闇斎の垂加神道、本居宣長・平田篤胤(1776～1843)②らの国学および復古神道③、水戸学④の大義名分論、吉田松陰の尊王愛国論などを中心に、近世の国体論が形成され、敬神尊王、祭政一致、皇道宣揚などのスローガンを押し立てて倒幕運動を展開していった。

明治維新に到って「王政復古、国威挽回」「尽忠報国」という維新の「大号令」が発せられた。明治新政府は、版籍奉還⑤、廃藩置県な

---

①吉田神道、神道の一派。室町後期に京都吉田神社の祀官吉田兼倶が唱道。仏教・儒教・道教などは日本神道を根本とした思想で、日本固有の惟神の道が中心と主張する。

②江戸後期の国学者。国学の四大人の一。本居宣長没後の門人として古道の学に志し、復古神道を体系化。草莽の国学として尊王運動に影響を与えた。

③日本国の古典に立脚し、儒仏の説を交えない神道説。荷田春満、賀茂真淵、本居宣長、平田篤胤らの国学者が唱道した。古道または惟神の道とも言い、『古事記』など日本古典の伝えるところをもとに、天皇による徳化の政治的道の再現を強調した。

④江戸時代、水戸藩で興隆した学派。国学、史学、神道を基幹とした国家意識を特色とし、藩主徳川の『大日本史』編纂に由来するが、特色ある学風を形成したのは寛政(1789～1801)年間以後。尊皇攘夷運動に大きな影響を与えた。

⑤1869年全国の各藩主が、旧来領有していた土地と人民とを朝廷に返還したこと。日本国が封建政治を終結し、中央集権を促すための大変革で、1871年の廃藩置県の前提。

どの施策を実施し、急速に天皇絶対主義の路線を固めていき、地租改正、秩禄(ちつろく)処分、徴兵令などを足場に富国強兵、殖産興業の実を挙げていった。また、神祇官(じんぎかん)を復興して「神道復古」を計り、「神仏判然令」によって神仏混合を禁止したが、その後「廃仏毀釈」の運動が熾烈になった。1890 年には「教育勅語」が発布(はっぷ)され、国粋観念が支配的な勢力を持ち、かつて欧米心酔の時代に栄えたキリスト教が排撃されるようになった。第一高等中学校講師を担当していた宗教家・評論家の内村鑑三は「教育勅語」の礼拝を拒否し、非戦論を唱導し、いわゆる「不敬事件」を起こしたため、職から追われるような事件も起こした。このように国粋思想が勢力を持ったとき、当然の帰結として、「大日本帝国憲法」や「教育勅語」を根拠とする多くの国体論が公表された。伊藤博文の「大日本帝国憲法義解」は、日本の国体は万世一系の天皇の統治したもので、万世一系なる語は日本のみに存在する点を力説して、日本の国はすべて天皇の所有に帰するもので、他国に類なきこの国体を護(まも)るために敬神、尊王、愛国の三要によらねばならぬ、という主旨を説いた。歴史学者の久米邦武(くめくにたけ)(1839～1931)が雑誌「史海」に「神道は祭天の古俗」という論文を書き、国体を汚損(おそん)したと讒謗(ざんぼう)する神道家たちの攻撃を受けて、ついに東京帝国大学教授を辞職させられたのも、この時期であった。

1894 年の日清戦争から 1904 年の日露戦争にいたる 10 年の間に、日本は国粋主義を徹底化すると共に、欧米先進国の文化を包摂同化させようとする、いわば自覚期を迎えることとなった。高山樗牛(たかやまちょぎゅう)(1871～1902)[1]・井上哲次郎(いのうえてつじろう)(1855～1944)[2]ら「日本主義」の主唱者が組織した大日本協会の運動が、その代表的なものである。日露戦

---

①評論家。日本主義を唱え、ニーチェ主義に、最後に日蓮主義に転じ、明治後期の青年らに人気を得た。

②哲学者。東大教授。欧米哲学の移入紹介につとめ、後年は国家主義を唱えた。また、新体詩運動に先鞭をつけた。著『哲学字彙』『日本朱子学派之哲学』など。

争が日本の勝利によって終焉を遂げた明治38年以後、財界の好況につれて浮華の風潮が広まった時、それに対する反動として、旧思想の復活がいち早く見られ、再び国体論の論議が盛んとなった。1910年、幸徳秋水(こうとくしゅうすい)(1871～1911)の大逆事件が起こり、1911年には南北朝正閏論(せいじゅんろん)[①]が起こって、いよいよ国体論を沸騰(ふっとう)させた。井上哲次郎は東亜協会を中心として国体研究会を設け、その研究の結果を雑誌『東亜の光』に連載したが、井上哲次郎の『国民道徳概論』は、研究会の研究結果をを代表するものである。彼は、「国体の付属的特色」として、(1) 国体と政体との分離、(2) 忠君愛国の一致、(3) 皇室が国民に先立って存して居ること、(4) 祖先崇拝と関係して居ること、(5) 家族制度の体系をなして居ること、(6) 君臣の分、明らかなる事、(7) 国民の統一体、という七つの点を上げている。そして、井上によって代表されるこの「国体論」は、大正期及び昭和前期を通じて、国民道徳原理[②]として強大な統制力を発揮し、ついに日本超国家主義[③]思想を形成し、国民を戦争に引きずり込んでいった。一般には中国侵略の「9・18」事変から、中日戦争、太平洋戦争の終結に至るまでの時期を、日本国民を逐次(ちくじ)侵略戦争に駆(か)り立てていったファッショ的思想期と呼んでいる。この狂気の「国体論」のもと、日本は、アジア各国人民に巨大な被害を与えただけではなく、自国にも損害をもたらし、広島、長崎に原子爆弾が投下され、無辜(むこ)の民衆の生命が多数損なわれたことも、周知のとおりである。愚かしい国体論議にかかずらわっている間に、数十万数百万の民衆の生命財

①国定教科書＝尋常小学用国史が、南北朝を対等に記述していることを帝国議会で問題にしたが、宮内省では従来北朝を正統としていたので、桂内閣はその旨を上奏し、天皇は南朝を正統としたが、北朝の歴代の祭祀は従来どおり行うものと決定された。

②事実は、国民不在の国家主義道徳論の強要でしかなかった。

③超国家主義という用語は、敗戦後に連合国側で使ったultra-nationalismの訳語で、昭和21年2月28日閣令内務省令にある公職追放の該当者に「其ノ他ノ軍国主義者及極端ナル国家主義者」と見える「極端ナル国家主義」に当たる。

産が烏有（うゆう）に帰した。

天皇は万世一系であるべしという神勅（しんちょく）に基づいて、天皇の権威を神授権的・伝統的に正統化し、国家は「家」の延長、拡大されたものであり、従って天皇は民族の家長であるという理論によって、また人民の権力に対する絶対服従を心情的な方法によって、国家は、倫理的価値即ち日常的道徳の実体であるという、政治と道徳との相互浸透を通じて、政府は政治権力を道徳的権威に転化し、個人の内面にある独立性や、尊厳性を完全に抑えつけた。このようにしてあらゆる社会領域を包摂して、無限の政治的効果を発揮したため、かえって巨大な無責任の体系ができあがり、決断主体が明確化しないままに各自が正統化を図るという自己分裂が起きたといえる。

二、天皇崇拝と儒教の「忠孝」思想との結合

天皇制とは、明治維新以後、明治天皇(1852～1912)を君主として頂点に置いた支配機構で、近代日本社会の統治体制をいう。そこでは、権力と道徳との相互移入関係が、家族国家観の成立と教化という形をとって現われたが、その際、「忠君愛国」や「忠孝一本」などの標語が、天皇制のモラリズムとして特に鼓吹されていた。1889 年の「大日本帝国憲法」の発布によって、天皇の最高統治者、国政の総覧者としての地位が確定し、同時に近代日本の国家の枠組みが定まった後、1890 年 10 月「教育勅語」が公布された。「教育勅語」は、「道徳上の大本を立てて民心を統一する」ために公布されたものである。「教育勅語」は「父母ニ孝ニ、兄弟ニ友ニ、夫婦相和シ、朋友相信ジ、恭倹己ヲ持シ、博愛衆ニ及ボシ、学ヲ修メ、業ヲ習ヒ、以テ智能ヲ啓発シ、徳器ヲ成就シ、進デ公益ヲ広メ、世務ヲ開キ、常ニ国憲ヲ重ジ、国法ニ遵ヒ、一旦緩急アレバ、義勇公ニ奉ジ、以テ

天壌無窮ノ皇運ヲ扶翼スベシ」①と書かれていた。「教育勅語」の公布によって、儒学道徳を骨幹とする教育方針ないし国民道徳方針が確立した。20世紀の30年代に盛んになった日本主義も、記・紀の神話による神秘主義的な国家観と、儒学の「忠孝」道徳観の混合物にすぎない。天皇制ファシズムの全ての思想は、ただ「忠君愛国」の四字に集約される。日本軍国主義者は、まさに「国体明徴（こくたいめいちょう）」と「忠君愛国」の掛け声の下に、民衆を麻痺させ、民衆を戦争に駆り立てたのである。

中国侵略の「9・18」事変から、敗戦まで日本軍国主義者は、国民精神総動員運動のスローガンとして「挙国一致、尽忠報国、堅忍持久」を強調した。このように、「忠君愛国」は、天皇制の中で歪曲（わいきょく）された祖国愛の一変種にすぎなかった。天皇制愛国心は、結果的には、戦争によって自国と他国を危険に陥（おちい）れ、さらには日本民族を歪められた思想体系に隷属させ、愛国心という名こそ付いていたが、実際には天皇個人に対する忠誠心の変形でしかなく、従って公共的な愛国心が著しく欠落していた。これについて戸頃（ところ）重基氏は「この倫理のいわゆる愛国とは、天皇即国家という場合の国家を愛することであるから、忠君と愛国とは同語反復にすぎなかった。言い換えれば、忠誠心のほかに愛国心は独立できず、従って国民の間からの自生的な祖国愛は成長する余地を持ち得なかった。」②そこで、「国民は天皇→国家→政府→軍部→祖国を一体的に思考し、政府や国家が民族と同一物でないことを思考し得なかった」③ので、結局、「国民と祖国不在を告げる天皇制愛国心は、国民をして、等しく天皇に対し、熱っぽく目を注がせるけれども、同胞や公共に対しては、冷淡無関心な

---

①宇野精一他編、『講座東洋思想10　東洋思想の日本的展開』、東京大学出版会、1967年、334頁。

②戸頃重基、「宗教における愛国心の展開」『近代日本ナショナリズム』に所収。

③同上。

らしめる。駆け抜けの功名を競(きそ)うように、天皇や皇室に集中する国民相互の間には、人間としての信頼や協力の倫理の育つ余地がなかった。」①という。この天皇制愛国心は、国家的愛国心と呼び改めることもできるが、それも、小規模な個人の忠誠心を国家の利己主義に変形させたにとどまった。国家は、しばしば神話や宗教によって自己を神聖化し、そうすることによって国民の愛国心を喚起し、犠牲を当然のものとして要求する。

このような「忠君愛国」の欺瞞によって、日本軍国主義者は、「王道楽土」「大東亜共栄圏」の美名の下に中国とアジア諸国を侵略し、その民衆を虐殺し、中国人民とアジア諸国の人民と、さらに日本国民にも無限の災難をあたえるようになった。

三、象徴天皇への変貌

日本の政治形態は、敗戦と無条件降伏の結果、根底から変革されることになった。その最大の問題として、天皇制の変革があった。戦前の近代天皇制国家は、天皇を絶対化し、皇室を中心に組み立てられ、形の上では立憲君主制の法制国家であるが、その根底においては、天皇の神性、家長制を持つ特異な君主制国家であった。一個の王朝において、神性と家長制と統治権とが日本のように長期にわたって結合した例は、世界史上ほかにはないであろう。敗戦によって、日本はアメリカの占領の下に置かれ、天皇がその神性、家長制、統治権を喪失したのも、必然の帰結であった。

1945 年 12 月、占領軍は国家と神道の分離指令を出した。「神道指令」は、戦後の日本の宗教にとって画期的なものであった。占領軍当局は、第一に国家と結びついた神社神道を禁止し、神社を公の存

①戸頃重基、「宗教における愛国心の展開」、『近代日本ナショナリズム』に所收。

在とした国教制度を廃止した。次にあらゆる宗教を公権力から分離する、徹底した政教分離を命じた。更に神社神道については、国家と切り離したのち、民間の宗教として存続することができることを明らかにした。

前述のように1946年元旦に、昭和天皇は、歴史的意義を持つ「新日本建設に関する詔書」を発し、自分は人間であり、神でないと宣言し、天皇の神格を否定した。それには「朕ト国民トノ間ノ紐帯ハ、始終相互ノ信頼ト敬愛トニ依リテ結バレ、単ナル神話ト伝説トニ依リテ生ゼルモノニ非ズ。天皇ヲ以テ現御神トシ、且日本国民ヲ以テ他ノ民族ニ優越セル民族ニシテ、延テ世界ヲ支配スベキ運命ヲ有ストノ架空ナル観念ニ基クモノニモ非ズ。」①と述べている。この天皇の神格否定の詔書は、多くの日本国民にとって晴天の霹靂であり、衝撃であった。神とされていた天皇が自らその神性を否定するという、世界史上、類のない文書が出されたのである。天皇の「人間宣言」は、天皇神聖・皇権神授の神話の終結を宣言し、日本国民の思想解放に画期的な意義を持っている。「人間宣言」を契機に、日本人民は神権思想と宗教的迷信の重い精神的な枷(かせ)から解放され、天皇自身も「現人神」の神話から解放され、本当の人間になった。

明治憲法を中心とする戦前日本の、国家体制の中核は近代天皇であった。戦後は、戦前のような天皇制を保留するかどうかが、憲法改正をめぐる論争の中心課題となった。日本と交戦した11ヶ国で構成された「極東委員会」を代表とする国際民主勢力が、アメリカ占領当局と日本政府に与えた影響と日本人民及び進歩的勢力と闘争とが、戦後の天皇制に実質的変化をもたらした。

「日本国憲法」では、天皇の地位と機能は戦前の天皇に比べて大きく変化し、「天皇は、日本国の象徴であり、日本国民統合の象徴」

①朝日新聞社編『資料明治百年』、1966年、536頁。

とされた。

四、日本の歴史

云知识
扫一扫

中国の歴史書『魏志倭人伝』[1]に、日本は2世紀後半に非常に国が乱れ、多くの国々が争い、3世紀半ば頃、邪馬台国（やまたいこく）が卑弥呼（ひみこ）[2]を女王に立て、乱が治まった。**邪馬台国**の所在地に関して、学説によって二つある。一つは、九州にあったと主張し、もう一つは、大和付近にあったと主張している。

4世紀から7世紀末を**古墳時代**と言うが、**大和国家**としての時代でもある。古墳の形は各種あるが、いずれも小山のように土を盛り上げ、その表面には埴輪（はにわ）と呼ぶ土製の人物や馬などを飾り、内部には遺体のほかに、武器、鏡、装身具などの副葬品を納める石室が合った。6世紀末から7世紀の始めまでの**飛鳥時代**に聖徳太子が、中国文化を積極的に受容し、仏教や儒教の影響を受け、「冠位十二階」や「憲法十七条」を制定して、国家としての基盤を作った。

奈良時代は、8世紀の710年から794年の間、平城京すなわち奈良を都とした時代である。6世紀半ばに日本に伝わった仏教は、国家仏教として繁栄した。日本の仏教寺院の中心としての東大寺の建立と大仏の開眼供養が行われ、754年に唐僧鑑真により日本に律宗が伝えられ、最初の戒壇院が設立された。また、政府は中国の唐に遣唐使を派遣し、唐の文化を中心に、朝鮮の文化や、インドの文化、ペルシアの文化の影響も見られる時代である。また、日本の歴史書や文学の確立期に当り、『万葉集』の編纂、『古事記』『日本書紀』『風

---

①中国の魏の史書『魏志』の「東夷」の条に収められている日本古代史に関する最古の史料。

②3世紀半ば頃の邪馬台国の女王。『魏志倭人伝』によれば約30国が女王の統治下にあり、239年魏に使者を遣わし、明帝より親魏倭王の称呼を与えられた。

土記』などが編纂された。

平安時代は、平安遷都から鎌倉幕府の成立まで約 400 年の間、政権の中心が平安京即ち京都にあった時代である。奈良時代に続いて、天皇の下で貴族が実権を握って政治を行っているが、同時に各地の豪族は次第に私有地を拡大し、周辺との争いから領地を守るため武装するが、その中で平氏が有力者となった。平安時代は、律令再興期、摂関期、院政期と分けることもできる。文化の面で、唐の文化の模倣と吸収から脱して、日本独特の風土や日本人の感性による文化へと発展していく。仏教が発展し、最澄が天台宗、空海が真言宗を設立した。漢字を基礎にし、仮名を作り、仮名文の普及により、世界的に有名な紫式部の『源氏物語』、清少納言の『枕草子(まくらのそうし)』①などが創作された。

鎌倉時代は、1185 年源氏による平家の滅亡から 1333 年北条高時(1303～1333)の滅亡に至る 150 年間の時期である。平家を滅ぼした源頼朝(みなもとのよりとも)(1147～1199)②は、1192 年に征夷大将軍となり、鎌倉に幕府を開き、武家政治が始まった。幕府とは、武士の長である将軍が政務をとった政庁であり、天皇は単なる名目的な存在となった。頼朝が亡くなった後、将軍の補佐役であった執権の北条(ほうじょう)氏が権力を握り、1333 年、後醍醐(ごだいご)天皇(1288～1339)③が幕府を倒し(建武の中興)、天皇政権を復活するまで鎌倉幕府は続いた。文化の面では、力強く、剛毅(ごうき)で、写実的な仏像彫刻の名作が生まれた一方、『方丈記』、『徒然草』の随筆や、『平家物語』などの軍記物語が生まれ、このような和

---

①平安中期の随筆。作者が中宮定子に仕えていた頃を中心に、外なる事物、情意生活、四季の情趣、人生などに関する随想・見聞を、歌枕類聚・日記回想などとして記す。鋭い写実と才気煥発の筆致は源氏物語とともに平安文学の双璧とされる。

②鎌倉初代将軍。武家政治の創始者。平家を滅ぼし、鎌倉に幕府を開いた。

③鎌倉末期・南北朝時代の天皇。親政を志し、北条氏を滅ぼして建武新政を成就。まもなく足利尊氏に離反により吉野入りし、南朝を樹立したが、失意の間に没す。

漢混交文で書かれた作品は、仏教思想、特に無常観の浸透を反映した。仏教は、庶民の信仰を集めるようになり、法然が浄土宗、日蓮が日蓮宗を興し、禅宗もこの時代に栄えた。1274 年、1284 年二度にわたって、元のフビライの大軍が日本を攻めたが、台風によって失敗した。

室町時代は、**南北朝時代**と**戦国時代**に分けられる。南北朝時代は、1333 年に足利尊氏(1305～1358)①の力で鎌倉幕府を倒し、政権を京都の朝廷に取り戻した後醍醐天皇と、これに背いて、光明天皇(1321～1380)②をかついで、1336 年に京都北部の室町に幕府を開いた足利尊氏とが対立していた時代である。後醍醐天皇の没後は、足利一族による室町幕府が日本全国を支配したが、やがて幕府の力は弱まり、諸国には自ら武力を持った守護大名の勢力が高まってきた。1467 年、将軍家の相続問題から、10 年におよぶ応仁の乱が起こり、群雄割拠の戦国時代となる。戦国時代は、1467 年の応仁の乱以後、1573 年に織田信長が幕府を滅ぼすまでの約 100 年間である。室町時代には、全般的には農業生産が向上し、商業も発展し、都市が繁栄した。文化面でも水墨画、能、狂言、茶の湯、生け花などがこの時代に広まった。金閣寺と銀閣寺の造営もあった。キリスト教も、1549 年のフランシスコ・ザビエルの来日よって、日本に伝えられた。

安土桃山時代は織田信長、豊臣秀吉が政権を握っていた時代を指すが、1573 年から 1600 年までの間である。織田信長は、日本全国統一の歩みを進めたが、京都本能寺で家臣の明智光秀（1528～1582）に襲われて自刃した。その後を引き継いだのが、家臣だった豊臣秀吉であった。この時期は、日本封建社会を発展させた重要な時代で、

---

①室町幕府の初代将軍。元弘の乱に六波羅を陥れて建武新政をきっかけをつくったが、のち叛いて光明天皇を擁立し、征夷大将軍となり、室町幕府を開いた。

②南北朝時代の北朝の天皇。後醍醐天皇吉野遷移後、足利尊氏が擁立。

彼は検地と刀狩り令を実施した。農地面積や収穫高などを調べ、年貢の量と責任者を決める検地と、農民から一切の武器を取り上げる刀狩は、農民の身分を固定化し、武士の支配的地位を決定づけた。豊臣秀吉は、中国の明を征服しようとして、朝鮮に 2 度（文禄・慶長の役）と出兵し、侵略したが、李舜臣（1545～1598）将軍の亀甲船に敗れ、戦争の半ばで病没した。文化は、桃山文化と呼ばれ、自由で豪華な様相を呈している。高くそびえる天守閣をもつ城郭建築や、金箔にきらめく障壁画がその典型である。

天守閣

江戸時代は、1603 年から 1867 年までの間である。徳川家康（1542～1616）①が 1600 年関ヶ原の戦で勝利を占め、1603 年幕府を江戸に開き、江戸時代が始まった。幕府の最高権力者、将軍から 1 万石以上の領地を得たものが大名で、その領地と支配機構を藩という。幕府は、藩を通して全国の領土と民衆を支配する。この支配体制が幕藩体制である。武士階級を最高階級とする士農工商の制度で身分差別を強め、対外的には、鎖国政策を取り、キリスト教を禁じた。農業の発展がとげ、作物の栽培は進み、漁業も発達し、町人が力をつけて、貨幣経済が発展した。文化の面では、17 世紀末～18 世紀始めに**元禄文化**が繁栄した。近松門左衛門の浄瑠璃、井原西鶴（1642～1693）②の浮世草子が人気を博し、松尾芭蕉が俳句を大成した。浮世

①徳川初代将軍。1603 年、江戸幕府を開き、幕府の 260 年余年の基礎を確立。東照大権現。

②江戸前期の浮世草子作者・俳人。作品はよく雅俗語を折衷、物語の伝統を破って、性欲・物欲に支配されていく人間性を生き生きと見せ、元禄前後の享楽世界を描いた好色物、義理堅い武士気質を写した武家物、町人の経済生活を描いた人物などに特色がある。作品『好色一代男』『好色一代女』『武道伝来記』『日本永代蔵』『世間胸算用』など。

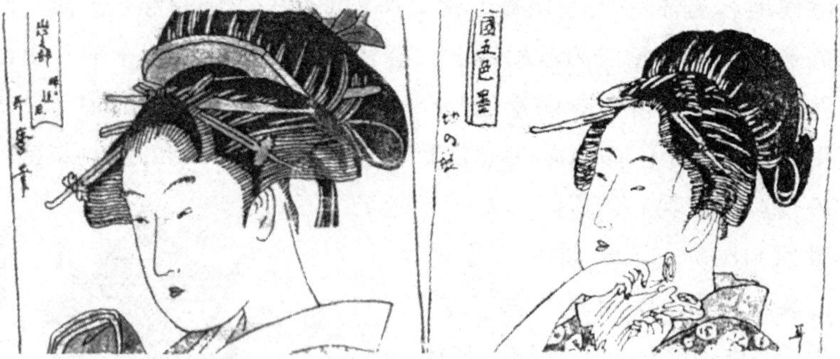

歌麿の美人画

絵[①]が創始され、北川歌麿（きたがわうたまろ）(1753〜1806)[②]、葛飾北斎（かつしかほくさい）(1760〜1849)[③]など多くの浮世絵師が出た。文学の中心は、上方から江戸に移り、読本（よみほん）[④]、洒落本（しゃれぼん）[⑤]、黄表紙（きびょうし）[⑥]、人情本（にんじょうぼん）[⑦]、滑稽本（こっけいぼん）[⑧]、狂歌（きょうか）[⑨]、川柳（せんりゅう）[⑩]な

---

①江戸時代の発達した民衆的な風俗画の一様式。肉筆画も行われたが、特に版画において独自の美を拓いた。肉筆画の風俗画・美人画を母胎とし、挿絵、さらに多色刷版画が創始されて黄金期を迎えた。その主題は遊里や芝居の情景、美女・役者・力士などの似顔絵を中心とし、歴史画や風景・花鳥におよぶ。

②江戸中後期の浮世絵師。喜多川派の祖。美人画の分野で大首絵の様式を創案、浮世絵の黄金期をつくった。

③江戸後期の浮世絵師。葛飾派の祖。すぐれた描写力と大胆な構成を特色とする独特の様式を確立。版画では風景画や花鳥画や花鳥画、肉筆画では美人画や武者絵に傑作が多い。

④小説の一種。空想的な構成、複雑な筋を興味の中心としたものが多く、仏教的因果応報・道徳的教訓などを内容とする。上田秋成・滝沢馬琴らが代表的な作者。「南総里見八犬伝」の類。

⑤遊里文学で、対話を骨子とし、遊びの穿ちを主とする。作者には山東京伝など。

⑥従来の子供向けの草双紙から大人向きの読物に変わり、内容は洒落と風刺を織り交ぜたもの。作者は、恋川春町らが有名。

⑦江戸市民の恋愛生活を描いた風俗小説で、洒落本から転じ、読本をやわらげた色調を加える。為永春水が大成。

⑧庶民の日常生活における滑稽ぶりを断片的に書いたもの。式亭三馬の「浮世風呂」の類。

⑨諧謔・滑稽を詠んだ卑俗な短歌。

⑩前句付から独立した17字の短詩。発句とは違って、切れ字・季節などの制約がない。多く口語を用い、人情・風俗・人生の弱点、世態の欠陥などを穿ち、簡潔・滑稽・機知・諷刺・奇警が特色。

どの江戸趣味の文学を生んだ。

1853 年、ペリー(1749～1858)①の率いるアメリカ軍艦が浦賀に現れ、開国を要求したが、日本国内は、開国か尊皇攘夷かを巡って混乱に陥った。倒幕の主力となった薩摩（さつま）藩②と長州（ちょうしゅう）藩③も、当初は尊皇攘夷であったが、欧米の力を知るに至って、開国へと方向を転換した。徳川 15 代の将軍、徳川慶喜（よしのぶ）(1837～1913)④は、1867 年に明治天皇に大政奉還した。天皇中心の新政府が王政復古の号令を出し、日本の封建時代は終わりを告げたのである。

明治時代は、1868 年から始まった。政権は、徳川氏から天皇へと移行し、政治も近代的な国家統一へと向かうことになった。明治維新によって廃藩置県、秩禄処分、地租改正など様々な改革を行われ、経済は、資本主義制度へと移行して、近代日本の制度ができたのである。1889 年、「大日本帝国憲法」が発布され、国の政治形態の基本ができたが、「天皇は神聖にして侵すべからず」という条項があり、天皇は神格化され、日本は次第に国家主義、軍国主義で統一されていく。これに反対して、人民の自由と権利を主張する自由民権運動が起こったが、結局は国家主義の名のもとに、国益が優先され、朝鮮半島、中国の台湾、また大陸へと出兵し、侵略する。そして、諸強国との軋轢（あつれき）も強まり、日清戦争（中日甲午戦争 1894～1995)、日露戦争（1904～1905）を起こし、1910 年に韓国に「韓国併合条約」を強要し、日本に合併し、植民地支配が始まったのである。

---

①アメリカの海軍軍人。1853 年日本を開港させるため東インド艦隊を率いて浦賀に来航、大統領の親書を幕府に提出。翌年江戸湾に再航、横浜で和親条約を結ぶ。後に下田・箱館に回航。

②今の鹿児島県の西部。

③今の山口県の西部・北部。

④徳川第 15 代将軍。1866 年将軍職を継いだが幕末の内憂外患に直面して、翌年ついに大政を奉還、1868 年鳥羽伏見の戦を起こして敗れ、江戸城を明け渡して水戸に退き、駿河府に隠居。

大正時代は、1912 年から 1926 年の 14 年の間である。明治時代の藩閥、官僚政治による国家権力の増大に反発して、憲法に則った政治を守ることを要求する憲政擁護運動、誰でもが選挙権を持つことができる普通選挙を求める運動などが広げられた。米騒動や労働争議も起こり、自由主義、社会主義の運動が高まり、吉野作造(1878～1933)の民本主義の主張など、従来の諸制度、諸思想の改革が試みられたのである。この運動を「大正デモクラシー」と呼んでいる。しかし、この運動も、結局、高まる国家主義の動きに抗することできず、日本は次第に軍国主義の国になっていった。

昭和時代は、1926 年から 1989 年の間である。昭和時代も、1945 年日本の敗戦の前と、その後 1989 年まで続いた時期とに分けることができる。日露戦争後、日本は中国における侵略政策を続け、1931 年に中国に駐留する関東軍が「9・18 事変」を起こし、東北占領を進めて、1932 年には偽満州国を建てた。これに異議を唱える国際連盟は調査団を送ったが、日本は国際連盟を脱退してしまう。さらに、1937 年、盧溝橋事件を起こし、中国の内陸へ侵略し、ついには、東南アジア一帯にも侵略するに至った。日本は 1942 年 12 月 8 日の真珠湾攻撃を開始し、アメリカその他の国々との全面戦争に突入した。しかし結果は、1945 年 8 月、失敗してしまう。

敗戦の結果、日本は連合軍の占領下におかれることになり、新しい日本憲法の制定、農地改革、教育改革、財閥の解体、日本の封建家制度の廃止などの改革が進められた。1946 年 11 月 3 日に公布された新憲法では、国民主権、徹底した平和主義、基本的人権の尊重を基調とし、象徴としての天皇、国権の最高機関としての国会、行政権の主体たる内閣の国会に対する連帯責任、戦争の放棄などがその特色と成っている。後に自衛隊が誕生したが、憲法第九条には軍備の放棄がうたわれた。農地改革では小作制度が廃止され、地主が所有していた農地の多くは国が強制買収して小作人に売り渡し、農民が解放された。教育改革で男女共学になり、小学校6年間、中学校3年間の義務教育が定められた。1951年6月に日本は、共産圏を除く48ヶ国との間にサンフランシスコ講和条約を締結し、占領体制は終わり、同時に、アメリカとの間に「日米安全保障条約」を締結した。

戦後の経済復興には困難が伴ったが、アメリカの支援、1ドルが360円という安定した為替相場、また、1950年に起こった朝鮮戦争の際の軍事需要などによる景気で、日本の経済力は強まり、1955年から1960年にかけて、日本の国民総生産は、毎年9%以上の伸びを見せたのである。高度な工業技術によって船舶、テレビ、自動車など、多くの製品の主要な生産国になり、1970年代、1980年代には輸出が増大した。それに対して海外から輸出規制の圧力が高まったが、日本の貿易収支はとりわけアメリカに対して、大幅な黒字を続けた。政治は、自民党がほぼ独占的に権力を握り続けたが、経済の高度成長は色々な歪も生じ、様々な公害や環境破壊などを生んできた。文化的には、あらゆる面でアメリカ、ヨーロッパの流行が取り入れられ、特に若い者を中心に一気に西欧化したのもこの時代である。そして、好景気にあおられて、1986年、いわゆるバブル経済が始まった。異常な地価の高騰に日本中が浮かれる中、1989年1月、昭和天皇がなくなり、時代は平成に移ることになった。

平成時代は、1989年から始まった。昭和の終わりに発生したバブル経済は、1991年に入ると、一気にしぼみ始めた。地価は、下がり、株価も急速に下がり、特に、バブル時代に不動産向けの融資を拡大し続けた銀行は、膨大な不良債権を抱え込むことになった。経営が破(は)綻(たん)した銀行も出て、預金者に大きな不安を与えることになったので、政府は60兆円もの資金を導入して、金融システムを保護する策をとった。しかし、製造業は不景気の風をもともに受けてリストラを余儀なくされ、倒産も相継ぎ、失業者が世に溢れ出した。アメリカ、イギリスでは年々失業率が減っているのに対して、日本では次第に上昇して、2003年10月に失業率が5.2%前後にまで上がった。自民党の政治の腐敗、政治改革への取り組みの怠慢に対する一般市民の憤りで、1993年には、日本新党の細川護熙を首相にした連立政権が誕生したものの、1996年には自民党が勢力を盛り返し、再び権力の座についた。その自民党の政権下、2000年になっても景気が回復する気配はなかったのである。

2001年、自民党の古い体質からの脱却、構造改革、景気の回復、道路公団や郵政事業の民営化などをうたって、自民党、保守新党、公明党との連立のもと、小泉純一郎が首相となった。しかし、依然として日本経済は向上きにならず、道路公団の民営化も中途半端であった。世論では、2大政党による政権の交代、政治の活性化を求める声が高まり、2003年11月の総選挙では、選挙の前に自由党と合体した民主党が大幅に議席を増やした。しかし、社民党や共産党が席を減らしたので、野党が連立を組んで政権を奪うまでにはいたらず、引き続き小泉純一郎が首相の座にとどまることになった。これからも、国の財政赤字の解消、年金制度の立て直しなど、21世紀の課題は、山積みである。

関連知識六

1. 皇室の歴史

日本の現存する最古の史書「記紀」によると、紀元前660年に日本の初代天皇—神武（じんむ）天皇が即位したことになっている。しかし、それは神話伝説の推算で、天皇の存在を史実に即して説明できるのは、5世紀以後である。記録に残されているのは、592年から628年まで在位した第33代推古天皇からである。7世紀に中国の法律制度を導入して、天皇は自ら政治をすることになり、称呼も「大王」から「天皇」と変わったが、実際に政治を行った期間は短かった。

9世紀以後、政治は実質的には貴族や武士によって行われた。種々の変遷はあるが、時の実権者が政治の大権を天皇から預かる形を取ったという点では一貫している。19世紀、明治維新によって、天皇は再び国の統治権を行使することになった。しかし、実際は立法、行政、司法の三権分立の形をとった立憲君主制であった。第二次世界大戦後、現行憲法による天皇及び皇室の形になった。日本の神話に書かれた神武天皇から、平成天皇は125代ということになる。

以上のように、日本の天皇は古代以来、自ら国政の実権を掌握すると言うことはほとんどなく、そのため政争に直接巻き込まれることは少なかった。天皇が日本国民統合の中心であるとする観念を、国民の間に強く根づかせたのは、古代以来の伝統と権威に加えて、このように天皇が、時の政治の動きに対して超然たる存在でもあったと言う史実があるからであろう。

明治維新に至ってきて、「王政復古」「大政奉還」と言って、近代の天皇制絶対主義が形成された。1945年までの近代天皇制国家は、天皇を絶対化し、中国とアジアを侵略した結果、日本の敗戦とともに、アジア人民と日本国民に災難を与えるようになった。

2. 元号

天皇在位の象徴としてつける年号を元号（げんごう）という。西暦2005年は、日本式に言うと平成17年である。平成と言う元号は、1989年1月8日から使っている。1月7日に昭和天皇が崩御したことによって昭和時代が終わり、翌日から平成時代が始まったのである。だから1989年は、1月7日までが昭和64年で、1月8日からは平成元年（がんねん）であった。

元号は中国から日本に入った文化で、日本では645年に「大化」と号したのが始まりである。その後の歴史の中で元号は、天皇の即位や、生前の退位、祥瑞や逆に天変地異などの災厄などを避ける願いのため、又、幕府の将軍の交代（こうたい）の時などに元号を改められた。明治以後は一人の天皇でひとつの年号を使う一世一元となった。これまで、天皇によって元号を決定したが、現在では、内閣が元号を定めることになっている。敗戦後の1947年5月3日から施行された「日本国憲法」で、天皇は「国の象徴」と言う存在になったが、在位についてはその定めに従っている。新天皇の即位が決まると、内閣は有識者に新年号案の提出を求め、その案の中から決定をする。「平成」という年号は、初めてこの新しい方法で定められたものである。西暦が一般的には現在でも、公文書の書式などでは元号が使われている。

3. 国学と尊王論

『古事記』『日本書紀』『万葉集』などの古典の、主として文献学的研究に基づいて、特に儒教や仏教が渡来する以前の、日本国固有の文化及び精神を明らかにしようとする学問を国学という。近世学術の発達と国家意識の勃興に伴って起こり、荷田春満（1669～1736）①、賀茂真淵（1697～1769）②、本居宣長、平田篤胤（国学四大人）とその門流によって確立された。古学、または皇学とも呼ばれた。

天皇の絶対的権威を認め、皇室を尊崇すべしとする論を尊王論という。近世に至り、儒教の王道思想に基づき朝幕の名文を説く儒学者の尊王論と、儒教を排斥し復古神道を説く国学者の尊王論とに大別される。しかし両者とも本質的には幕府政治を否定するものではなく、また、明治以後の絶対主義的天皇イデオロギーの基礎となった。

4.「君が代」と「日の丸」

日本の国歌「君が代」は、明治時代の 1893 年に作曲された儀式歌曲で、天皇崇拝の国歌として用いられた。その歌詞は遥か昔、『古今和歌集』に収められた和歌に由来している。歌詞は、「君が代は、千代に八千代に、さざれ石の、巖となりて、苔のむすまで」である。日清戦争、中日甲午戦争、日露戦争、抗日戦争、太平洋戦争などという不幸の中で、軍国主義化した国歌となった。敗戦後、天皇を賞賛する内容であるとして「君が代」を自粛する動きもあったが、1950 年には公式行事に再登場した。1985 年より、文部省は初等中等教育局長の名義で、各教育委員会に「通知」をし、国旗国歌を尊重

①江戸中期の国学者・歌人。古典・国史を研究して復古神道を唱道、また、子弟を教育。弟子賀茂真淵。

②江戸中期の国学者・歌人。荷田春満に学び、江戸に出て諸生を教授。古典の研究、古道復興、古代歌調の復活に没頭。本居宣長らは門人。

する方針を要求し、行政命令でこれを「義務」化した。その後も国家的祭典やイベント、学校の式典や祝祭日などに国歌として歌われている。現在では、学校の卒業式や開学式では、国旗を掲げ、「君が代」を歌う学校が少なくない。

白地の中心に太陽を意味する赤い丸を描いた旗は、「日の丸」の名で、国旗として使われている。戦国時代の武将が旗印（はたじるし）として用いていたとする記録が残っている。徳川幕府が日本の船の 10船印（ふねじるし）として取り入れ、明治時代の 1870 年には太政官布告（だじょうかんふこく）でこの船印の規格が制定され、その後国旗として定着してしまった。「日の丸」も軍国主義の名の下に誤った道をとり、戦争中には国民の戦意を高揚させるシンボルとして用いられた。現在でも前述の義務化に関して、学校などにおける「日の丸」掲揚（けいよう）に反対論を唱える人が少なくない。

5. 天皇の国事行為

1947 年の「日本国憲法」の施行によって天皇の存在は戦前とまったく異なった。明治維新以後に強化された天皇と統治権と神権はなくなり、天皇は、「日本国の象徴」であり、この地位は主権の存する日本国民の総意に基づくと定められており、憲法の定める国事に関する行為のみを行い、国政に関する権能を有しないとされる。そして、この国事に関する行為には、内閣の助言と承認を必要とし、内閣がその責任を負うことになっている。

この国事に関する行為とは、国会の指名に基づいて、内閣総理大臣を任命すること、内閣の指命に基づいて、最高裁判所長官を任命すること、憲法改正、法律、政令及び条約を公布すること、国会を召集すること、衆議院を解散して総選挙の施行を公示（こうじ）すること、国務大臣の任免及び大使、公使の信任状の認証を行うこと、恩赦（おんしゃ）の認証を行うこと、栄典を授与すること、批准書及びその他の外交文書を認証すること、外国の大使、公使を接受すること、などに限定されている。

このように、天皇は政治上の権限を有しないが、外交儀礼上は元首として扱われる。

6. 天皇、皇后、皇太子、皇太子妃

今の125代目の平成天皇の名前は明仁（あきひと）で、1933年12月23日に生まれ、学習院大学の政治経済学部に学んだ。1959年に旧家としても知られる経営者の子女である正田美智子（しょうだみちこ）を皇太子妃（現在の美智子皇后）として迎えた。美智子皇后は元日清製粉（にっしんせいふん）社長正田英三郎氏の長女として1934年10月20日に生まれ、聖心女子学院中、高等学校を経て、聖心女子大学文学部外国語外国文学科に進学、英文学を専攻した。皇族以外の民間からの皇后は、聖武（しょうむ）天皇（701～756）の光明（こうみょう）皇后（701～760）以来のこととされる。テニスのほかに文学や音楽を愛好し、ピアノやハープも弾く。刺繍や草花（くさばな）の世話も好きで、幅広い趣味を持ち、英語とフランス語ができる。

日本では通常天皇の存命中には、お名前を呼ぶことはしない。逝去後に諡（おくりな）をつける。例えば、122代目の天皇の名前は睦仁（むつひと）であったが、在位の元号（げんごう）が明治であったので、今は明治天皇と呼んでいる。

皇太子の名前は徳仁（なるひと）で、1960年2月に生まれ、嘗てイギリスのオックスフォード大学に留学したこともある。皇太子妃は、雅子妃である。皇太子と皇太子妃のお子さんは、敬宮（としのみや）である。

云知识

扫一扫

第七章　日本人の「甘え」①

日本語には、英語とか中国語に翻訳する時に、適切な訳語が見当たらない言葉があるが、「甘え」という一語もその例である。この言葉は、ヨーロッパ人にだけではなく、同じ東洋の中国人にとっても理解しがたい言葉であろう。

ところが、日本の有名な精神病学者の土居健郎氏が「甘えは日本人の精神構造を理解するための鍵概念となるばかりでなく、日本の社会構造を理解するための鍵概念ともなる。」と主張した。

土居健郎氏は、1950 年代二回にわたってアメリカに留学したが、アメリカで人を訪問してもてなしを受けた時のぎこちない言葉応対に自ら驚くと同時に、そのことを不思議に思い、このカルチャーショックを契機として、日本人の心理にある特異的なものを探求し始めた。

それまで、日本の精神科医には、ドイツ語で患者の病状を記録する習慣があったが、土居氏は「国語がそれぞれの国にとって最上の投影法なのである」と、日本語で病状を記載すると決めた。

このようなことを実践しているうちに、土居氏は「甘える」という言葉は日本語独特のものらしいと気がついた。そして、土居氏は患者を治療する時、この観点から出発して、日本社会、日本人の心

---

①尚会鹏、『中国人与日本人』を参照、北京大学出版社、1998 年。

理を観察し分析し、1971年に、「甘え」についての研究成果のまとめとして、『「甘え」の構造』という本を出版した。

甘えの心理は日本人だけのものではない。その初発形態は、乳幼児が母親に心を寄せる事実に求められる。しかし日本の社会は「甘え」が氾濫し、戦後はことにそうである。ヨーロッパでは「受身的対象愛」という学術用語はあるが、日常用語としての「甘え」に当たるものはなく、日本特有の言葉である。そのことは何を意味するかといえば、「甘え」の心理が日常的に日本人に感知されているのである。

同氏の「甘え」理論が提出されると、すぐに人々の注目を集め、中根千枝氏の「縦社会」の理論、及びルース・ベネディクトの「恥の文化」論と並んで、最も名高い「日本人論」の一つになっている。

一、「甘え」の文化心理

言語はただ人間の感情を表現する手段であるばかりでなく、言語の形態そのものの中に、人間の心理が刻み込まれている。そして、異なる言語を比較することによって、人間の心理の特徴もある程度明らかになることもある。

日本語には「甘え」の心理を示すものとして、「甘える」「甘え」という言葉以外、「拗ねる」、「ひがむ」、「ひねくれる」、「うらむ」、「やけになる」、「とりいる」、「こだわる」、「気がね」、「わだかまり」、「てれる」、「甘んずる」、「遠慮する」、「たのむ」など、甘えと関連のある感情用語がおおくある。いずれも「甘え」の心理の裏返しである。例えば、「すねるのは素直に甘えられないからそうなるのであるが、しかしすねながら甘えている」[①]とか、「うらむのは甘え

① 『「甘え」の構造』、土居健郎、弘文堂、1971年、24頁。

が拒絶されたということで相手に敵意を向けることであり、この敵意は憎むという場合よりも、もっと纏綿（てんめん）としたところがあり、それだけ密接に甘えに心理に密着している」[①]とか、「たのむとは甘えさせてほしいということ」[②]とか、「気がねは通常相手に遠慮する気持ちをあらわすが、それは相手に対するこちらの甘えをすんなりと受け入れてくれるかどうかわからないという不安があるである」[③]とか、「てれる」は「他人の前で自分の甘えを出すことを恥ずかしく感ずるためである」[④]とか、「遠慮する」は「遠慮しないと相手に図々しいと考えられ、相手に嫌われはしないかという危惧がそこに働いている…遠慮しながら実は甘えているのだ」[⑤]と、氏は言う。これらの語彙が日本語にあって、一つの広大なパターン体系を形作っているのに対し、それに相当するものが欧米語には見られない。上述したように、欧米人が「甘え」という概念を表現しようとする時、「受け身的対象愛」という厳めしい用語を使っている。それに、同氏は「ヨーロッパの言語はいずれも能動的と受け身的愛を区別できない点貧弱である」と指摘している。これらの事実は「甘え」の文化が日本に発達していること、「甘え」意識が日本人の意識に深く存していることを物語っている。

甘えの心理的原型は、母子関係における乳児の心理である。乳児は精神の発達とともに、生後一年の後半になって、次第に自分と母親が別々の存在であることを知覚し、しかもその別の存在である母親が、自分に欠くことができないものであると感じて、母親に密着するのを求めることが「甘え」であるということができる。即ち、「甘え」は母子の分離の事実を心理的に否定し、母子の一体感を求める

① 『「甘え」の構造』、土居健郎、弘文堂、1971 年、25 頁。
② 『「甘え」の構造』、土居健郎、弘文堂、1971 年、26 頁。
③④⑤ 同上。

心理である。

この「甘え」現象は洋の東西を問わず、原則としてすべての乳児に観察し得るはずのものであるが、日本語に「甘え」という言葉があることによって、この心理が大きくクローズアップされることになり、日本人の精神生活のあらゆる面に強い影響を与えている。

まず、「甘え」の感受性が、日本人の審美観に大きく影響しているように思われる。一般に美というのは、対象の与える印象が感覚に快い場であって、対象の美を享受する者が、対象と一つになっている体験であるが、これは「一体感を求める」「甘え」の体験と似通うところがある。そして、実生活に甘えの要求が満足させられない場合、真の永続的一体感を求めるため、美の追求に赴く者が少なくない。日本人が全体として他国民に比べ、審美的であるのも同じ理由に基づくかもしれない。

このことと関連して、日本的審美観として特に名高い「わび」や「さび」の精神は、人界を避けて閑寂を愛する心であり、その点、「甘え」によって人と交わることを求めるのと正反対に見える。しかし、その境地に到達した人は孤独をかこつことはなく、かえって、自分を取り巻く周囲との不思議な一体感を味わう。

それに、日本が外来文化吸収することも、「甘え」の分析の観点から解釈できる。「甘え」は隔てるものに対し、一体感を求める心理である。この心理を生かすことができる日本人は、一旦外の世界が無視できないと分かると、しきりに周囲と一体化し、摂取しようとする努力を始めるのである。かつて、中国文化に接した時も、近世に及んで西洋文化に接した時も、常に同じパターンで外来文化を摂取した。だから、日本が非常なスピードで近代化を実現した理由の一つとして、裏に潜む「甘え」の心理が挙げられるだろう。

この面でみると、中国人の社会は日本人の社会と違って、「甘え」

と縁遠いものなので、自国の文化に誇りを持ち、外来文化に接して、吸収し始めるのが日本よりずいぶん遅かったのである。

「甘え」は幼児期の母子関係においては不可欠であり、事実普遍的なものである。それは、人生における基本的な信頼感を培(つちか)うのに必要であり、また成人後に、新たな人間関係を健全に構築するに際しても、欠くことができないのである。このような心理的傾向が欧米人にも一般的に存するが、欧米では、人が大きくなるにつれて、「甘え」心理がすこしずつ抑圧されていく。自我の確立、或は成熟は、「甘え」心理の徹底的な抑圧を意味する。ところが、日本人が「甘え」の心理傾向に対して敏感であり、また日本社会も無限定にそれを許容した。日本では「自我の確立」と対応する言葉は、「大人になる」である。「大人になる」ことは「甘え」心理を抑圧するわけではなく、「甘え」心理に対する感受性の上達を意味する。これは、「甘え」心理に対する自覚、人の「甘え」に対する理解、「甘え」が応えられない苦痛を我慢することなどを含んでいる。「甘え」は人間の普遍的心理であり、抑圧されるとしても、存在するものである。欧米のクリスチャンの神に対する感情は、まさに「甘え」に似ている。

二、「甘え」の人間関係

日本的思惟の特徴について、第四章にも述べたように、西洋的思惟に比較して非論理的直感的であると言われている。中村元氏は、日本思想の特に顕著な傾向は、閉鎖的な人倫的組織を重視することと述べ、森有正氏が、日本的思考の特徴として私的であると述べた。土居健郎氏は、このような分離の事実を止揚し、情緒的に自他一致の状態を醸し出す土壌は、日本の「甘え」の心理と関係が深いと述べた。閉鎖的といい、私的といい、いずれも「甘え」の世界を外から眺めた場合であって、この世界の住人にとっては、閉鎖的とか私的とかいう意識自体きわめて乏しく、むしろ自らを開放的と意識することの方が多い。この世界は、他人を「甘え」によってとろけるようにし、その他者性を消失させ、包容する。

日本社会には「甘え」があふれていて、子供が両親に、学生が先生に、或は会社の職員が上司に対して、「甘えさせてほしい」という感情を抱くのが、ごく普通で自然なことと考えられる。いわば、日本の人間関係が、甘え合う関係である。「義理」と「人情」や、「内」と「外」、及び「内」と「外」と関連する「遠慮」は、日本の人間関係に存する特有なものと考えられるので、次にこれらの概念と「甘え」の関係を分析して、「日本社会における種々の営みを貫く一本の糸が「甘え」である」という土居氏の主張について考察してみよう。

「義理」と「人情」は、日本の人間関係を解明するには大いに役立つ概念として、内外の多くの学者に研究されているが、「義理」と「人情」は、対立概念として取り扱われることが多い。ところが、土居氏は文献学的考察ではなく、心理学の観点から、以下のことを指摘している。人情は「甘え」に密接な関係があり、人情と義理は単に対立概念ではなく、有機的な関係のある存在である。人情が、単に人間の感情一般を指すのではなく、日本人に馴染み深い感情の系列を指すのである。「外国人にも人情がある」、「外国人には人情が分からない」という言い方によって、この点が裏書きされている。この日本人に馴染み深い感情は、基本として親族の範囲に限られているから、その中核の位置を占めているのは「甘え」である。

「義理」とは、もともと自然発生的に人情が存する親子や同胞の間柄と違って、言わば人為的に「人情」が持ち込まれた関係が「義理」であると定義することができる。即ち「義理」の関係と言われるものは、親戚付合いにせよ、師弟の間にせよ、友人付合いにせよ、はたまた隣近所の付合いにせよ、すべてそこで「人情」を経験することが公認されている場合である。というのは、「義理」はいわば器で、その中身は「人情」であると考えられる。従って親子の間柄でも、親子の情よりも関係自体が重視される時は、「義理」として意識される。例えば、「忠ならんと欲せば孝ならず、孝ならんと欲せば忠ならず」という平重盛（たいらのしげもり）(1138～1179)①の有名な言葉は、普通「義理」と「人情」の相克を意味すると解されるが、これはむしろ二つの「義理」の間に起きた葛藤を指すと解する方が当たっている。この例に限らず、一見「義理」と「人情」の板ばさみと見られる状況は、言い換えれば人情自体に内在する葛藤と考えねばならないのである。

そして、「義理」も「人情」も「甘え」に深く根ざしている。「人情」を強調することは「甘え」を肯定することであり、相手の「甘え」に対する感受性を奨励することである。これにひきかえ、「義理」を強調することは、「甘え」によって結ばれた人間関係の維持を賞揚することである。「甘え」という言葉を、依存性というもっと抽象的言葉に置き換えると、「人情」は依存性を歓迎し、「義理」は人々を依存的な関係に縛るということもできる。「義理」「人情」が支配的なモラルであった日本の社会は、かくして「甘え」の溢れた世界であったと言って過言ではないのである。

日本語には、また「他人」という不思議な言葉があり、一般は「血縁のない人」、「無関係な人」という特殊な意味合いで使っている。「夫婦も元は他人」「兄弟は他人の始まり」と言われるように、日本人は親子関係こそが最も分かちがたい絆で結ばれている理想的な関係と見なし、人間関係の性質も、親子関係という物差しでその程度の深さをはかっている。そして、「赤の他人」「他人は冷たい」「他人事」「他人行儀」という言葉も使われるようになった。

「甘え」が自然に発生する親子の間柄は「人情」の世界、「甘え」

---

①平安末期の武将。清盛の長子。保元・平治の乱に功あり、累進して左近衛大臣、内大臣を兼ねた。性謹直・温厚で、武勇人に勝れ、忠孝の心が深かったと伝えられる。

を持ち込むことが許される関係は「義理」の世界、「人情」も「義理」も及ばない無縁の世界は「他人」の住むところである。以上の三つの世界は、画然と区別されるものではない。先に述べたように、「人情」と「義理」は厳密に対立するものではなく、中身に対する器の関係にあるからである。従って、本来「人情」が豊かであるべき親子の関係が、冷たい「義理」となることもあり、また「義理」の関係に「人情」が溢れることもある。さらに、「他人」は無縁の存在であるとしても、「義理」によって結び付けうる可能性もないわけでもない。

親子の間には「遠慮」がないが、それは親子関係が「甘え」に侵されているからである。親子以外の人間関係は、親しみを増すにつれ「遠慮」が減じ、疎遠であるほど「遠慮」は増す。「遠慮」は、人間関係をはかる尺度でもある。

日本人は自分が身を置く環境を、「内」と「外」に分けるのが普通である。日本における人間関係は、三つの同心円からなると考えることができる。一番内側にある世界は、「甘え」が自然に発生する親子の世界で、「人情」の世界でもある。中間帯にある世界は、知人や、友達からなる「甘え」を持ち込むことが許される「義理」の世界である。外側の世界は、「人情」も「義理」も及ばない他人の住む世界である。

「遠慮」の有無は、日本人が「内」と「外」を区別する場合の目安となる。「遠慮」が無い身内は、文字どおり「内」であり、「遠慮」のある義理の関係は「外」である。しかしまた義理の関係や知人を、「内」の者と見なし、それ以外の「遠慮」を働かす必要のない無縁の「他人」の世界を「外」と見なすこともある。いずれにせよ、「内」と「外」を区別する目安は「遠慮」の有無である。一番内側の世界と一番外側の世界は、隔たっているようで、「遠慮」が要らない点では相通ずることもある。ただ、前者では、甘えていて隔てがないので、無遠慮であるに対し、後者では、隔てはあるが、それを意識する必要がないので無遠慮なのである。

無遠慮の結果、様々な現象が起きる。身内に対してはわがままで気難しいのに、外の付き合いでは思いやりがある好人物、或いは「内弁慶」といわれて家の中では威張っているが、外にでると弱くなってしまう者、また、個人的に付きあいはよいが、自分と関係のない者にたいして傍若無人（ぼうじゃくぶじん）の振る舞いをする者、「旅の恥は掻き捨て」と言って、自分の住んでいるところは人目を憚って自重しているのに、見知らぬ土地に行くと、知人もいないので勝手気ままに振る舞うという行為はここに起因する。

このように「遠慮」の有無で分けた「内」と「外」によって、態度を変えることは当然なことと考えられているので、誰でもこれを偽善とか、矛盾とは考えない。しかし、もし「内」と「外」の区別が曖昧となると、かえって問題が起こってしまう。

「遠慮」は「甘え」と正反対に見えるが、実は人々は相手の好意に甘えすぎてはいけないと思うので、「遠慮」するのである。言い換えれば、「遠慮」しないと図々しいと考えられ、相手に嫌われはしないかという危惧がそこには働いている。従って、「遠慮」しながら、実は甘えているのだということもできる。

それに日本人は一般に自分のこととしては「遠慮」を嫌っても、他人には「遠慮」を求める傾向がある。「どうも遠慮があって、話しにくい」や「あの男は遠慮が無くて困る」などの言い方からこの傾向が窺える。かれは結局「甘え」の心理が、日本人の社会生活の根本ルールになっているからであろう。

三、「甘え」の社会体制

「甘え」の心性は本質的に幼児的なものであるが、その自覚は、敗戦によってこれまでの道徳観念—忠孝、義理人情、恩などの権威が失われたことにより、はじめて可能になった。それまでの日本人が理想としてきたのは「遠慮のない関係…親子の間に典型的に具現する一体関係」であり、その「甘えの瀰漫した世界」では「他者性が消失」して一種の無差別平等な関係が成立しており、「甘えの心理が社会生活の根本ルール」であった。それが今滅び始め、無法状態のなかで「無統制の甘えが世間に氾濫」している。かつては、「甘え」のルールが周知され、「恥じらいの気持ちが相手の理解ある眼によって愛しまれさえした」のに、今日の社会の人間関係は「容易に人を甘えさせない」ようになり、かくして「甘え」たい気持ちは欲求不満に陥り、「恥」の感情は恐怖に陥っている。「甘え」心理は日本人にとって、非常に身近なものであり、人間関係が「甘え」によって浸透されているばかりではなく、日本の社会体制もこの心理を許容するように出来上がっているといえる。中根千枝氏は、日本の社会構造の特徴を「タテ」関係の重視として規定したが、それはまた「甘え」の意識の重視として規定することもできる。現実社会に、「甘え」は「地位の差」と「権威」を前提とし、下位者の上位者に対する依存として表されている。この依存の中に、権威に従う因子が含まれている。個人は両親或は上司などすべての上位者に従いながら、上位者から甘えさせてもらい、保護してもらう。上位者は下位者に対し、権威を持つと同時に、下位者からの尊敬や幼児的依存から満足感を得て、責任感を感じるわけである。このような日本人の「甘え」に対する偏愛的な感受性が、日本社会において「タテ」関係を重視させる原因となっていると言ってもよいかもしれない。

日本人は「甘え」を理想化し、「甘え」の支配する世界を真に人間的な世界と考えたのであり、それを制度化したものは天皇制である。天皇は諸事万般、もちろん国政に至るまで、周囲の者が責任をもって万遺漏なきよう取りしきることを期待できる身分である。従って天皇はある意味では周囲に全く依存しているが、しかし、身分上は周囲の者こそ天皇に従属している。依存度からすれば、天皇はまさに赤ちゃんと同じ状態にありながら、身分からすれば日本最高位である。ということは、日本において幼児的依存が尊重されていることを示す証拠とはいえないであろうか。天皇に限らず日本の社会ですべて上に立つ者は、周囲から盛り立てられなければならないという事実が存するが、これも同じような原則を暗示するものである。以上のように見てくると、新憲法に「天皇は日本国家の象徴である」という条項を設けたのは、真にふさわしいことであった。

四、「甘え」の病理表現

「甘え」は、日本的感情であると同時に、普遍的意義を持っている。「甘え」の感情の根底に全ての人間に共通する本能的な依存欲求を認めている。しかし、「甘え」は日本で発達し、欧米では発達できなかった。その原因は、日本では依存的な人間関係が社会的規範の中に取り入れられているのに、欧米ではそれを締め出している。このような「甘え」の世界は、日本人にきわめて寛容の世界を作った一方、日本社会に病理的な現象ももたらした。次には、「対人恐怖」「視線恐怖」及び「被害感」意識などの現象は、「甘え」から来る病理現象という土居氏の主張について考察してみよう。

神経質と名づけられた神経症患者の中には、赤面恐怖、視線恐怖、醜貌恐怖、体臭恐怖などなど、対人関係においての恐怖を訴えるものが少なくない。「対人恐怖」という症状ないし訴えが、日本の神経症患者に特に目立っている。これは日本人の「甘え」の感情と関係がある。

前述したように、乳児は母親が自分にとって必要な存在であることを知覚したら甘え始める。甘え始める頃になると、乳児は母親を他の人から区別できるようになる。そして、他の人に抱かれると、むずかるのに、母親に抱かれると、途端におとなしくなる。この現象を「人見知り」現象という。「人見知り」現象は「甘え」によって発生する現象であり、「甘え」とは同じ貨幣の両面である。

幼児の場合では、「人見知り」がプラスの意味で、即ち精神の発達の指標として理解されている。しかし、成人期になっても、あたかも初めて人を見知った乳児のごとく、馴れない他人を避ける現象を示す者がいる。これを時期遅れの発達と考えることができ、日本人の間にかなり広く見られる傾向である。これだけでは必ずしも病的とは言えないが、この傾向が強すぎると、「対人恐怖」になる。「赤面恐怖」、「視線恐怖」、「醜貌恐怖」など「対人恐怖症」と診断される者は、「人見知り」が病的な程度に発達した者と考えてよい。

「対人恐怖」の原因を追究すれば、次のことが考えられる。正常の場合は、幼児は最初の「人見知り」体験の後、自我が次第に成長し、母親以外の人間とも関われるようになって、より広い人間関係の中に組み入れられていく。しかし、日本の社会では常に「内」と「外」が区別され、内側では保護され甘えられる仕組みになっているから、外の者に対してすぐに甘えられないので、多少は「人見知り」をしても不思議はないと考えられている。ところが、個人差によって、例えば、先天的に過敏であるためか、あるいは母親のパーソナリティその他環境因子が禍して、発達の初期に母親とよい関係を持つことができない場合には、その人間は「人見知り」をなかなか卒業できず、いつまでも「人見知り」をする対人恐怖症を発するようになると考えられるのである。だからこそ、対人恐怖は「甘え」を重視する日本の社会に多発している

「対人恐怖症」の中でも、「視線恐怖」を分析すると、土居氏は次のように述べている。一般的に「視線恐怖」は、自分の家にいる時や家族と一緒の時には起きない。また外出して道を歩いている時、

旅行している時など、周囲の人々が自分の事を知らない場合も起きない。つまり家族や熟知している人の集団、いわば「親密集団」と、ぜんぜん知らない人たちの「無関係集団」中では起きない。「視線恐怖」が起きるのは、知っているか親密ではない人たちに接している時、例えば、職場とか学校のような人間関係における「中間集団」、中間状況の時におきるのである。これは日本人の人間関係が、「中間集団」と家族のような「親密集団」とでは、非常に違っているからだとされる。「親密集団」の内部では、人間関係の調整がスムーズにいくため恥を感じないですむが、「中間集団」の場合は、「甘えたくても甘えられない関係」になる。一方に何の気兼ねも無しに甘えられる「親密集団」があって、他方に全く甘える必要の無い「無関係集団」がある。しかし、「中間集団」の内部では、甘えなければならないという気持ちがあるが、甘える事ができない。そういう場合に「甘え」の問題が強く結びついてくる。

「人見知り」している日本人は、日本社会全体が「親密集団」であり、西洋人に対して距離感を持っている。よく日本人は、外国では日本人だけの集団を作りたがり、外国人と交際しないといわれるが、これなど、若し日本にいれば「中間集団」か「無関係集団」の人間でしかない相手でも、異国にあっては日本という国の一員として安心し、「親密集団」のメンバーになってしまうからだろう。

日本人は、「仲間はずれ」にされる事を極端に恐れる。だから強く自分を主張することよりも、周囲と同調して、たとえ意見が違ったとしても「丸くおさめる」ことを好む。つまり自分自身の考えを持って目立つ事よりも、人の考えに同調して「平均化」しようとする。

こういう背景の中で、日本人は自分の行動に対する他人の批評に常に気を配っている。他人に馬鹿にされ、何かを拒否される事、特にそれが人前で行われた場合、恥として感じる。

次は、「被害感」意識について考察してみよう。日本語の中に被害の具体的な事実をあらわす表現が多い。日本語では、英語のように、「大工によって家が建てられた」という表現はなく、「遊び場に家を建てられてしまった」という英語にない受身用法があって、遊び場を奪われた子供たちの気持ちをあらわすことができる。このように日本語では、害を受けた時に、受身を使うことが特徴的であるが、このことと平行して「…してくれる」とか「…してもらう」「…してやる」「…してあげる」という、利益の授受を示す表現が顕著である。日本語にはこのほかにも被害的心理をあらわすものとして「邪魔される」「邪魔が入る」という表現がある。「邪魔」という語は、単に被害的心理ばかりでなく、「邪魔する」「邪魔になる」「邪魔にする」など、いろいろ屈折した心理表現の特性がある。この邪魔の意識と「甘え」の心理は、深く関係している。甘えるの原型は幼児の「甘え」であるが、この場合、幼児は自分の「甘え」の対象即ち母親を独占しようとし、母親がほかの者に注意を向けることに強い嫉妬心を抱く。即ちほかの者が彼の目には「邪魔」と映り、彼は「邪魔」を取り除こうと努めるのである。このように甘える場合に、「邪魔」が意識されることが多いのは、元来甘えることが満足されるかどうかは相手次第であり、甘える者が相手に対し受身的依存的姿勢をとることに関係があると思われる。即ち甘える者は独立した人格を欠いていて、受身的依存的姿勢をとるから、この「邪魔」を被害感に転換しやすいし、傷つきもしやすくなる。「被害者」意識の原型は「邪魔」意識で、「甘え」の心理と密接な関係がある。日本の社会では「甘え」の心理が支配的であればこそ、「被害者」意識を人々が強く抱くようになるわけである。

以上見てきたように、被害的心理は日本人の心理の根底に巣食っている極めて日常的なものと考えられるが、結局は「甘え」の心理に発することであると考えられる。

以上土居氏の「甘え」の観点からの日本人の文化心理、人間関係、社会体制及び病理表現の分析を紹介した。土居氏によれば、「甘え」は他者に依存したい、ないし他者との一体感を求める欲求である。とくに幼児や子供の時は、母親に対する依存が強い。さらに、大人になっても、母親に対するこの依存関係を持ち続け、或いは乳幼児期体験を再現したいと思う。つまり、日本人は、母と子の間の心理的分離、母子分離がなかなかできない。日本では、この乳幼児期の母子関係の中に形成される「甘え」の心理的原型を、成人期の人間関係にまで延長し、家族関係以外の人間関係にまで拡大適用するという形で、日本の独特の社会組織原理が形成されてきた。

しかし、土居氏の「甘え」の理論は、多くの人に賛成されると同時に、多くの批判も受けている。前述したが同章の冒頭に「甘えは日本人の精神構造を理解するための鍵概念となるばかりでなく、日本の社会構造を理解するための鍵概念ともなる。」という言い方が正しいかどうかは批判の焦点の一つになっている。アメリカの学者は、土居氏が日本人の「甘え」心理における特異性を、強調しすぎたと指摘している。韓国の学者は、「甘え」が日本だけに存在するものではなく、韓国にも存していると指摘した。このほか、厳密に言えば、「甘え」はまだ明確な、科学的な概念になっていないことと、ある行動が「甘え」であるかを判断する客観的な目安も確立しにくいのが事実である。

ところが一方で、「甘え」の理論は、我々に新しい視点を提供してくれた。この視点は、日本人の国民性と日本社会の特徴を解明するには、多いに役立っている。

関連知識七

1.「感謝」にも「謝罪」にも使う「すみません」

日本人の場合、「謝罪」と「感謝」という一見異なる状況に際しても「すみません」という言葉が使われるという特殊な事情が存する。

なぜ日本人が親切な行為に対し単純に感謝するだけでは足りず、「親切な行為をすることが、その行為の主にとって若干の負担となっただろう」と想像して詫びなければならないか。それは詫びないと、相手に非礼と思われはしないか、その結果相手の好意を失いはしないかと恐れるからである。したがって、相手の好意を失いたくないので、そして今後も末永く甘えさせてほしいと思うので、日本人は「すみません」という言葉を頻発すると考えられるのである。

2.「悔しい」と「甘え」

「悔しい」感情と「悔やむ」という感情は、屈折した複雑な心境である。英語にはこれをぴったり表す言葉がないのにひきかえ、日本語には「悔しい」と「悔やむ」は日常語としてよく使われる。

何かあれば、日本人はすぐ「悔しい」とか、「悔しいなあ」という言葉を口にする。この悔しさ、悔やみの裏に潜んでいるのは、実は「甘え」である。

人は挫折感、敗北感、屈辱感を受けると、相手に対して「甘え」の感情を抱いていられなくなる。そこで気が済むように試みるが、なかなか気が済まないので、悔しく感じ、悔しくてもどうにもならない時に「悔やむ」ことになる。

このほか、日本人は人の死を惜しむ時「お悔やみ申し上げます」

と言ってあいさつする。これは遺族に対する同情を表す言葉である。確かに親しい者を失った時、人はああすればよかった、こうすればよかったと思い、そう思ったところで、取り返しがつかないことだとわかっていながら、悔やむことをやめることができない。それは自責のように見えて、実はどこかで死者を恨んでいる。もし死者を恨んでいるのではなければ、運命を恨んでいる。それは罪の意識などを感じないようでありたいと内心願っている故に、一種の「甘え」である。即ち「悔やみ」と「悔しさ」が「甘え」の心理の延長上にあるということができる。

3.「気がすまない」

「気がすまない」というのは、自分が決めたように事が運ばない時に起きる感じである。例えば、「この仕事を今日中に仕上げないと、どうも気がすまない」などという。「気がすまない」と感ずる場合は、いちおう幼児的な「甘え」を卒業し、「甘え」の充満した日本社会では最も自立的なタイプに属すると言える。しかし、こうやったら自分が気がすむとわかっていれば、正常範囲に属するが、容易なことでは気がすまず、むしろ絶えず気がすまなくて悩んでいるとすれば、病的な強迫傾向になる。実際、従来いわれている日本人の勤勉さは、この「気がすまない」強迫的傾向に関係がある。日本の農民も工員もサラリーマンにも、みんな身を粉にして働く、勤勉の徳の重視が強調された。それは現実の窮乏の原因もあるが、むしろ働かないと「気がすまない」からというほうが事実に近い。彼らは自分の仕事が社会全体にとって、また自分の一身にとって、あるいは自分の家庭にとって、どのような意味を持ち、どのような効果を持つか、ということはあまり考えない。彼らは、仕事のために多少の無理をすることも厭(いと)わない。勿論、仕事が一段落すれば、一時気がすみ、一息つける。しかし、また新しい仕事に気がすまなくなり、追い立てられる。これは日本人にとってあまりにも日常的なことで、当たり前のことと考える。

仕事をしていないと「気がすまない」性格の者は、仕事を休むことができない。また遊ぶこともできない。遊ぶとしても、義理とか、お付き合いが多く、遊びは本来の性格を失い、一種の仕事となる。このように、遊び自体に積極的な価値を認めないのは、「気がすまない」という感じが、日本人に深く浸透しているからである。日本人が一般に真面目でゆとりがなく、ユーモアを解しないと外国人の目に映ることが多いのは、このような理由に基づく。

ただし、今の若者は、遊びと仕事を別と意識し、余暇の遊びの意義が広く認識されるようになっている。

第八章　「恥」と「義理人情」[①]

一、日本人の「恥」

「恥」という感覚は、日本社会が育てた特殊な社会意識の一つとして、日本人の日常生活の中において、説明を必要としない長年親しんできた共通の感覚の一つである。日本では「名を惜しむ」、「恥じらい」、「恥じ入る」、「恥をかく」、「恥を知る」、「顔が赤くなる」、「体が緊張する」、「身の置き所がない感じになる」、「穴があったら入りたい」など、「恥」に関するいろいろな表現が多くある。

日本における「名」と「恥じ」に関する考えは、『万葉集』にも「名を立てる」という表現が見られるように、古代からあったようである。鎌倉時代に至って、この思想が著しく強調されてくるようになった。いろいろな戦記文学などの文献によると、鎌倉武士は「名こそ惜けれ」とよく言うが、当時の武士たちにとっては、これが大切な行動規範となり、そこでは、「よき名を求め、悪しき名を忌む」というように恥をかくことを忌み、避けようとする倫理が生まれたのである。

この「名」及び「恥」の意識は、室町期を経て江戸時代の封建社会にも引き継がれ、特に「名を重んじ」「恥を知る」ことを強調した

①この章の内容は、主に大島健彦他の『日本を知る辞典』（社会思想社、1979年）を参考にした。

武士道論にはっきり現れた。内容的には、上下的、垂直的な構造を有する主従関係を基礎的紐帯とする、武士階級の生活規範を示すものである。すなわち、武士にとっては、「名」も「恥」も、主従関係を維持するために不可欠な「体面（たいめん）」、「面目」の意識として重視されていた。

町人階級が経済的実力を持つようになってくると、町人は、主従関係とは全く関わりなしに、個人としての「体面」、もしくは「面目」の意識、すなわち「一分（いちぶん）を立てる」「一分が廃（すた）る」という生活規範を武士同様に重視し始めた。他人から侮（あなど）りを受けるとか、人から笑いものにされた時に「一分が廃（すた）れた」とか「顔が立たぬ」と考え、彼らは多大の犠牲を払ってでも「一分を立て」るよう努力したのである。

「名」および「恥」の意識は、個人の存在を自覚的に意識するよりも、現実に存在する人倫的組織の中における、人間相互の間柄を重視する日本人の思考方法の特色に関連していたものといえる。自分の属している人倫組織場の中で、自分がその共同体の成員から、どのように見られているかということは、日本人にとり重要な関心事になっている。そこから、「名」や「恥」を重んずるという意識が形成されるようになる。つまり、日本社会の基本的構造が、「名」や「恥」に対する異常に敏感な感受性を作り上げたのである。

日本人の「恥」意識については、アメリカの有名な文化人類学者のルース・ベネディクトが、『菊と刀』のなかで論じている。ベネディクトによると、「恥は他人の批評に対する反応である。人は人前で嘲笑され、拒否されるか、あるいは嘲笑されたと思い込むことによって恥を感じる。いずれの場合においても、恥は強力な強制力となる」[1]ので、日本人の行動原理は「ただ他人がどういう判断を下すであろうか、ということを推測しさえすればよいのであって、その他人の判断を基準にして自己の行動の方針を定める」[2]のであるという。ベネディクトは、日本人が「罪」の重大さよりも「恥」の重大さに気を配っている事実を指して、日本文化を「恥の文化」shame culture と呼び、「恥の文化には、人間に対してはもとより、神に対してさえも告白するという習慣は無い。幸福を祈願する儀式はあるが、贖罪（しょくざい）の儀式は無い」[3]と述べた。

ベネデクトによれば、「名」を重んずるとか、「恥」を知るとか、このような生活規範は、結局、他人を規範とする「他律」、つまり「他人本位」の倫理でしかないのである。「罪の文化」guilt culture は、道徳の絶対的標準を説き、良心の啓発を頼みにするから、ここでは、人は、自分の非行を誰一人知る者がいなくても「罪」の意識に悩み、善行を行う。従来、日本人に欠けていたのは、この「自律性」であるというので、すなわち日本は「恥」を基調とする文化の国で、「外面的強制力に基づいて善行を行う」こと、つまり道徳の絶対基準が恥意識におかれている事を指す。例えば、「こういう行為をするのは恥ずかしい」、「そんな考え方は恥ずべき事だ」というように、いつも他人の批評に対する反応が、思考や行動の目安とされる。そうして、その恥辱（ちじょく）感が、社会の文化形成の原動力となっているというのである。

この「恥の文化」に対して、西洋キリスト教文化は、「罪の文化」だとベネデクトが主張する理由は、キリスト教には、「原罪」の思想があって、人間は生まれながらに深い「罪」を背負った存在だが、

---

① 『菊と刀』、ルース・ベネデクト著、教養文庫、1967 年、258 頁。
② 『菊と刀』、ルース・ベネデクト著、教養文庫、1967 年、259 頁。
③ 『菊と刀』、ルース・ベネデクト著、教養文庫、1967 年、257 頁。

人間は神の教えに従って生きることで、最終的に救済される。だから、キリスト教社会では常に「良心」という内面的意識が問題になる。「人は自分の非行を誰一人知る者がいなくても「罪」の意識に悩む」のである。そのような道徳律が当然引き起こす圧迫感の心理的通気孔として、「懺悔（ざんげ）」のシステムが用意される。人は自らの「罪」を告白する事で、その「罪」が軽減されるというのである。

ところが、「恥の文化」は、こうした「罪の文化」とは全く様相を異にする。第一に「罪の文化」は、他人が誰一人として知らないことに対しても、神に対して罪悪感を抱かざるを得ない。しかし、「恥の文化」では、まず他者の存在が必要になる。「恥を感じるためには、実際にその場に他人が居合わせるか、或は少なくとも、居合わせると思い込む事が必要である」からだ。第二に、あくまで他人を意識することによって「恥」の感覚が生じるのだから、他人がいなければ、どんな行動や思考にも恥ずかしいことではない。道徳律の発現の根拠は、外面的強制力によって生じ、「正しい行動の内面的強制力をぜんぜん考慮の中においていない」ということになる。

西洋の「罪」意識は、キリスト教の原罪思想から出て、その罪が懺悔によって贖罪になる。懺悔の告白によって、罪が償えるとするのがキリスト文化圏である。日本の場合は、「恥」意識が、名分（体面）に関わっていることになると、「汚名（おめい）」になる。汚れをきらい、それを取り除き、汚名を雪ぐ方法として「禊」という行為がある。また、「恥の上塗り」という言葉もあるが、告白すると、なおさら恥をかくことになりかねない。

もちろん、こうした西洋と日本の比較方法は、両者をパターン化して区別するためであり、ベネデクト自身、西洋人にも恥辱感があり、日本人にも罪の意識が存在することを指摘している。ただ、日本人は、「罪」の重大さより、「恥」の重大さに重点をおき、この重点の置き方の差が、社会構造や国民性、即ち文化全体に大きな違いを生じさせている、というのがベネデクトの考え方なのである。

上述したベネディクトの研究に対し、日本国内には批判的な研究が次々と出てきたのである。例えば、鶴見和子(つるみかずこ)氏や、川島武宜氏や和辻哲郎氏、柳田國男(やなぎたくにお)氏(1875～1962)①などの研究がある。社会学者の作田啓一(さくたけいいち)氏は『恥の文化再考』を発表し、ベネディクトの論点に対して、「恥」と「罪」を対立概念としてではなく、「優れているかそうでないか」ではなく、「恥」と「罪」は同一平面にある方向性の違う両極としてとらえるべきだという批判を行っている。

「恥」には、公開の場での嘲(あざけ)りにに対する反応と、賞賛される恥やその他の多様な現象形態も含まれ、また、「人見知り」や「間のわるさ」などから来る「羞恥心」も含まれる。ベネディクトは、公開の場の嘲りに対する反応にこだわり過ぎたのである。「恥」には羞恥(しゅうち)心が含まれているので、「恥」による行動の規制は、外側の世間から行われるだけではなく、自我の内側からも行われる。「罪」による制裁も、内面的な「良心の苛責」だけであるとは限らない。人間の社会が存在するところではどこでも、人は刑事上の罰や世論の非難を恐れて行動を抑制する。日本における「罪」の観念を初めて学ぶのは、親の言いつけに背くと罰を受け取ることを知る段階においである。ある行為は悪い行為だから、それを行ってはならないと教えられ、なぜ悪いかを理解できるようになるのは、このタブーを習得的に身に着けた後の段階においてである。したがって、恥＝外面的制裁、罪＝内面的制裁という、ベネディクトの図式は無理であると作田は批判した。善悪基準に立つ罪の観念が、最初は外面的制裁を通じて学ばれるように、優劣基準に立つ恥の観念も、外界からの判

---

①民俗学者。民間にあって民俗学研究を主導。民間伝承の会・民俗学研究所を設立。

定にかかわりなく個人の行動を規制しうる。

作田氏以外にも、様々な批判の観点があった。例えば、「罪」の観念は、ある行動を禁止するだけであるのに反し、「恥」の観念は、理想我に自らを近づける行動を奨励するから生産的である。また、「恥」はアチーヴメントの動機付けを強化するが、他方で達成の原理を伴う競争のスピリットを抑制する作用を持つ。競争過程においては当然自己が露わとなってくるが、自己顕示は羞恥によって限界を画されという様々な議論もあった。

二、義理人情

日本人は、何かを行為する場合に、無意識のうちに「義理を欠いたらいけないから」というような、外的基準に従っている時がある。「義理」という言葉は、もともと中国のもので、中国にも「義理」の観念が使われている。しかし、中国に使われている「義理」と、日本語に使われている「義理」は、同じようなところもあれば、違う点もある。『広辞苑』によれば、「義理」は①物事の正しい筋道、道理。②わけ、意味。③（儒教で説く）人のふみ行うべき正しい道。④特に江戸時代以後、人が他に対し、交際上の色々な関係から、いやでも務めなければならない行為やものごと。体面、面目、情誼。⑤血族でないものが血族と同じ関係を結ぶことと解釈している。これらの解釈のうち、①と③は、中日両国も同じように使用しているが、②は中国でよく使われ、④と⑤では日本と中国の使い方は、だいぶ違うところがある。この場合、日本で使われている「義理」は、中国語で言う場合、「情義」「情面」「情分」「正義」「情理」「礼節」と種々に表すことができる。

江戸時代に入ってから、「義理」という言葉がしきりに使われ、

「義理」の観念は、様々な意味を持つようになった。しかし、江戸時代以前の社会にも、慣習的事実としての「義理」、社会生活の規範としての「義理」は存在していた。贈り物をもらったら返礼をしなければならないというのも、一般に「義理」の一つの場合と考えられている。

では、「義理」とは何であるか。「人情」とは何であるか。津田左右吉氏は「義理と意地とは一事の両面で、自己の心情から言えば意地であり、他に対する面から見れば義理である。死すべきときに死するのは、死するものの心情から言えば意地であるが、死すべしといふ社会的規範から見れば義理である。この義理として考へられたことからは、本来戦国武士の情熱からことであるが、それが義理として見られるやうになったのは、冷静なる分別の上で事を処しなくてはならぬ平和の世だからである」①と述べ、「義理」が「意地」即ち一種の負けず嫌いだと言う見方を取っている。

実際、「義理」は、日本社会の構造との関係において成り立つ、一種の社会規範である。この「義理」に縛られ身動きならず、苦しめられた人たちが多かったのである。西鶴や近松の作品を見ると、このような人たちが多く登場する。このように「義理」は、以前から日本人の社会関係を規制する生活規範、ないし道徳として存在し、それは、日本人の近代生活の中でも生き続けている。

ルース・ベネディクトの『菊と刀』の中で示されている「義理」の分析は、次のようである。ベネディクトは「日本人のよく言う言葉に『義理ほどつまらないものはない』というのがある。人は『義務』を返済せねばならないと同様に、『義理』を返済せねばならない。しかしながら『義理』は『義務』とは類を異にする一連の義務であ

① 『文学に現はれたる我が国民思想の研究』第三巻、第一篇十三章武士道。

る。これに相当する言葉は英語には全く見当たらない。また、人類学者が世界の文化のうちに見出す、あらゆる風変りな道徳的義務の範疇の中でも、最も珍しいものの一つである。それは特に日本的なものである」①と述べ、「それは日本特有の範疇であって、『義理』を考慮に入れなければ、日本人の行動方針を理解することは不可能である。日本人はすべて、行動動機や、名声や、その本国において人々の遭遇するいろいろのジレンマについて語る時には、必ず常に『義理』を口にする」②、また「『義理』の規則は、厳密に、どうしても果されなければならない返済の規則である。それはモーセの十戒のような一連の道徳的規則ではない。…また、『義理』の規則は、隣人を自分と同じように愛するということとも、何の関係ももたない。日本人は、人が真心から自発的に寛大な行為をすることを要求しない。彼らは、人が『義理』を果さなければならないのは、もしそうしなければ、人々から『義理を知らぬ人間』と呼ばれ、世人の前で恥をかくことになるからであると言う。『義理』にどうしても従わなければならないのは、世間の取沙汰が恐ろしいからである」③という。また、ベネディクトは、同書の第六章の「万分の一の恩返し」の中で、「義理」を（1）世間に対する「義理」—主君に対する義務・近親に対する義務・他人に対する義務・遠い親戚に対する義務、（2）名に対する「義理」—人から侮辱（ぶじょく）や失敗の謗（そし）りを受けた時にその汚名を「雪（すす）ぐ」義務、自分の失敗や無知（自分の専門とする事柄における）を認めない義務・日本人の礼節を踏み行う義務に分類している。

---

①『菊と刀』、ルース・ベネデクト著、教養文庫、1967年、155頁。
②『菊と刀』、ルース・ベネデクト著、教養文庫、1967年、155頁。
③同上、163～164頁。

このように、江戸時代に「義理」の観念は、日本社会に現実的、具体的に根をおろしたのである。武士の間では、「義理」は広義では人のふみ行うべき道を意味し、狭義では君臣主従の間で守るべき道を意味した。町人意識の「義理」は、先方から提供された好意に対して、こちらからも好意を返すという場合と、約束を守るという場合が多い。農民の場合、贈り物のやり取り、供応の交換、労働の協力などの形式で、好意と好意の交換を行っている。しかし、上のように各階層に特徴を付けて区別することよりも、むしろそれを日本人全体の社会規範として理解し、広義的に好意の交換の慣習として理解した方が適当である。それは冠婚葬祭に際して行われる家の互助関係をはじめとして、家屋の改新築や災害病気に対する互助関係、「本家」（親分）に対する「分家」（子分）の年始礼や盆礼、地主小作間や、親戚知己間の贈答慣例などに現われている。このように、「義理」とは、日本の社会関係を規制する、一定の生活規範の意味であった。

従って社会関係によって上下的関係であっても、平等的関係であっても、あるいはまた個人的関係であっても、家関係であっても、更に多人数の集団であっても、集団の持つ生活規範に対する個人の立場や意志、感情は、人情として、多様な人間関係に対立したり、順応したりするものであった。「義理」は「人情」との対概念として機能し、「義理」は公を意味し、「人情」は私を意味するものと考えることができる。

このように、「義理」と「人情」は、互いに対立し、背反するものである。「義理」は社会規範であり、人の自由な行為を拘束するものであるために、人の自然の感情、自然の欲求としての「人情」を圧迫、拘束し、「義理」を立てれば「人情」が犠牲にされ、「人情」に従えば「義理」にそむく事になる。その意味で、「義理」と「人情」が対立するものとして考えられ、時には逆にこの二つが、混同されて考えられるのは自然のことかもしれない。それゆえ、「義理」が描写されている作品には、たとえ「人情」という言葉が使われていなくでも、「義理」と「人情」の板ばさみになった人間の悲しみが表現されている。それゆえ、「義理」と「人情」とは、離すことのできない楯の両面のような関係でもあるともいえる。

「義理」は、日本の近代的官僚機構の中にも、近代的企業組織の中にも、抜き難い風習として存在しているのである。大企業体や官僚組織においては、その「公」的関係と並んで生じた成員相互の個人的「私」的関係においては、彼らを「家」関係として結びつくことも多かった。そしてこの「私」的関係には「公」的関係が反映して、職場における下位者は上位者から世話や恩顧を受けて「義理」を感じ、同位者相互でもその関係での「義理」を感じ合い、それらの「義理」を果す風習を生じた。すなわち「家」関係の季節の挨拶や冠婚葬祭等における手伝いを、ある場合には「公」「私」混同して行うことがそれであった。同じ企業体や官庁機構等に所属する場合に、「公」的関係が「私」的関係を規定する傾向が強かったのは、日本社会の特徴の一つであろう。

このような「義理」と「人情」の板挟みのような「義理」と「人情」を最も よく示すものは、西鶴や近松、為永春水（ためながしゅんすい）（1790～1843）①らの作品であろう。源了円氏は『義理と人情』のなかで、文学作品を通して義理観念の変化過程を跡付け、西鶴の描く義理が「あくまでパーソナルな人間関係において成立する情的紐帯（ちゅうたい）、魂の呼応であり、

---

①江戸後期の戯作者。『春色梅暦』『春色辰巳園』などを書いて名声を得、人情本の作風を確立。風俗壊乱で罰せられ、翌年没。

またそれを裏返した名誉の道徳、自尊の心、つまり意地」①で、「義理」と情とを包んだ形のでの「義理」であったという。またその「義理」は近松に於いては「一個の人格の内部において、情と葛藤(かっとう)するところの義理と変じている。しかしその義理は、近松以後の浄瑠璃の場合のように、単に自己の外部にあって自己の存在を拘束し、自己の行為をそれに従わせる義理ではなく、あくまでも他者との関係において成立するものでありながら、自己の内部からの他者への共感として成立するものであった。その意味で、近松の場合、義理と人情の対立ではなく、葛藤と言う名で呼ばるべきもの」②で、幕末の為永らの人情本に至って「義理と人情とが葛藤したり対立したりするものではなくなって、「義理と人情」という一組のものとして使われ、しかもそれが人情的取り扱い方を受けている」と述べ、「人は不安から逃れるために、公的世界から脱離(だつり)して、義理と人情とが一つになった私的心情の世界、そこにおける心理的癒着(ゆちゃく)を求める。そしてこのような心の動は今も変わるところが無いはずだ」③と結論している。

---

① 『義理と人情』、源了円著、中公新書、1969年、78頁。
② 『義理と人情』、源了円著、中公新書、1969年、151頁。
③ 『義理と人情』、源了円著、中公新書、1969年、214頁。

関連知識八

1. 相克する「義理」と「人情」

「義理人情」は「義理」と「人情」という二つの言葉を合わせたものである。「義理」とは、社会生活を営む上での他人に対する道徳的なルールである。つまり、親子、主従、師弟などの上下関係、友人や隣近所などの対等の関係において守らなければならない道義である。例えば、「人から恩をかけてもらったら、必ずそれに報いる」ことが必要で、それを踏みはずせば「義理を欠く」ことになる。これに対して、「人情」は人間が誰でも持っている自分や家族・友人などへの自然の愛情である。

従って、「義理」と「人情」はしばしば対立するものであり、日本では「人情」よりも「義理」を重んじるべきだと考えられてきた。君主への「義理」から自分の子供を殺すなどは「人情」を抑えて「義理」を通した典型的な例である。「義理人情」は、この相克する二つの言葉を並び用いることで、生きていく上でのつらい感覚、つまり「義理」と「人情」の板挟みに苦しむ様を表現している。

2. 近松の作品に見る「義理」「人情」

江戸時代の文芸は「義理」「人情」を題材にしたものが多い。中でも近松門左衛門は心中物語で、「義理」と「人情」の板挟みに苦しむ人間達を描いて人気があった。例えば、近松の『心中天の網島』は、妻子がありながら遊女に夢中になった商人が、商売も顧みずに破綻（はたん）し、その清算に遊女と心中する話である。登場人物がそれぞれの立場で「義理」と「人情」の板挟みになり、あれこれと悩み抜き、あげくのはてに主人公と遊女は心中するという悲劇に追い込まれていく様子が、人々の心を揺り動かしたのであろう。

3. 赤穂事件と「忠臣蔵」

「赤穂事件」は、赤穂藩主・浅野内匠頭長矩（1665〜1701）が江戸城で吉良上野介義央（1641〜1702）に斬りつける事件を発端としていた。その後、内匠頭の切腹、浅野家の断絶、大石内蔵助良雄（1641〜1702）ら46人の赤穂浪士による吉良邸討入り、上野介の殺害、浪士たちの切腹という歴史事実を、時代背景と人名を変えて人形浄瑠璃や歌舞伎の作品が多く作られたが、その代表的なものが、『仮名手本忠臣蔵』である。この作品が大ヒットし、ついには「忠臣蔵」という言葉が赤穂事件を意味するようになった。「忠臣蔵」の主題は主君に対する「忠」と「義理」を中心としているが、現在至るまで、日本人の心を強くとらえている。この事件の粗筋は次のようである。

事件の発端は1701（元禄14）年のことであるが、当時、年の初めに朝廷へ新年の挨拶をするために将軍の使いが京都へ上り、その返礼の挨拶に朝廷から天皇・上皇の使いが江戸に下る慣例があった。この勅使らを幕府に迎える儀式は、礼儀作法を重んずる朝廷の古いしきたりによって行われていたので、勅使をもてなす役になった大名は大変頭を悩ませたであった。この年の正月に、将軍の使いとして京都へ行ったのが高家の吉良上野介、そして勅使をもてなす役に命じられたのが赤穂藩三代目藩主・浅野内匠頭であった。。内匠頭は17歳の時にこの役を命じられ、無事役目を果たしたことがあった。今度も同じ役目に命じられたが、何か変わったところがあるかも知れないと、家臣の重役から、しきたりについては上野介に教えを乞い滞りなく勤めるようといわれ、浅野家より上野介に「贈り物」をしたほうがいいとの提言があったが、内匠頭はお役が済むまでは「贈り物」をするのが心苦しいと、家臣の意見を聞き入れなかった。ご馳走役の内匠頭は、上野介に作法について尋ねたが、前からも内匠頭が何を尋ねても上野介は全く取り合わなかった。内匠頭は一時にその全ての不快が込み上げ、我慢できず、腰の小刀を抜いて、「松の廊下」で上野介に斬りつけた。内匠頭は上野介の額と背中に傷を負わせたが、側にいた番役に組み伏せられ、討ちとめることはできなかった。両者の取調べが行われ、将軍の決定により、内匠頭には自分の恨みをもって刃傷（にんじょう）に及んだことは不届きであると、即日切腹、上野介には場所がらをつつしみ、手向かいもせず、傷が治り次第、勤めに戻るようにと、命じられた。その頃、「武家法」では「喧嘩両成敗」といい、喧嘩をした者はその理由に関わらず、両者とも罰せられるのが慣わしであったが、この時は用いられなかった。内匠頭の切腹はその日の夕方 6 時過ぎであった。家臣は、一刻も早くこのことを藩の家老に知らせるため、昼夜駆けとおしの早籠（はやかご）で赤穂へ向かい江戸を出発した。知らせを聞いた筆頭家老（ひっとうかろう）の大石内蔵助を中心に、赤穂城では毎日のように会議が開かれた。内匠頭の弟、浅野大学（あさのだいがく）長広（ながひろ）の閉門や赤穂城の開城、さらに上野介は生きていて罰を受けていないことも伝えられた。内蔵助は藩士全員を集め、最後の会議で藩士たちの分かれる意見に対して「この城は浅野家が築いた城であり、その上、上野介が生きたままで城を明け渡すのは武士の義も立たぬ。上野介への処分と大学殿を藩主とする浅野家の再興を願い出よう」という内蔵助の意見でその場をまとめた。その後、内蔵助と行動をともにしようとする人々は、内蔵助に誓約の神文（しんもん）を提出した。その数は、約 270 名の藩士の内、60～70 名ほどであった。しかし、内蔵助は、浅野大学によるお家再興がない時には、上野介への復讐も考えるとの心持でいることを信頼できる人に少しずつ明かし始めていた。赤穂城見分の時、内蔵助は受城目付・代官に大学のお家再興を心を込めて嘆願したが、受け入れられず、失敗してしまった。主君も城も失って家臣たちは浪人となり、その後も内蔵助は浅野家再興のために尽くしたが、幕府には受け入れられず、一方では上野介の隠居願いが聞き届けられ、内蔵助が望んでいた上野介の処分がなくなり、不公平な処分はそのままということになった。このころ浪士の中には脱落するものも出始め、内蔵助も京都山科に隠居し、酒を飲んで遊ぶなど「阿呆浪士」と揶揄されたが、これは世間に対しても、吉良方に対しても、仇討ちの計画を隠すためであった。ついに翌年の 7 月には浅野大学も浅野家の本家である広島藩浅野家への「お預かり」が決定し、浅野家再興の望みも完全に断ち切られた。内蔵助は、これまで従ってきた者に、改めて同志としての誓いを固めさせた。彼は江戸にいる浪士たちに、上野介の動きや屋敷の様子を探ることを命じ、その結果討入りの日、元禄 15 年 12 月 14 日が決まった。「ようやく時がきました。二年近くの間、自分も人も共に心をつくし、身を砕いた甲斐があってこの時を迎えました。たとえ屍をさらされても忠義のために死ぬのなら本望だと思います」と、家族などに、いとまごいの手紙を出すものもいた。12 月 14 日、その日は、主君、内匠頭の月命日でもあり、浪士たちに特別な思いを抱かせた日でもある。一同は討入りの準備を整え、午前 4 時ごろ、ついに吉良邸への討入りが決行された。二手に分かれた浪士は、表門からは内蔵助を指揮官として、次々に屋敷内に攻め込み、かねて準備しておいた「浅野内匠家来口上」を入れた文箱を青竹に結んで玄関の前に立てた。そこで名乗りをあげ、亡き主君の無念を晴らすためと呼ばわって戦いに入った。同時に裏門からも大石主税（内蔵助の長男）を主将とする浪士が討入った。一同は屋敷内で戦いながら、上野介を探し出そうとして屋内はもちろん、床下から天井裏までくまなく調べたが、どこにも上野介を見つけることができなかった。上野介の寝室に踏み込んだ時には、まだ寝床に温もりがあったから、あまり遠くに逃げてはいないと考え、さらに屋内を探し、台所の炭部屋と思われる戸を破って踏み込むと、60 歳ばかりの老人を見つけた。額と背中に内匠頭による古傷があるかと調べたところ、上野介に間違いなく、首を討とった。浪士たちは軽傷のみで、命を落とした者は一人もいなかった。

吉良邸を出た一同は、主君、浅野内匠頭が眠る泉岳寺（せんがくじ）へと向かった。内匠頭の墓前に上野介の首を供え、一同で討入りの成功を報告した。赤穂浪士の討入りの報は、すぐに将軍のいる江戸城へ届いた。老中や若年寄（わかどしより）が協議をし、将軍の決定によって、浪士たちはとりあえず細川（ほそかわ）、松平（まつだいら）、毛利（もうり）、水野の四家へ預けられることになった。浪士たちの処遇は多少の差異があったようだが、四家では浪士たちをあずけられたことを名誉とし、接待役を付け、彼らを武士の手本とした。また細川越中守やその家臣は、浪士たちの助命を祈り、お宮参りもしたという。細川家の接待役が17人の浪士からこまごま聞いては書き付けていた「堀内伝右衛門（ほりのうちでんえもん）覚書」は、この事件の全体を知る大事な資料になった。赤穂浪士たちの討入り事件は江戸はもとより、すぐさま全国へと知れ渡り、彼らを褒め称える声が諸方面より聞かれるようになった。その頃、浪士たちの処分をどうするについて、幕府内の意見は分かれた。学者の間にも浪士たちの行動に対して賛成する者と、批判的なものがあり、将軍綱吉（つなよし）（1646～1709）を悩ませた。徳治主義の立場からすれば、彼らの行動は武家諸法度の「文武忠孝を励し、可正礼儀之事」という条目からしては称揚されねばならないし、法治主義の立場を貫けば、社会秩序を乱したということで処罰されねばならない[①]。綱吉は、上野寛永寺（かんえいじ）と日光輪王寺（りんのうじ）の門主（もんしゅ）に伺いをたてた。「赤穂の侍たちが長年苦しい思いをして主君の仇を討ったことで、その志は適えられたのである。今は公の刑に身を任せると願い出たのであれば、いまさらその罪を許しても、彼らは再び他の主君に仕えることはないだろう。彼らの武士道をた

①今井淳・小澤富雄編『日本思想論争史』、ぺりかん社、259～271頁。

てて切腹させても志は無駄ではない」との意見であった。この意見も幕府の処分に影響を与えた。主君への忍びざるを得ない「義」に献身する赤穂浪士は、主体的な心情の純粋性を重視する日本人の倫理の受け方から理解すれば、「止事を得ざるなり」のことであったが、幕府の統治理念において法治主義的要素が優先されたので、将軍に切腹が命じられたのである。2 月 4 日の夕刻、浪士は次々に切腹し、主君の墓の側に葬られた。最も若い主税は 16 歳、最年長は堀部弥兵衛(ほりべやへえ)77 歳であった。

赤穂の合計して 47 人の浪士は、「命」と「家庭」を含む全てのものを「義理」のために犠牲にし、主君に対する「忠義」を果たした。そして、彼らは「赤穂義士」と呼ばれ、前述のように「忠臣蔵」などに作品化され、現代へと語り継がれ、また毎年 12 月 14 日には「義士祭」が泉岳寺で行われ、今に至るまで線香の煙が絶えないことになっている。

4. 現代の義理と人情

近代的な契約精神に基づくビジネス社会に、封建時代そのまま「義理」「人情」は、不必要であるが、日常の心配りとしての「義理を欠かないこと」はなお必要とされることが多い。社会的な付き合いを重んじる人のことを「義理堅い(ぎりがた)人」と言って評価するし、中元、歳暮(せいぼ)や冠婚葬祭に際しての贈答なども、「義理」が日本人の生活習慣に深く入り込んでいる例と言える。

第九章　日本人の「道」思想[①]

「道」とは何か。『広辞苑』では、①通り道。道。②人として守るべき条理。また、宇宙の原理。③神仏の教え。また、菩薩。④専門の学問・技法などのような七つ以上の解釈が載せられてある。ここで扱う「道」とは、主に、解釈④の「専門の学問・技法」である。もちろん「武士道」の中には、解釈②の「人として守るべきの条理」の意味も含まれているといってもいいだろう。

日本では、学問や芸能に関して、何々道という呼び方が用いられてきている。歌道、茶道、華道、香道、武道、剣道、柔道、弓道、医道などがそれである。昭和時代になってからは、広くスポーツや演芸娯楽関係にまで「道」をつけるという呼びかたが適用され、相撲道（角道）・野球道（球道）・棋道・酒道などの新造語が、何の抵抗もなしに使われている。このように、「道」という言葉を抵抗なしに使ってきた日本人は、「道」をもって一種の生命原理と考えたがる傾向が伏在しているようである。

記紀万葉のうち、『日本書紀』のみは漢籍の表現法に倣うことが多かったので、多少は観念的な意味に用いられてもいるが、『古事記』及び『万葉集』においては、「道」といえば、すべて形而下的、具体的意味しか用いられていない。『古事記』では、道路・街道の義であ

①この章の内容は、主に『日本を知る辞典』を参考にした。

る。『万葉集』でも、「道」の用例の大部分は、道路・通路の義に用いられ、時として、旅行の義に用いられてもいるが、例外的に大伴（おおともの）旅人（たびと）(665〜731)①や山上憶良のように、中国の思想を豊富に取り入れ、「世間（よのなか）の遊びの道に冷しきは」「かくばかり術なきものか世間　道」などの用例も見られる。しかし、この場合の「道」とても、けっして経験以上の普遍的な法則を意味しているのではなく、むしろ日常生活的に現実に密着するものであった。

漢文で書かれた『日本書紀』においてさえ、「道」は実践的、日常生活的な意味に使われている。「神代紀」に見える「朋友之道」とは、朋友の死を弔う儀式を意味し、「景行紀」の「夫婦之道」とは、男女同衾の事実を意味するにとどまる。『日本書紀』三十巻の後半部分には、儒学と仏教の伝来によって、次第に「道」の字の用法が増加するが、「天之道」「神道」といっても、超人間的な宇宙的原理ではなかった。

このように、中国思想の洗礼を十分に受けているはずの奈良時代においても、「道」はまだ難しい哲学原理とは考えられていなかった。『風土記』、『祝詞』②『宣命』③には、哲学的な「道」の要素など全く見られていない。平安時代に入ってからも、例えば『古今集』「真名序」には「道」の字を数箇所に用いているにもかかわらず、同「仮名序」のほうでは「歌の心」「歌の事」と表現しているに過ぎない。ほぼ同時代の『竹取物語』、『伊勢物語』、『大和物語』などに、抽象

①奈良時代の歌人。太宰帥として筑紫へ下り、山上憶良と交わり、大納言となり帰京、翌年没。歌は万葉集に多く見え、文人的な風流の作が多い。

②祭りの儀式に唱えて祝福する言葉で、現存する最古のものは『延喜式巻八』の「祈年祭」以下の二八編などがある。

③勅命を宣る意で、天皇の命令を日本語で書いた文書である。漢文による詔勅に対していう。奈良時代は元日朝賀・即位・改元・立后・立太子などの儀式に用いられ、平安時代に入り神社・山陵・任大臣・贈位などの告文にだけ用いられた。

的な「道」の用法は見出されない。

「道」が多少とも精神、学芸的な意味を持つようになったのは、平安時代中期ごろ、いわゆる摂政関白政治の下に国粋文化が花開き、一方、仏教の理念が強調されるようになってから以後のことである。『源氏物語』には、「三史五経の道々しき方を明かに暁りあかさむこそ愛敬なからめ」などの、学芸を一般的に指示した「道」の用法が見えている。『枕草子』に「道もなきをわりなく分けて入りて」とあって、「道もなき」とは漢文学に苦労したこともないの意で、ようするに「道」は学芸の修練ということにとどまった。

中世に入って、世阿弥が能の芸術論『風姿花伝』①の序に「先づ此道に至らんと思はんものは非道を行ずべからず」と戒めたが、ここに見られる「この道」とは、全て自身学び自身教える具体的かつ個人的な練習・修養を意味している。『徒然草』第118段にある「若きほどは諸事につけて、身をたて、大きなる道をも成し、能をもつき、学問をもせんと」の「大きなる道」も、人が精励努力して自身で成就する功業を意味する。

このような考え方は、近世に入って、芭蕉の「この道やゆく人なしに秋の暮れ」の俳諧修行の「このひと筋」に受け継がれてゆくこととなる。

このように、古代から日本人にとって修練・実践を意味したはずの「道」に、深遠な形而上学的原理を付与したのは、近世封建儒学者達であった。江戸幕府の権力構造の中で朱子学が官学として栄えるようになってから以後、「道」に普遍的超越的原理が注入され、神秘化されたのである。もともと、原始儒教において「道」は「率性之謂道」（『中庸』）とあるように形而下的、生理的本性に従うもの

---

①能楽書。世阿弥の最初の著書。能の修業・演出などに関する広範囲の内容を含む。年来稽古条々・物真似条々・問答条々・神儀・奥義・花修・別紙口伝の7編から成る。

とされ、また「子曰、参乎、吾道一以貫之」(『論語』)とあるように、各個人の実践に関わるものとされていた。12 世紀の宋代程朱学に至って、「道」は、原理化され、ついに天地人事の間に普遍的存在する原理、あるいは万物の展開する根源の一般者を指示するようになった。

以上から、日本人の心性の中にある「道」とは、元来、実際的なもの、自発的なもの、個人的なもので、一種の生活技術と考えられるものである。茶道・華道・歌道などにしても、それらの技をことさらに高遠な宇宙原理に結びつけようと仕上げたのは、近世のことであった。

一、武士道

「武士道」という語は、古くより「もののふの道」「兵の道」「武者の習」「弓矢とる身の習」「弓矢の道」などと呼ばれてきた。津田左右吉氏は『文学に現はれたる我が国民思想の研究』の中で「武士道」について「中古以来‘道’という語は、例えば歌道というように、今ならば‘専門の学芸’とでもいうべき意義に用いたれていたので、戦国時代には文道に対する武道という名が普通に行われ、武芸、武術、戦争の心得、などというのと、大差の無い概念を現していた。だから、武士には文武(ぶんぶ)両道の修養が無くてはならぬこととせられていたのである」と述べ、「ところが信長記などに見える武者道または武篇道の語は、これとは少し違っていて、全体としての武士の心得という意義に用いられ、知識技術よりは寧ろ人に関するものとせられているらしいが、こうなるといわゆる武道だけでなく、武士の人としての道がそれに伴って考えられるようになる。武道を体得することがおのずからその人にあるのと、武道に熟達したのみでは武士としての根本が欠けているからとの故である」という。

以上からわかるように、「武士道」とは、武士の武芸、武術のような内容が含まれる一方、武士の人としての「道」という内容も含まれている思想として、日本武士の道徳規範と生活準則として、日本民族の長い歴史発展の中において形成された特有の精神である。「武士道」は平安時代に、武士団の形成に従って現れ、鎌倉時代に至って大きく発展した。江戸時代に儒家の倫理道徳思想によって理論化され、その思想的影響は日本社会の各階層に浸透し、封建支配体制の観念的な支柱(しちゅう)となり、武士道思想は、神道思想と同じように、日本国民の深層文化心理となった。第二次世界大戦の中で、武士道思想は神道思想や忠君思想とともに、日本軍国主義の侵略戦争の精神的武器となり、アジア諸国と日本国民に大きな被害を与えた。

では「武士道」という語の起源について見て行こう。鎌倉時代に入って、武家が実力を持って覇権を握り、将軍と御家人とを一団とする武家社会を背景として、はじめて「弓矢の道」「武道」の語が現れた。前代の「兵の道」が現している技芸的意義は、ここに至って、純朴で厳格な倫理的規範にまで高められていった。「武士道」の萌芽である「弓矢の道」「武道」は、鎌倉武士が、其の実践生活即ち戦闘と和平の両時の精神的規範として重視された。

新渡戸稲造は、『武士道』の中で、「武士道は上述の如く道徳的原理の掟であって、武士が守るべきことを要求されたるもの、若しくは教えられたるものである。それは成文法ではない。精々、口伝(くでん)により、若しくは数人の有名なる武士若しくは学者の筆によって伝えられたる僅かの格言があるに過ぎない。寧ろそれは語られず書かれざる掟、心の肉碑に録されたる律法たることが多い。不言不文(ふげんふぶん)であるだけ、実行によって一層力強き効力を認められているのである。それは如何に有能なりといえども一人の頭脳の創造ではなく、又如何に著名なりといえども一人の人物の生涯に基礎するものではなく、数十年数百年に互る武士の生活の有機的発達である」と述べている。

このように、「武士道」は鎌倉武家社会を維持するために築き上げられた「封建道徳」であった。鎌倉武士は、その実践生活において、

（一）恩給関係によって各々其の所を得て御家人としての義務を果たし、（二）譜代関係による精神的情誼の堅固さにより一身を賭して本務を邁進し、（三）戦場の訓練によって主徒一体の精神を確保し、臣道実践の骨髄に浸透したことに依り、彼らの主従関係は確固不動のものとなり、遂に鎌倉武士特有の精神を生み出した。

つまり、「武士道」とは、其の起源から見て、主君への「服従」・「隷属」の道徳であり、「献身」の道徳であった。

「武士道」は、江戸時代に至って、新しい道徳論的な思想内容が添加されるようになった。江戸幕府は、主従関係における伝統的な「武者の習」を重んじるより、儒学による武士の行き方の理論的強化を重要視した。武士が農工商三民の支配者たり得る資格を持つ存在と主張するためには、武士は廉恥心を高め、自敬の念を養って、道義の感覚を鋭くせねばならなかった。

中江藤樹は、『翁問答（おきなもんどう）』において「士（さぶらひ）の道」を儒教で説く「士」の概念によって解釈している。この解釈は、また「人間尊卑の位」として、古代中国における天子・諸侯・大夫・士・庶人の五等の別を、そのまま日本に当てはめることを意味している。藤樹の「士道」は、畢竟「君子道」なのであって、武人の武人としての道というに限らない。「士」としての武士の道は人倫の道そのものであり、武士はいわば人倫の道の実践者であり、農工商三民に対する人倫的模範なのである。

山鹿素行は、『山鹿語録』の「士道論」の中で、農工商三民の上に立つ「士」の職分、道、修養などを取り扱い、五倫の道をつとめるのが士の職分であると説いている。このような「聖人の道」がそのまま「武士の道」という「士道」観は、熊沢蕃山や貝原益軒によっても説かれ、江戸時代の「武士道」観の正統となった。

大道寺友山(だいどうじゆうざん)(1639～1730)の『武道初心集』も武士の学問の必要性を説いたが、一方では山本常朝の『葉隠』のように、日本的な武的な要素を継承し、強調する著書も出てきた。『葉隠』は、「儒道仏道を聞きて、武士道などと言ふは、道に叶はぬところなり」とか、また主君の「常住御恩の忝(かたじけ)なき事を骨髄に徹し、涙を流して大切に存じ奉る」、「この主従の契より外には、何もいらぬこと」で、「武士道とは死ぬ事と見付たり」などと述べて、中世武士と同じようの無条件的な「献身」を強調してきた。

二、茶道

云知识
扫一扫

茶は、日本人にとって、日常生活に欠くことのできないもっとも親しみ深い飲み物である。「日常茶飯事」という言葉は、茶と日本人の生活との関係を明確に示しているといえるだろう。しかし、ここで取り上げる茶道という芸能の茶は、むしろ日常生活の対極に位置している。茶道は、喫茶という単純な慣習に、様々な作法を持ち込んで、はじめて成り立つ世界なのである。作法は、茶の持つ日常性を止揚し、それを一個の芸術的な営為に高める方法であったといえる。

ところで、茶道は作法だけで成立するものではない。茶道は、人々の寄り集う所で営まれるという前提に立ち、個人的なものではなく、共同的・集団的なものである。したがって、茶道を構成するもう一つの核は、茶会という寄り合いである。茶会は、会衆のすべてが、茶道の世界のルールに従うことによって、現実社会の制約を脱し、心から打ち解けることのできる場なのである。

1. 茶の心

茶道にはある種の精神主義がある。茶道という芸能が日常性を断ち切ったところに成立するとすれば、そこにはまったく独自の精神的境地の確立が目差されたのは当然のことであった。それを求道性と名付けることもできる。「わび」、「さび」といった美意識の発現や「茶禅一味（ちゃぜんいちみ）」という理念に、茶の持つ精神のあり方を見ることができる。

しかし、茶道は、他面で著しく趣味的・遊興（ゆうきょう）的な性格をもっている。闘茶（とうちゃ）①といった茶道以前の遊興は別にしても、今日の茶道愛好者の道具類への愛着などは、求道性と呼ぶにはあまりにそぐわない遊びの心であると言ってもいいだろう。

もちろん、茶道に見られる求道性と趣味性は、相対立するものではなく、茶道の中に並存している。例えば、茶の世界で「取合せ（とりあわせ）」ということが言われる。つまり、時と場合に応じて、いかに道具をそろえ、茶室をいかに飾るか、といったことである。それは「風流」に通じる趣向を重んずる美意識であり、そこには「取合せ」の妙味を楽しむ遊びの心があると同時に、遊びの趣味性とは別の精神の働きがある。一会（いちえ）の茶事の「取合せ」を成功させるためには、主人も会衆も、ともに高度に洗練された教養と感覚、機転や心配りが必要とされる。「わび」とか「さび」とかいう精神的境地も、実は、このような趣向をめぐらす行為の中から具体化されるのである。求道と遊興の心が不可分（ふかぶん）に重なり合い、調和したところに、茶の心がある。

2. 茶会

茶道は、茶会という場ではじめて成立する。既に述べてきたように、茶道でもっとも大事なのは茶会である。茶会は、次の三点に要約できる。

---

①南北朝・室町時代、茶会で本茶・非茶などを判別し、茶の品質の優劣を競った遊戯。

まず、第一に、茶会は人々の寄合いである。茶を味わいながら、主と客が互いに胸を開いて打ち解ける心構えが求められる。会衆の対話のセンスも、茶会の成否（せいひ）を決定する。

第二には、茶会は「取合せ」の妙味を重んずる。亭主と客、そして吟味された茶道具の類（たぐい）が、取り合わせよく、茶室という限られた空間と調和することが、茶会の大切な要素となる。

第三が点前（てまえ）という作法である。亭主が客に振舞（ふるま）う鮮（あざ）やかな手捌（てさば）きによって、茶会の興趣（きょうしゅ）は高まる。一服の茶の味わいは、亭主の心のこもった点前とともにあると言えよう。

ところで、茶会には、薄茶だけの会と正式の茶会とがある。正式の茶会は、初座（しょざ）と後座（ござ）に分かれ、炭点前（すみてまえ）・濃茶（こいちゃ）・薄茶（うすちゃ）を連続して行い、その間に懐石（かいせき）をすすめるもので、薄茶だけの会に対して、とくに茶事と称されている。

日本の伝統的な芸能は、いずれも季節感に支えられている部分が大きいが、茶道でもまた、「口切（くちきり）」①から「なごり」②まで、四季おりおりに、其の季節にふさわしい茶事・茶会が準備されている。

3. 茶室

茶会の行われる部屋が茶室である。本席・茶席、あるいは単に席なども呼ばれる。茶室には床の間が設けられ、炉が切られている。炉の位置によって畳の敷き方や居所が変わってくるが、客が点前をする主人の右手に並ぶように畳が敷かれているのが本勝手（ほんかって）の席といい、主人の左側に客がくるのを逆勝手の席という。

客は「にじり口」と呼ばれる小さな戸から茶室に入る。亭主は茶

---

①陰暦10月の初め頃に、この年に取れた新茶を初めて賞味する茶会で、茶壷の口封を切って葉茶を取り出す儀礼がつく。

②晩秋に古茶を用いて行う茶会。この茶会を終えると、風炉を片付け、炉を開き、障子なども張り替えて、口切の茶会を迎えることになる。

道口から出入りする。

床の間は、畳床・板床・本床・台目床・室床・壁床などの多様な種類がある。床柱には花釘を打って花入れを掛けることがあり、また床（ゆか）の正面中ほどに花入れを掛ける釘があって、掛け物を略してここに花だけを飾ることもある。

茶室の内の畳には、それぞれ名称が付いていて、各々の居所（いどころ）が定まっている。「道具畳」は「点前畳」ともいって、亭主が茶を点てる場所、「客畳」は客の席、「通い畳」は茶碗を出したり、拝見物を出したりする所といった具合である。

なお茶室は、「数奇屋作り（すきやづくり）」などといって、さまざまな趣向を凝らした建て方をするのが普通で、建築としても、それ自体、鑑賞の対象となるものが多くある。

4. 点前

会衆を前に亭主が茶を点てる。其の亭主の所作を「点前」と呼ぶ。つまり、道具畳の上で、作法に従って、決まった位置に道具を据え、決まった手振りで道具を扱い、一定の手順で茶を点てる一連の動作が点前である。

茶道が成立するためには、茶会という場で、点前という演出がなくてはならない。ある意味では喫茶の風習にすぎない茶湯が、茶道として芸能化するのは、点前を基調とする独自の世界が形成されるからにほかならない。それは、身体の所作を媒介とする演出の芸術でもある。

一連の点前は、炭点前・濃茶点前・薄茶点前に分かれる。一見して、複雑で無意味に思えるこれらの所作は、その個々の所作に即してみれば、位置・動作・順序・道具など、いずれも、できる限り無駄を省いた合理的な構成になっているのである。

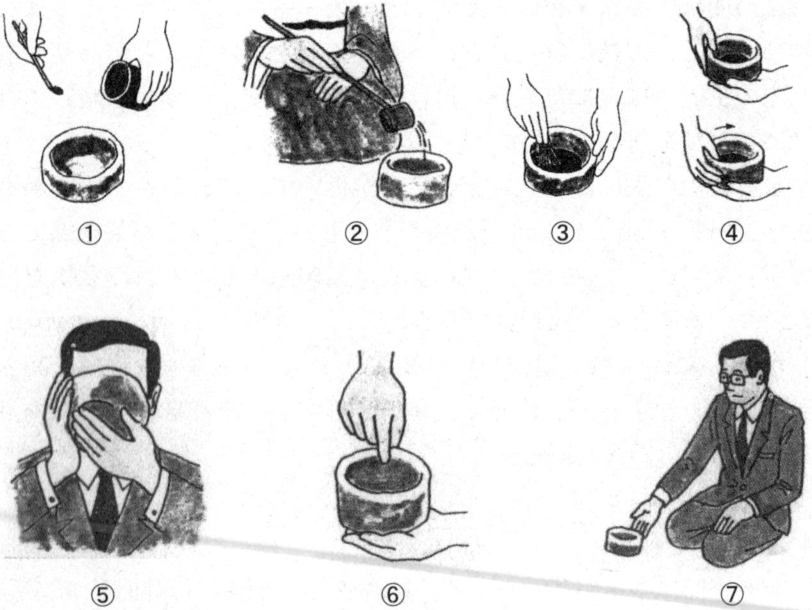

図注：①茶杓でナツメのなかにある抹茶を茶碗に入れる。
②ひしゃくで釜の中の湯を茶碗に注ぐ。
③茶せんで茶を混ぜる。
④引き寄せた茶碗を右手で持ち、左の掌に戴せる。右手で時計回りに２回回す。
⑤静かに全部飲む。
⑥指で茶碗を拭き取り、指は懐紙で拭く。
⑦茶碗を反時計回りに２度回し、その美しさを鑑賞してから、茶碗を主人に返す。この時は「結構はお手前でした」という。

5. 会記

茶会の準備は、先人の催した茶事を規範にして、亭主の趣向を加えてなされる。そのため、茶会はそのつど、会の様子を記録して残すことになっている。茶会の記録が「会記」である。自ら催した茶会を書きとめた「自会記」と、他家へ招かれた時の次第を記した「他会記」とがある。

6. 茶道具

茶会において「お道具拝見」というのがあるが、茶道においての道具の大切さがわかる。

茶道は、実におびただしい種類の道具を必要とする。分類してみると、待合道具・本席道具・露地道具・水屋道具の 4 種類分けられる。このうち、待合道具と本席道具は、直接、客の眼や手に触れ、鑑賞の対象となるものであり、露地道具と水屋道具は消耗(しょうもう)品ともいうべきもので、普通、前者は茶器として、後者は雑器として扱われる。

7. 流派

茶道はいくつかの流派に分かれ、それぞれ家元を中心として、その技量を伝承してきた。各流派は、茶会の作法、点前の技法などに特色を持ち、伝承する茶事も多少異同があり、相互に補い合いながら、茶道の歴史を綴(つづ)ってきた。茶道界は、家元を中心に据えた組織によって指導されているのである。

家元は、そのもとに門弟を擁し、彼らに対して、稽古の段階に応じた免許状を与える。「準師範」「師範」などの免許を家元から受けて指導にあたる人々から、一般の茶道の手ほどきを受けるわけである。次は、代表的な流派である。

千家流：千利休を始祖とする流派で、利休の孫宗旦（1578～1658）が隠居するに当たって、三流に分かれて今日に至る。

① 表千家：

利休の直系に当たる家で、宗旦の三男江岑宗左（1613～1672）を祖とし、「不審庵」を家元の総称としている。利休伝来の茶室、茶庭をもとに、正統的なわび茶の古格を伝えている。

② 裏千家：

同じく宗旦の末子、仙叟千宗室（1622～1697）によって開かれた流派。宗旦の隠居所「今日庵」つ継ぐ。これが、「不審庵」の裏にあったため、「不審庵」を表千家といい、「今日庵」を裏千家と称するようになった。裏千家は京都の衆庶に支持層を得、近代に入っては婦人や学校・団体などにいち早く茶道の普及を図った。

③ 武者小路千家：

宗旦の次男一翁宗守（1593～1675）に始まる。「官休庵」を号する。宗守の住んだ地名によって、武者小路千家（むしゃのこうじせんけ）と呼ばれ、現在も武者小路小川東入ルにある。

藪内流：

藪内流（やぶのうちりゅう）は、利休とともに武野紹鴎（たけのじょうおう）(1502～1555)[①]に学んだ藪内剣仲（やぶのうちけんちゅう）（1536～1627）を流祖とする。本願寺の茶道師範としてその庇護を受け、代々紹智（じょうち）と称する。「正直清浄」「礼和質朴」を標語に、書院の茶と小間の茶をあわせて伝えるのが特徴である。

三、華道

1. 花の心

温和な気候と四季おりおりの変化に恵まれた日本の風土は、草花の発育に適しており、春夏秋冬それぞれに他種多様な草花が咲き乱れ、美しい自然を形作っている。こうした恵まれた風土の中で生きてきた日本人にとって、花は室内装飾としての「いけばな」として

①室町後期の茶人。珠光の門人宗陣・宗悟に茶道を学び、侘び茶の骨格を作り、千利休に伝えた。

成立する以前から、生活と密接なかかわりを持ってきた。ある時には鑑賞の対象として、またある場合には信仰の対象として、日本人は花に接してきた。

季節の移り変わりに応じて自在の変幻を示していく草花、これに対する日本人の感覚は時代とともに変化してきた。まず最初に日本人の祖先たちは、その生命力の不可思議な働きに対する畏怖の心から、花には神が宿っていると感じた。こうした花に対する見方は、今日の民俗行事のなかに生き続けている。例えば、大和の大神神社の鎮花祭や京都の今宮神社のやすらい祭りは、神の意志を桜の相の変化から感じとった人々が、その桜(神)しずめを願って始めた行事といわれている。このように、まず花は観賞の対象としてより信仰の対象であった。人々はそのため刻々に変化する花の相を凝視した。そしてその微細な動きから、花の心を推し量ったのである。

しかしながら、人々に美意識が潜在し、観察する花そのものに美が備わっている以上は、その美の洗練に人々の情熱が傾けられたとしても、当然のことであった。花の心にまなざしを向け、花の心のうつろいを花の相の上に捕らえようとした人々は、次第に花の美を強調するようになり、観賞の対象として花を立てる生活をもつようになった。そしてそれにともない、花は生活空間である室内へ持ち込まれ、室内装飾の一端を担う「たてはな」として成立するのである。

2. 供花

拈華・散華・華鬘など花弁を用いる供花は、仏教の経典にその功徳が説かれている。散華は、古代インドにおいて人を送迎する時に用いた風習であり、華鬘は髪飾りや首飾りに用いたものであった。また拈華は釈迦が説法の時、蓮華を捻って仏教の真理を授けた故事によるものである。このように、仏教と花の関係はその発生当初より深く関わりあっていたことにより、供花することが功徳となるという教え方が一般的となり、衣裓（えこく）[①]や宝瓶花[②]などが供えられるようになった。最初は、寺院内で行われていたが、浄土信仰の出現に伴い生活の中に供花が持ち込まれ、さらに念仏聖などの活躍などにより浄土信仰が庶民の間に普及するにしたがい、供花の風習も庶民の間に定着した。過去（結実）・現在（開花）・未来（蕾）を同時にあらわすとして蓮華が供花の第一とはされていたが、さまざまな花も方式にとらわれないで供えられていた。それはさらに、故人の影像の前に同じように花を供える風習となった。しかし、花は神聖なものとして仏に供えられるだけでなく、人間によって愛玩（あいがん）されるものもあった。神のものとしてよりも、人間のものとして、花は室内装飾へと移行していった。

3. 立花（りっか）

室町時代から戦国時代にかけては、「立てばな」と呼ばれ、主に床・書院・違棚の飾りとなった。ほかにも柱飾と称する掛花などもあったが、いずれの場合も、仏の心でもあり、神の宿る場所でもあった「しん」と呼ばれる草木を立てることに意味があった。この「しん」に「そえ草」や「下草」を付して、一瓶を形成し、全体としては自然の様相を形どるものとされた。したがって、陰陽や季節感が大事にされた。

4. なげ入花

江戸時代に投げ入れ花が出現した。茶道においても茶席の飾りとして花が使用されたが、基本的には、枝を曲げて外へ出すことにあ

---

①宝瓶に花弁を盛ったもの

②蓮華などの花枝を挿したもの

り、そのバランスをとるため「ひかえ」と称するものを必要とした。投げ入れ花は、立花のように広い場所を必要としなく、手間や時間や費用がかからなく、町人層にもてはやされるようになり、茶道から独立して行われた。

5. 生花

投げ入れ花の中で、床に置かれる花より展開し、一定の形式を有するもので、多くの流派が作られた。そこで流儀花と呼ばれ、その流派の理論により、生花・正花・活花など名付けられる。理論の基本にあるのは草木の自然の出生を尊ぶ心であり、また、宇宙や自然界を表したものであるとして儒教道徳で説明され、天・地・人・体・用・留・真・副・体などの三才の調和を求めるものである。したがって、花形は「く」の字形に曲り三角形を形成することになる。これは花が床に置かれることにより、枝葉の振り出し方向が限られてしまうことと大きく関連しているのである。生花は、立花との対立関係の中から、自己の流派が最も古く、しかも正統を伝えているという主張をなした。また、花器や道具に至るまで、それぞれに意味づけして、各流派による規定を設けている。

6. 池坊流

池坊(立花)流は、現在の生花の諸流派の中ではもっとも古い伝統を持っている。池坊という名称は、京都六角堂の坊名であったが、室町中期の池坊の開祖の専慶（生没年不詳）の後、立花に堪能な住僧が次々と現れることにより、華道の代名詞となったものである。

開祖専慶は、生花が単に花の美を賞するものではなく、自然の姿を映し、宇宙の理を示すものであると主張した。江戸時期の元禄年間が池坊立花の最盛期であったが、やがて江戸生花諸派が新興してくるにつれ、その地位は後退せざるをえなかった。しかし、今日においても長い歴史と伝統に裏付けられた池坊は、生花諸派の中で最大の組織力を維持し続けており、とくに戦後は池坊学園を設立し、新しいシステムによる生花教育のあり方を追及するとともに、新しい生花の研究にも力を注いでいる。

7. 未生流

未生流は、江戸時期末期に未生斎一甫(1761～1824)によって創立され、現代の生花を代表する一流派として、生花の大衆化に大きな役割を果たしている。儒教の天地和合をもって、生花の原理とする未生流は、天円・地方の合形によって生じる二つの直角三角形を基本的な花形としている。しかし、理論の難解さにも関わらず、実際に花を生ける技法は、いずれの場合においても直角三角形の中に枝を収めるという簡単明快なものであり、此れによって多くの門弟を組織することができた。この未生流も今日では、もはや一流一派ではなく、多くの流派に分かれており、現代日本生花界に君臨する最大の流派の一つになっている。

8. 小原流

小原流(瓶華)は、明治末年に小原雲心によって創立された。小原流は、池坊流の立花が重心が高く不安定であるとのに対し、重量感のある、重心の低い生花をいけることを主張した。小原流は、自然主義の理念に裏づけられ、新しい花型をもった盛花を創案し、生花に近代的な感覚を与えた。こうした新鮮な感覚と自然をいけるという基本理念は、多くの人々に受け入れられ、多数の愛好者を集めている。

9. 草月流

勅使河原蒼風(1900～1979)によって創立された草月流(現代華道)

は、戦後前衛生花の代表的流派として急速な発展を遂げ、今日では未生流・小原流とともに池坊に次ぐ地位を生花界に占めている。草月流は、それまでの生花が形式的に固定された状況を批判し、花器を自由に駆使し、素材を自由な取合せる生花の創造を主張した。草月流の生花は、現代の生活に密着した生花であり、造形である。西欧の芸術観に裏付けられた草月流は、生花を造形芸術として位置づけ、これまで生花の素材として使用されなかった鉄・針金・ガラス・ビニール・石膏などをも用いるという独自のスタイルを作り出した。

四、書道

1. 書道の流れ

書とは、漢字または仮名文字を素材とする毛筆による造形芸術で、中国及び日本・朝鮮などで発達した。

日本の書は、中国から輸入した漢字をそのまま国語を表すのに転用したことに始まるが、その後、日本独自のかな文字も発明され、様々な形で書の美を展開してきたが、古来日本の書に及ぼす中国の影響は大きく、今日に至っている。

奈良時代、王羲之の典雅な書風が日本人の好尚にあい、当時もっとも尊重されていた。平安時代には、かな文字が完成され、特有の流麗な連綿体の案出によって、仮名書道の全盛を迎え、王朝の子女教育に、書道は欠かせない必要条件とされた。

このような実用としての書から、芸事としての書道に転化するのは、鎌倉末期から室町時代にかけてである。この時期には、他の多くの芸術の世界にもみられるように、書道にもさまざまの流派が生まれた。しかし、室町時代には、早く各流派とも秘事口伝（くでん）を主眼として、ただ師風を墨守（ぼくしゅ）するのみに終始し、芸道としての書そのものを高める努力は顧（かえり）みられなくなった。この傾向は江戸時代に入るとますます強くなり、町人文化の発展と相まって、庶民の間にも書が一般教養として学ばれるようになると、「下手でもその筋目を変えぬがよい」とされ、師匠の手本をそのまま模倣して習字するにとどまった。

明治初期、中国から六朝風が伝えられ、書道界に新風が吹き込まれ、また個性が尊重され、流派的な伝統を保持するより、自由に自己を表現するようになった。現在では、実用性を離れて書芸的表現に重点を置くようになった。書は、絵画とは違って、純粋に点と線から構成される抽象的な造形である。作者の生命の躍動が、弾力（だんりょく）的な毛筆の変化によって具体化されるのであるが、技巧よりも作意が尊ばれる。

2. 篆書・隷書・楷書・行書・草書

篆書（てんしょ）は、現存する最古の文字である古文の字体や書風が整理されたもので、大篆・小篆の二種がある。大篆は、石刻文の最古のもので、周に始まったという。小篆は、秦の始皇帝（前259～前210）が、当時字体を統一して作った新書体で、秦篆ともいう。小篆は、大篆の体勢を長く、点画を方正にしたもので、字画は左右相称に近い装飾性の強いものである。

同じころ、日常の速書の要求に応じて、小篆を直線的に略体化して古隷（秦隷）ができ、漢代（漢隷）に発展し、後漢時代には形を整え、公用文字として使われた。下級官吏である徒隷の間に使用させたので隷書（れいしょ）という。

西域で出土した前漢の木簡に、八分の速書体として、点画を簡略化してつづけ書きにした章草があった。行書（ぎょうしょ）もやはりつづけ書きの隷書から生じ、ともに東晋（とうしん）で草・行書体として確立した。楷書（かいしょ）も同じく漢末に隷書から転化しておこり、六朝を経て、唐に至って完成した。草書は読むことが困難なため一般的ではないが、行書は早く書け、読みやすいので、現在では日常の大部分を占めている。楷書は、実用より公用文字として、その端正な字体から、標準字体として現在一般に行われ、活字体にも活用されてきた。

また、書を学ぶものは、唐の楷書から入るのを常とし、虞世南(558～638)①の「孔子廟堂碑」、欧陽詢(557～641)② の「九成宮醴泉銘」、顔真卿(709～785)③の「顔氏家廟碑」などはその典型とされる。行・草書では王羲之がすぐれ、「蘭亭序」「集字聖教序」など多数の名跡がある。これらの書体は、日本に輸入され、書道の流れに大きな影響を与えた。日本人の作品としては、空海の「風信帖」と、小野道風(894～966)④の「屏風土代」「玉泉帖」、藤原行成(972～1027)⑤の「白楽天詩巻」などが挙げられる。

3. 二筆と三蹟

三筆とは、日本書道史上、三人の優れた能書家空海・嵯峨天皇・橘逸勢を指す。その中もっとも傑出していたのは空海で、王羲之風に顔真卿の骨法を加味した独自の書風を創始し、日本書道の開祖といわれる。

三筆に対して、和様書道の三人の能書家小野道風・藤原佐理(944～998)・藤原行成を三蹟といい、それぞれその筆蹟を野跡・佐跡・権跡と称している。

---

①初唐の名臣・書家。

②初唐の書家。

③唐の忠臣・書家。

④平安中期の書家。

⑤平安中期の書家。

第十章　現代日本に関する知識

一、ノーベル賞の受賞者

日本人で初めてノーベル賞を受賞したのは、湯川秀樹であった。1949 年に「中間子理論の研究」で物理学賞を受賞した。

続いて 1965 年には朝永振一郎が、1973 年には江崎玲於奈が物理学賞を受賞し、1981 年に福井謙一が化学賞を、1987 年には利根川 進 が医学生理学賞を受賞して、科学技術の優秀さを示した。2000 年には白川英樹が、2001 年には野依 良 治が化学賞を、2002 年には小柴昌俊が物理学賞、田中耕一が化学賞を受賞している。特に田中耕一は、一私企業の中堅の研究者であり、飾らない素朴な人柄が「癒し系の人」として、日本国民の心をとらえた。

科学技術以外では、1974 年に、元首相の佐藤栄作が平和賞を受けている。

文学賞は、1968 年に川端康成が受賞している。『雪国』『伊豆の踊子』などの名作を書いた。1994 年には大江健三郎が文学賞を受賞した。『ヒロシマ・ノート』『万延元年のフットボール』などの作品が有名である。

2002 年から日本人のノーベル賞受賞一覧 :

2008　南部 陽一郎、物理学賞

2008 小林 誠、物理学賞

2008 益川 敏英、物理学賞

2008 下村 脩、化学賞

2010 根岸 英一、化学賞

2010 鈴木 章、化学賞

2012 山中 伸弥、生理学・医学賞

2014 赤﨑 勇、物理学賞

2014 天野 浩、物理学賞

2014 中村 修二、物理学賞

2015 大村 智、生理学・医学賞

2015 梶田 隆章、物理学賞

2016 大隅 良典、生理学・医学賞

（日本文部科学省　平成 29 年版『科学技術白書』から）

二、新聞とテレビ

1. 新聞

日本の新聞は、巨大な部数を持つ全国紙と、各地域の新聞とが共存している。多くの新聞が朝刊と夕刊をセットにし、店頭売りだけではなく各家庭への配達制度をとっている。また、都市の駅売りを中心とした多くのスポーツ新聞と、タブロイド版の夕刊紙も人気がある。

日刊新聞の朝刊の発行部数を比べると、『日本新聞年鑑 2007』によれば、『読売新聞』が一番部数が多くて、883 万部、続いて『朝日新聞』626 万部、『毎日新聞』302 万部、『日本経済新聞』272 万部、『産経新聞』156 万部である。

大体の国の新聞は、朝刊専門紙か夕刊専門紙であるし、数字の多い少ないで新聞の人気を決めることもできないが、各家庭への配達制度に支えられた日本の新聞の販売数は、世界から見ると驚異的だとも言えるだろう。

2. テレビ

日本総務省統計局の『日本統計年鑑』（平成 30 年版）によると、平成 27 年(2015)日本放送協会（NHK）以外の民間放送会社は数が 131 社もあった。1953 年のテレビ放送の始まった年には、NHK の東京局だけであったが、現在次々と増えているのは放送衛星による衛星放送局、通信衛星によるケーブルテレビ局である。

日本では、放送のデジタル化が進んでいる。BS（放送衛星）放送は、2000 年 12 月にデジタル本放送が開始され、地上波は、2003 年には東京、大阪、名古屋の三大都市圏で開始された。2006 年には全国でデジタル放送が開始される。

番組は、通例、3 ヶ月単位で変更されるので、視聴率の悪い番組は次々と消えていき、また新しい番組が誕生してくる。1980 年代まで、人気があった歌謡番組は、1990 年代に入ってからは少なくなったし、国民的な番組とまで言われた、NHK の紅白歌合戦の人気はかなり落ちて中止がうわさされるなど、全体的に番組の人気の傾向には大きな変化が見られる。その変化の中で、人気を保っている番組のパターンをあげて見よう。

スポーツ中継

ニュースショー/ワイドショー

クイズ番組

連続ドラマ

云知识
扫一扫

三、雑誌と本

日本人は、読書好きな民族である。通勤の混んだ電車の中で、静かに本を読む人たちが日本の一風景をなしている。日本人の読書の特徴の一つは、あらゆる年齢の人に、週刊誌の人気が高いことである。政治、社会問題からヘアヌードや漫画、連載小説などまで幅広く取り上げられている。

次に芸能界の裏話（うらばなし）や実用ページで売る女性週刊誌がある。いずれも数十万部の売れ行きである。そして、男女を問わず、特に若い人たちに強い人気があるのが漫画雑誌である。なかには毎週数百万部を売るものまである。漫画は、週刊あるいは月刊の雑誌に連載されて人気を得た後、単行本になってロングランで売れ続けている。

次に文庫本、新書の人気である。価格が安く、また、通勤の混んだ電車の中でも読むことができるので、今では読書に欠かせないスタイルの本となった。

四、漫画とアニメーション

日本には多くの優秀な漫画家がいるが、代表的な漫画家は、手塚（てづか）治虫（おさむ）と長谷川（はせがわ）町子（まちこ）である。手塚治虫は、勇敢で心温かいロボット少年の活躍を描いた『鉄腕（てつわん）アトム』、ライオンの子が、森の指導者に育っていく姿を描いた『ジャングル大帝』など、数々の名作を描き、日本のアニメーションの育ての親とも言われる。長谷川町子は、3 世代家族の日常の生活に繰り広げられる笑いを、嫁を中心に描いた 4 コマ・マンガの『サザエさん』を創作した。この作品は、1946 年の新聞連載開始以来、日本全国の子供から大人までの心を和ませた。今でも、本が売れ、テレビ・アニメの人気番組となっている。

アニメーションといえば、Anime という言葉が英語として定着しているほどで、日本は世界最大のアニメーション生産国である。古くは手塚治虫の『鉄腕アトム』のテレビ用アニメーションが、アメリカで『アストロボーイ』、中国では『鉄臂阿童木』として人気を博している。最近では『セーラームーンー』というテレビ・アニメが、アメリカや中国で大人気になった。そのほか数多くのテレビ用アニメが輸出され、世界中で見られている。

現代のアニメ作家としては宮崎駿（みやざきはやお）が傑出していて、『風の谷のナウシカ』や『となりのトトロ』など、発表する作品すべてが大ヒットとなっている。1997 年に公開された『もののけ姫』は、興行（こうぎょう）収入 186 億円、観客動員数 1360 万人というヒットとなった。2001 年、『千（せん）と千尋（ちひろ）の神隠（かみかく）し』も、日本国内だけでなく、北米、欧州、アジアでも大ヒットし、2003 年には長編のアニメーション部門で、第 75 回米アカデミー賞を受賞した。その作品の興行収入は、約 304 億円という日本歴代最高記録を樹立した。

五、音楽家

日本人の好きな代表的なクラシック曲の一つは、ヴィヴァルディ（1678～1741）①の「四季」で、特にイムジチ合奏団の演奏が人気があり、クラシック音楽の中で、一番売れ行きを保っている。また、ベートーベン（1770～1827）②の「第九交響曲」（合唱つき）は、年末になると、この曲のコンサートが方々で行われ、この合唱に参加することを楽しみにしているアマチュア歌手たちも数多くいる。

---

①Antonio Vivaldi イタリアの作曲家。独奏協奏曲の形式を大成、バッハに多くの影響を与えた。

②Ludwig van Beethoven ドイツの作曲家。古典派三巨匠の一人で、ロマン派音楽の先駆。

ベートーベンの「第五交響曲」もポピュラーである。次に人気があるのは、ショパン（1810～1849）である。そのロマンティックなメロディーは、若い女性に強い人気がある。日本人はロマン主義派の音楽が好きなようである。

聴く音楽として、日本の若者たちは、また、ロック、ヒップ、ホップ、レゲエ、ユーロビート、ニューテクノなど、アメリカやイギリスのヒットチャートに入っているあらゆる音楽に興味を示している。しかし、自分たちで口ずさむことができるという点では、日本のオリジナルのポピュラー音楽のほうが人気がある。松任谷由美（まつとうやゆみ）、ミスターチルドレン、そのほか、CD を出すたびに数十万枚を売る歌手やグループがいる。ポピュラー音楽で CD 売り上げの日本新記録は、1999 年の 3 月に発売された宇多田（うただ）ヒカルのアルバム「First love 」で、わずか 2 ヶ月で 650 万枚を突破した。英語と日本語を無理なく交じり合わせた歌詞と、若い世代の気持ちを反映させたサウンドが人気となった。

その後も多くの歌手がデビューして人気を競っているが、宇多田ヒカルに匹敵する歌手は、浜崎あゆみといっていいだろう。2001 年、2002 年、2003 年と連続して日本レコード大賞を受賞するという実力派である。

日本では、カラオケが隅々まで普及していて、ヒットした日本のポピュラー曲は、すぐにカラオケに入れられるので、これも人気を支える大きな力になっている。カラオケで最もよく歌われたのは、「演歌」といっていいだろう。「演歌」は、日本の風土と日本人の情緒に根ざした歌と言うことができる。「演歌」という言葉は、明治時代の中ごろから使われていたが、1910 年代になると、男女の心情、人間の悲喜こもごもの気持ちでを表現するようになった。1930 年代になって、レコードが普及すると共に、広く大衆の心に浸透し、やがて美空（みそら）ひばり（1937～1989）をはじめとして、多数の演歌歌手が出現して、1960年代、70年代と、「演歌」の黄金時代が築かれていった。「演歌」の多くは、世の定めや世間によって引き裂かれた男と女をテーマとする悲しい詩と、哀愁を誘う小節のきいたメロディーを特徴としている。今の若い人たちは、「演歌」で歌われる古くさい世界に興味を抱かな苦なったが、少し年配の日本人にとっては、日本の歌といえばやはり「演歌」であるといっていいだろう。

六、美術家

日本の美術といえば、江戸時代の浮世絵が有名である。江戸時代の浮世絵師は、既述のように北斎、歌麿、写楽（しゃらく）(生没年未詳)などが有名だが、ヨーロッパのゴッホ(1853～1890)[①]、モネ(1840～1926)[②]などの画家に影響を及ぼした。現在、世界的に人気のある日本画の画家としては、杉山寧（すぎやまやすし）、東山魁夷（ひがしやまかいい）、高山辰雄（たかやまたつお）、加山又造（かやままたぞう）、平山郁夫（ひらやまいくお）などが挙げられるが、「日本画の五山」ともいわれている。

日本の優れた映画監督としては、まず黒沢明（くろさわあきら）が挙げられる。1951年、彼が監督した『羅生門（らしょうもん）』[③]が、ベネチア国際映画祭でグランプリを受賞して、一躍、日本映画のレベルの高さを示した。彼は、その後、『七人（しちにん）の侍』[④]（1954）など、次々と名作を生み出し、世界の映画人の尊敬を浴びる存在となった。

---

①後期印象派の画家。オランダ生まれ。晩年はフランスで活動。強烈な色彩と激情的な筆致の絵を描く。作「ひまわり」「アルルの寝室」など。

②フランス印象派の画家。作「印象－日の出」など。

③映画の題名。芥川竜之介の小説「藪の中」と「羅生門」などに材をとり、荒々しい人間描写と野心的影像表現により、ベネチア映画祭でグランプリ受賞。

④貧しい農民が流れ者の七人の侍を雇って野盗団の襲撃から村を防衛するリアリズムに徹した時代劇。

第十一章　外国人による日本論の名著①

一、R.ベネディクト『菊と刀』(The Chrysanthemum and the Sword)②

Ruth Benedict 1887 年、ニューヨークのフルトシ家に生まれた。ブァッサー・コレッジを卒業後、ヨーロッパに遊学、帰国後カリフォニアの女学校で数年間英語を教えた。この間、アジア系移民の生活に触れて関心を抱いたという。1914 年、ニューヨークに戻り結婚、ベネディクト姓となった。1919 年、コロンビア大学に入学し、人類学を学び始めた。1923 年、卒業するとそのまま母校に残って、やがてアメリカ人類学研究の中心的な存在となった。研究分野としては、まず北米インディアンの調査から仕事を始めて、1934 年、『文化の型』を発表、一民族の文化を全体的に関連したひとつの個性としてとらえる方法論を確立して大きな反響をよんだ。その後、ナチスがドイツに台頭すると反ナチス運動に参加、1943 年『人種』を発表して人種差別を批判し、やがて大戦が始まると、政府の依頼をうけてルーマニア人、タイ人、ついて日本人をその文化型理論に従って研究し、その成果が『菊と刀』となった。1948 年、ニューヨークで死去。ベネディクトは若い頃詩を書いていたが、そうした鋭い感受性

① 『日本論の名著』抄録。佐伯彰一、芳賀徹編、中公新書、1987 年。

②原典の一部分については、付録一を参照。

と、諸民族文化の多様性に対する広く寛容な視野、人道主義的情熱が一体をなって、彼女の学風を形成していると評価されている。

1944 年夏、アメリカ軍はサイパン島に上陸し、アメリカはいよいよ対日戦争終結への具体的構想をたて始めた。その過程で大きな課題のひとつとなったのが、日本人の思考様式、行動様式をどうとらえるかということだった。追いつめられていった日本軍がどうのような抵抗するか、最後に降伏という事態を迎えた時どう反応するか、戦後アメリカが占領統治する場合にはどういう形態が適しているか(具体的な例としては、天皇制及ぶ現天皇の扱いをどうすればよいか) など、ひとつひとつの状況に応じてアメリカ人とは全く異質の物の考え方をする(らしい) 日本人の行動パターンを予測することが、軍事作戦に劣らぬ重要問題として浮びあがってきたのだある。そこで緊急にこの仕事を果すべく選ばれたのが、諸民族の文化型の研究で、当時アメリカ人類学界の第一人者とされていたルース・ベネディクトである。彼女は、専門的に日本を研究してきたわけではなく、日本語も知らず、日本へ行ったことさえなかった。つまり全くの初歩から日本研究を始めたわけだが、あらゆる手段を動員して日本人の価値観、感情の特質を体系的に把握しようと努めた。そして生まれたのが『菊と刀ー日本文化の型』である。

一般西欧人にとって日本人とは、まず何よりも、矛盾のかたまりとした映る。きわめて礼儀正しいと同時じ恐ろしく攻撃的で残虐にもなり、頑固一徹であるかと思うとコロリと新しいものに順応し、美と芸術を愛好する人間が、冷然たる殺人者でもある。外からみる限り、まるでジキルとハイドのように双重性を持っている不可解な人種であるが、「菊」と「刀」に象徴されるこうした相容れない両極端の性質を数多くあわせもつ不思議な精神構造を解明、理解することは不可能ではない。日本人の精神内部に立ち入ってみれば、それは決して矛盾ではない合理的で整然としたシステムをなしているはずなのである。

まずそのうち最も重要な原則は、「各々其ノ所ヲ得」ということである。日本民族は、国家としても個人としても、それぞれが状況の中、どういう位置に置かれているかということを重視して行動を決定する。例えば対米開戦時、日本政府はアメリカ国務長官コーデル・ハルに渡した声明書には次のような表現がみられた。「…万邦ヲシテ各其ノ所ヲ得シメントスルハ帝国不動ノ国是ナリ…」と。そして、こうして始められた戦いが極限まで力を尽して敗北に帰すると、今度は日本は、ガラリとそれまでの立場を変え、アメリカに従順な平和国家、民主国家として再生しようと努力し始めた。それが新しい世界状況の中で日本の置かれた位置、求められた位置と考えたからである。同様の行動は、死にもの狂いでアメリカ軍に抵抗してきた日本兵がひとたび捕虜になると、今度は一転して相手方に友軍の情報を進んで提供するというようなケースにもみられる。やはり今やアメリカ軍の保護下にあるという、自分の位置を悟っての選択なのである。これは、国としても個人としても、内的原理の一貫性を重視する西欧人の考え方からは、およそ理解できない発想であるが、「其ノ所ヲ得」すなわち状況に応じて身を処していくという原則をもつ日本人にとっては、ごく自然な行動の型（パターン）なのである。

こうした原則は、日本の伝統社会を支えてきた階層制度から生まれたものと思われる。これは、江戸幕藩制の下で発達した身分制度に最も顕著にあらわれているが、さらに広く、天皇制と将軍制、神道と他宗教というように、様々な領域で、複数の勢力がそれぞれの「分」を守って、「各其ノ所ヲ得」て共存しているという、日本に特有の社会の在り方に通じている。そしてこうした日本社会の特質が内面倫理としてあらわれると、「恩」と「義理」に代表される独特の道徳体系となる。日本においては、儒教における仁、キリスト教における愛のような全人格的、総合的な徳は存在せず、複数の種類の

「恩」とそれに対応する「恩返し」の義務の組みあわせが道徳律を構成している。すなわち、天皇から受ける「恩」、主君から受ける「恩」、親から受ける「恩」、師から受ける「恩」、さらに、さまざまな世間の人々から受ける「恩」などと、それに対する「忠」、「孝」等の義務である。そしてとりわけ特異なのは、この「恩返し」の義務に二つの種類があることである。ひとつは、一生を通じて限りなく続く義務であり、もうひとつは、一定の範囲で「恩」を受けた分だけ返せば済んでしまう義務である。たとえば実の親への「孝」の義務は前者に属し、配偶者の親への「孝」の義務は後者に属する。この後者の義務を日本人は「義理」と呼び、大変に重視する。それは自発的な感情とは無関係の形式的な、金銭貸借にも似た一種の契約関係であるが、社会秩序の根幹として厳密に履行されることを要求する。その結果、しばしば、自発的感情である「人情」と衝突したり、前者の義務を相容れなかったりして、当事者を板ばさみの苦悩に追いこむのである。日本人の最も好む物語『忠臣蔵』にその端的な例が見られる。

　こうした日本人の行動原則は、これら様々の義務の領域、さらに人情や欲望の領域を、互いに折りあいのつくよう、巧みに調整していくことにある。そこには西欧人のような、「罪」意識を根底とした内面的、絶対的な道徳基準というものはない。個々の義務項目に違反したかどうか、それによって世間に対し「恥」をかいたかどうかということを基準にする対社会的、相対的な目安があるだけである。そして、その結果、日本人は、積極的に自分の信じる善なる行動に努めようするよりも、世間の目からみて義務違反を犯し、「恥」をかくことがないよう、自分を抑える訓練、修養を積む。それは、最初の段階では自己抑圧に伴う心理的苦痛を引き起こすかもしれないが、忍耐を重ね、練達するに従って、苦痛なしに自分を統御することが可能となる。これこそが日本人にとって至高の精神的境地であり、

「無我」とよばれるものである。日本において発達した禅仏教はその有効な訓練法を開発したのである。

最後に、以上のような種々の日本文化の特質は、当然、子供の育て方のうちに集約反映されているということができる。幼児期に甘やかされて育った日本の子供たちは、やがて物心がつくようになると、男女、身分その他の区分に従って厳しく自己を抑え、「其ノ所ヲ得」た行動をとれるように訓練されていく。ここから日本人一般の国民性というものが生まれてくるのである。

始めに紹介したように『菊と刀』は、対日政策形成という目的に沿って構想された。このことは、アメリカにおける異文化研究史上、二つの点で重要な意味を持つ事柄だったといえる。

ひとつは、人文社会科学研究と現実政治、とりわけ国際政治との密接な関係を生みだしたことである。マッカーサーによる日本占領統治は、天皇維持、官僚制を中軸とする従来の行政機構の保存活用等、多くの点で巧みに日本社会のシステムに順応利用することで成果を挙げたが、それはまさにベネディクトの主張と一致するものだった。戦後アメリカの外交政策と大学内での国際政治研究、地域文化研究との相互交流には目覚ましいものがあるが、『菊と刀』はその重要な基礎となったといえる。

もう一つは、それまで主に原始未開社会の研究に限定されていた文化人類学ないし異文化研究の領域を、高度発達社会、現代社会にまで広げて、後の都市人類学に通じるような道をつけたことである。

こうした学問方法論的に『菊と刀』は大きな歴史的意義を有しているが、内容的に日本文化解釈において画期的なものだった。それまでの内外の日本論が、歴史、風土、芸術、思想等様々な面からアプローチを試みながら、なお漠として正体のはっきりしなかった日本人の思考様式、行動様式に正面から取りくみ、その総合的な検討によって、基本構造、原理を明らかにしたという点がそれである。

その結果、本書が公刊されるとアメリカ、日本を通じて大きな反撃をひきおこし、現在に至るまで日本理解の基礎理論として深い影響を与えつづけてきている。「義理」「人情」をはじめ、従来まで神秘的、情緒的にとらえられてきたものに、明瞭な概念規定をほどこし、その論理構造を分析する態度、また、西欧の「罪」の文化に対する日本の「恥」の文化型の対照把握など、細部での誤解や偏見を批判されながらも、その発想の大筋は説得力をもち、戦後の客観的、構造的、社会科学的日本研究方向づけを与えたということもできる。原著、訳書ともに現在まで版を重ね、その評価も確立し、文字通り外国人による日本論の古典ともなっている。

二、E.O. ライシャワー『ザ・ジャパニーズ』(The Japanese)

Edwin Oldfather Reischauer 1910 年、東京に生まれ、少年期は日本で過ごした。オハイオ州のオバーリン大学に進み、東洋学を専攻、さらにパリ、ライデンとヨーロッパ留学を経て日本に戻り、東大、京大などで研究を積んだが、ハーバァードでの博士論文は、9 世紀の日本人留学僧円仁(794～864)の研究であった。そのまま母校の東洋言語学部で教え始めたが、太平洋戦争の勃発とともに、国務省また陸軍省で日本専門家として活動に働き、戦後の対日方針の決定にもかなりの影響力をあたえたといわれる。戦後はハーバァードに帰り、1950 年に教授、東洋言語学と日本史を担当、同時に、ハーバァード燕京研究所長、東アジア研究センター所長などを兼任して、アメリカの日本研究、アジア研究の強力な推進役を果した。1961 年、ケネディ(1917～1963)大統領に懇望されて、駐日大使に就任、安保直後の難しい時期に、すぐれた調整役を演じたことは、日本でもひろく知られている。著書は『日本·過去と現在』(1949)、『合衆国と日本』(1950)、『入唐求法巡礼記』(1955)、『東アジア—近代への変革』

(1965)、『ベトナムを越えて』(1967)など多数、1991年死去。

この本は、全体五部からなり、まず、「舞台」つまり地理、地勢の説明から始めて、「歴史的背景」へと進んで、「古代日本」から「戦後」までを概観す。以下は「社会」また「政治」と、具体的に立ち入った現代分析であり、最後が「世界のなかの日本」と題して、日本の直面する諸問題が手際よく取り扱っている。もともと外国人読者のための日本紹介を目的として書かれた本であり、読みやすく、よどみない叙述とコメントがなされている。

ライシャワー教授は、東京に生まれ、のちに駐日大使という自身の体験を通しての熟知の度合いが深く、また歴史学者としての年季の入った研讃と教授歴に加えて、いわば現場の実務家としての体験で裏づけをしている。

ライシャワー一家と日本とのつながりは、さらに幅広く、根が深い。父は、長老派教会の宣教師として来日、明治学院神学部で教えたが、そのかたわら日本の仏教についての本格的な著書もあり、さらに東京女子大の創設にも関係している。また日本で最初の聾唖学校を開いたのは、母の功績であり、これには聴力障害者の妹娘がいたことが、きっかけとなった。日本の近代化から戦争、そして戦後へとつづく歴史が、この一家の年代記のうちに刻みこまれて、ほとんど二者不可分ともなっているようである。

ライシャワーは、冒頭の地理的な説明に「日本はカリフォルニア一州より小さいとかシベリアの一州におかれてすら、どこにあるのかわからない位だなどというよりは、むしろ日本はイタリアよりは大き目で、イギリスの一倍半もの面積を有すると指摘する方が、日本の姿をよりはっきりと浮き彫りにすることになる」と述べて、人口と国民総生産を加味したユニークな世界地図を作って見せたりする。また、日本人が、長い島国的な孤立に馴らされてきた結果、「もっとも自信を欠きがちなのが、対外関係」と指摘する際にも、「たとえていうなら、日本人は大へんな成功を何回となく収めながら、従来とはちがった競技にひっぱり出され、わざも道具も不十分、というスポーツ選手のようなものだ」といった実に巧みな比喩を使ってみせる。

ライシャワーは、「古代日本文学は、海や山のみえる光景、さらには木々の生い茂った峡谷の美しさを食い入るように愛でた日本人の姿を伝えている。そして今日でも、彼らは名にしおう景観を貪るように訪ね歩き、ときとしては熱心さが高じて、せっかくに景観を台なしにしている」と、日本人自身がとかく得意げに言い立てる「自然愛好」に対して、さりげなく一矢を報いることを忘れない。「日本人がご多分にもれず、自然破壊に手をかしたことは、かれらの自然愛好癖を思えば、皮肉というほかはない。世界でも指折りの人口密度と、単位面積あたりの生産高を有する国としては、これもあるいは止むをえなかったのかもしれない。いずれにせよ、美しい緑の丘陵は削りとられて工場や住宅地に変容し、その土は埋め立てに使われてきた。…都会地から繰りだした旅行者のためのいわゆる『スカイライン道路』は、山々の外観を無残に損ない、由緒ある景勝地は、ホテルやレストンラン、それに土産物店で半ば埋もれてしまっている」しかし、こうした鋭い一撃のすぐ後で「とはいえ、日本の大部分は、いまなお人口稀薄で人跡まれな地域をえらべば、そこにはすばらしく魅力的な自然美が昔のままの姿を残している」とつけ加える。

60 年代初頭の日本についても「戦後最大の政治危機が見舞ったのは、1960 年、日米安保条約の改定をめぐってであった。この改定は、日本の世界的な位置、ならびに自信の増大がもたらした必然的なものであった。政治的な狂乱が引き起され、大がかりな大衆デモが街頭に出た。だが、安保条約が改定され、興奮は静まり、それ以後の数年は、政治的にはもっとも静な数年を記録した」といった調子の冷静さで記述されている。また、よく指摘される「集団志向」の強さについても、「日本人が編み出した集団生活上の伝統と知恵とは、日本人の性格を、うわべを見る限りは人当たりがよく、温和なものに作り上げることに寄与した。彼らと比べた際には、欧米人は感情を平気で表に出すという点で、いささか荒っぽく、予測不能で人間として練れていないように見える」と、批判は微妙に柔らげられており、また「タテ社会」という通説に対しても、「たしかにヒエラルキーは当然のこととみなされ、地位はたしかに重用である。だが、階級意識はよわく、具体的な階級差はまことに少ない。ほとんど重要な側面において、日本はすこぶる平等な社会である。多くの点で、アメリカと肩を並べるばかり、大部分の西欧の社会よりは、はるかに平等である」と訂正意見を提出することを忘れない。

しかし、ライシャワーは、同時に本書の第五部「世界のなかの日本」で、日本人の弱味と欠陥を、批判していた。この点について、著者自身も、日本の読者に「最も興味深いと思われる部分」と、日本語版に寄せた「まえがき」の中で、書いている。日本の地理的、文化的な「孤立」を的確に指摘した一節はすでに引いておいたが、そこから生ずる対外関係における日本人の弱味とコンプレックスは、本書全体をつらぬくキーモチーフの一つといっていい。「六世紀から十九世紀にいたる長い歴史的時間を通じ、日本人が経験した対外戦役は、二度にわたる元軍の襲来(13 世紀)と、1592 年から 1598 年にかけての、秀吉による朝鮮半島への侵攻にすぎなかった。海外への軍事的冒険を、外国からの侵略の歴史が、日本ほど稀薄な主要国は、ほかにはない」と指摘すると同時に、戦後の日本人の非常識なほどの国際的不感症にも触れた。50 年代半ば、米軍基地をめぐって「はげしいデモをくり広げ」ながら、「チュコスロバァキ、ハンガリー、ベルリンなどで、ソ連が軍事行動に出たり、政治的圧制を加えたりするという、日本人以外にはよほど心の痛む事件」には、ほとんど無反応でやりすごしたという。

今や日本経済の目ざましい発展とともに、「相互依存性」はいちじるしく増大しているのに、「言語の壁」は依然として厚く、「世界史的なドラマの観客であって、参加者ではないかのごとき」、もっぱら受身の態度と戦略は変っていない。「対外関係の既往に寄せる日本人の不安や、他者とのかかわりにまつわる不器用さと無神経さを考えると、世界大での同胞意識の構築に主導的歴史的体験や地理的位置という偶然は、日本人にこの分野での指導性を発揮することを強制するかもしれない」と著者は結んでいる。

三、李御寧『「縮」志向の日本人』[①]

李御寧1934年、日本支配下の韓国忠清南道に生まれる。1958年、ソウル大学国文科卒、1960年同大学院生。1960～1973年、「韓国日報」、「朝鮮日報」などの論説委員を歴任し、その間に文藝批評家として名をなし、月刊「文学思想」を創刊して、つい最近までその主宰者として文壇、詩壇に多大の影響を及ぼした。ソウルの名門、梨花女子大学教授。1981～1982年、国際交流基金の招聘によって、東大大学院比較文学比較文化研究室の客員研究員。その間に本書『「縮み」志向の日本人』を完成、刊行、一躍ベストセラーの比較文化論者として、日本各地で講義、講演。半年の間に、大使館文化部の3年分の仕事を一人で果したといわれている。日本文で本書の他に『恨の文化論』(学生社)、『俳句で日本を読む』(PHP)があり、韓国語ではすでに『李御寧著作集』(全22巻)がある。日本学専門ではないが、彼の日本文化と社会についての知識と経験は広く、しかもそれを韓国人の眼ですばやく客観化しうるところが氏の強みである。

---

①原典の一部分については、付録二を参照。

李御寧の『「縮み」志向の日本人』は、「縮み」志向という一着眼で、『万葉集』や芭蕉から松下電器やパチンコまで、日本文化を一貫して分析してみせている。

たとえば、日本人の食べ物については、フランス人のロラン・バルト（1915～1980）も『表徴の帝国』（1970）で、すき焼きや天麩羅や刺身をとりあげて、これらを「中心のない食べ物」と称して独特の記号論風に論じてみせた。それに対し韓国の知日派が、フランス人のチーズにも匹敵すべき多様豊富な日本人の食文化現象としてあげるのは、駅弁だけでも千八百種というお弁当の例である。チーズに対して豆腐などではなくて、弁当をあげて論じてみせるというところに、すでに李御寧的な、比較文化的発想と連想の自由さが躍如としている。

韓国の食物ではたいがいの場合、汁と固形物とが一緒になっているという。同じ大根の漬け物でも、日本ではタクアンのあの黄色い塊まりだけが出る。それに対して韓国のカクテギは、キムチでも同じだが、必ず漬け汁と一緒に出され、その汁も匙で飲む。そのかわり、日本の味噌汁やお澄ましは、具が少なくて汁本位なのに、韓国のクゥにはワカメにしてもモヤシにしても具がどっさり入っている。つまり、韓国では「あいつには汁もない」というのが、人について一番きつい悪口になるほど、実のある汁、汁のある実が基本となっているのに、日本では両方がはっきりと分離されている。だから、韓国では携帯食膳である弁当は生まれえず、日本では織田信長の軍勢の兵糧以来、あるいは、江戸歌舞伎の幕間（まくあい）の食事以来、弁当というものが成立しえた、と彼は論じている。その上、韓国人の間には、ちまちまとした機能主義の弁当文化をいまだに卑しい恥しいものと思う感覚が残っているともつけ加える。

李教授はさらに、この日本の弁当文化に日本人の恒常的な「縮み志向」の一典型を読みとってゆく。つまり、弁当とは「広くて大きお膳の拡がりを、ホカイ(行器) とかワリゴ(破籠) とか、一定の小さい囲いのなかに縮めること」にほかならない。いわれてみればしごく当たり前のことだが、日本人としてはあらためて考えてみたこともなかった一点で、これが彼の日本文化現象学に組みこまれると、神社をお神輿に縮めてかつぎ廻り、お寺になかに屋根天井つきの仏壇を設け、そのなかにさらに厨子を入れ子にして仏像を祭るのと同じ思考、心性の構造ということになる。

上の「弁当」の例でいうなら、その根はまさに「詰める」という動詞であると、彼はいう。これは入篭(いりかご)細工などの「込める」、扇子を典型とする「折畳む」「握る」「よせる」、目鼻も手足も省略した姉さま人形の「取る」「削る」などと同じく、日本文化の基本をなす動詞だという。狭い場所にぎっしりひとが集まれば「詰めあい」、一つの場所に張りついていることを「詰める」といい、そこに「詰所」ができる。小説でも芝居でも、あるいは会議でも、終局に近いクライマックスは「大詰め」となる。つまり狭い空間に、より多くのものを密度高くコンパクトに凝集させて、量を質に転化させる作用が「詰める」の本義ということになるが、この「縮み」の発想はまさに折詰め弁当からトランジスターにまで生かされているという。

この作用は、日本人の精神生活にもそのまま働いている。日本人はただ「見たり」「思ったり」「息をしていたりする」だけでは足りない。いざ本番となったら、「見つめ」「思いつめ」「息をつめ」「根をつめ」て働くのでなければ、「しっかり者」といわれず、「つまらない」男としてのけものにされてしまう。そこに日本人の「テンション民族」的特性が出て、集団主義的傾向もあらわれてくるのだが、たしかに論理とか原理原則とかによって、ものごとを冷静に区別し秩序立てる作業を捨てて「思いつめ」、テレビを「見つめ」つづけたとき、やがて「一億玉枠」「一億総懺悔」から「一億白痴化」にいたる表現が成立しうることとなる。そのように「一億をまるで一人のように縮め、詰めて、弁当箱の枠にいれる全体主義的考え方は、（日本知識人が独裁主義の国と批判する韓国ではとうてい考えられず）不思議にも東洋でただひとつ自由民主主義の模範といわれている日本のものなのです」と、若干の恨みを含んで痛烈な皮肉をいう。そもそも韓国には「弁当」文化がないのみならず、日本語の「詰める」「詰めこむ」にあたる動詞、あの密度と緊張の感覚を言いあらわす語彙が存在しないそうである。だから、韓国語では、「缶詰」でさえ「缶煮(トンチョリム)」となってしまう。

一方この論は、目配りよく、多様な文献による裏づけもしている。岩波文庫がドイツのレクラムを模して、「どんな大きな本でも一冊に縮めてしまうという方法」で大成功を収め、レクラムを凌いで今日に及んでいることはいうまでもない。

この「折詰め弁当型」の「縮み志向」の論を一典型として、彼は、清少納言の「なにもなにも、小さきものは、皆うつくし」を枕言葉にして、まず土居健郎氏の『「甘え」の構造』、梅棹忠夫氏らの『日本人の心』などを槍玉にあげて、欧米になければすぐ日本独有の文化ときめこむ日本知識人の「ヒマワリ族」的な習性を批判し、バルトの『表徴の帝国』の「気の毒」なほどに貧しいアジア知識をつく。そして、「日本特有の特性をいますこし緻密に発見できるのは、欧米人の眼より韓国人の視線ということになります」と言っている。

付録一

戦争中の日本人

どの文化的伝統の中にも戦争の定法がある。そして西欧諸国はすべて、むろん多少の特殊的な差異がありはするが、一定の戦時慣例を共有している。戦争遂行のために国民がその全力を傾けるように鼓舞する一定の方法、局所的敗北を喫した場合に国民に安心を与える一定の形式、戦死者と投降者との比率のある程度の不動性、俘虜が守るべき一定の行動の規則があり、これらは西欧諸国の間の戦争においてははじめから予測することができる。それはこれらの諸国が共通の偉大な文化的伝統をもっており、その伝統は戦争をもその中に包括しているからである。

日本人が西欧の戦時慣例に違反して行ったあらゆる行為が、彼らの人生観を知り、人間の義務全般に関する彼らの信念を知る資料になった。目的は日本人の文化ならびに行動を組織的に研究することにあるのであるから、彼らのわれわれの定法からの逸脱行為が、軍事的意味において重要か否かということは問題にならなかった。いずれの行為も、われわれがその回答を必要とした、日本人の性格に関する問題を提起するものであるから、ひとしく重要であった。

日本がその戦争を正当化するために用いた前提そのものが、アメリカのそれとは正反対であった。日本は国際情勢を異なった仕方で規定した。アメリカは枢軸国の侵略行為が戦争の原因であるとした。日本、イタリア、ドイツの三国はその征服行為によって、不法にも国際平和を侵害した。枢軸国が権力を握った所が満州国にせよ、エチオピアにせよ、ポーランドにせよ、それは彼らが弱小民族を抑圧する邪悪な進路に乗り出したことを証明する。彼らは「共存共栄」、あるいは少なくとも自由企業に対する「門戸開放」の国際間の掟に対して罪を犯したのである。日本は戦争原因について別な見方をしていた。各国が絶対的主権をもっている間は、世界に無政府状態がなくなるためしはない。日本は階層的秩序（ハイアラキー）を樹立するために闘わねばならない。この秩序の指導者は——それはむろん日本である。何となれば、日本か上から下まで真に階層的に組織されている唯一の国であり、従っておのおのがその「所」を得ることの必要を最もよく理解しているからである。日本は国内の統一と平和とを達成し、暴徒を鎮圧し、道路や電力・鉄網産業を建設し、公表数字によれば、その公立学校において、青少年の 99.5%に教育を授けた。だからそのおくれた弟である中国を引き上げてやらなければならない。日本は「大東亜」諸国と同一人種であるからして、世界のこの地域からまずアメリカ、次いで英国とロシアを駆逐して、「自らの所を得」なければならない。万邦は国際的階層組織の中にそれぞれ一定の位置を与えられて、一つの世界に統一さるべきである。われわれは次章において、かように階層制度に高い価値が置かれたことが、日本文化においていかなる意味をもったか、という問題を検討してみるつもりである。これはいかにも日本が創作するのにうってつけの幻想であった。日本にとって不幸なことには、日本の占領下にあった国ぐにはこの理想を日本と同じ目で見なかった。にもかかわらず、敗戦後でさえもまだ日本は「大東亜」の理想が道徳的に拒否すべきものとは考えていない。また日本人俘虜の中で、主戦論者的色彩の最も稀薄な者たちでさえ、大陸ならびに西南太平洋における日本の目的を糾弾するようなことはめったになかった。今後も非常に長い間、日本は必ずその生来の態度の中のあるものを保ってゆくことであろう。そしてこれらの態度のうち、最も重要なものの一つは、その階層制度に対する信仰と信頼である。それは平等を愛するわれわれアメリカ人とは相容れないものであるが、しかしそれにもかかわらず、われわれは、階層制度ということによって日本は何を意味していたのか、またこの制度にどういう長所があると考えてきたのかということを理解する必要がある。

日本はまたその勝利の望みを、アメリカで一般に考えられていたものとは異なった根底の上に置いていた。日本は必ず精神力で物質力に勝つ、と呼んでいた。なるほどアメリカは大国である、軍備もまさっている、しかしそれがどうしたというのだ、そんなことは皆はじめから予想されていたことであり、われわれははじめから問題にしていないのだ、と彼らは言っていた。そのころ日本人は、日本の大新聞『毎日新聞』で、次のような記事を読んだ。「もしわれわれが数字を恐れていたならば、戦争は始まらなかったであろう。敵の豊富な資源はこの度の戦争によってはじめて作り出されたのではない」。

まだ日本が勝っていた時でさえ、日本の政治家も、大本営も、軍人たちも、くり返しくり返し、この戦争は軍備と軍備との間の戦いではない、アメリカ人の物に対する信仰と、日本人の精神に対する信仰との戦いだ、と言っていた。われわれの方が勝っていた時にも、彼らは幾度も幾度も、このような戦いにおいては、必ず物質力が負けるにきまっている、と言っていた。この信条はサイパンや硫黄島の敗北のころには、たしかに都合のよい言逃れになった。しかしそれは敗北の言逃れとして捏造されたものではない。それは日本軍が連戦連勝を誇っていた何か月間かを通じて進軍ラッパの役割を演じたものであるし、真珠湾奇襲のずっと以前から公認されていたスローガンであった。1930 年代に、狂信的軍国主義者であり、かつて陸軍大臣であった荒木大将は、『全日本民族に訴う』というパンフレットの中で、日本の「真の使命は皇道を四海に遍く弘布した宣揚することである。力の不足はわれわれの意に介するところではない。何故に物質的な事柄に気を使う必要があろうか」と書いている。

（R. ベネディクト『菊と刀』より）

付録二

秀吉はなぜ失敗したか

豊臣秀吉が文禄・慶長の役で大失敗をしたのも、「外」の「拡がり」に弱かった日本文化の素顔をあらわしたものです。小林秀雄さんの分析のように、秀吉は「気宇壮大な英雄であったが、決して空想家ではなかったのです。草履とりから身を起こして、天下を取った人物が空想家だった筈がありません」。彼は必ず明を征服できるとの確信を持ち、北京占領を既定の事実と見て、綿密周到な事後の企画をたてています。関白秀次を大唐の関白にするとか、はなはだしくは後陽成天皇に北京への行幸を約束し、皇室でもその儀式についていろいろな調査を命じたといいます。

それなのに、なぜ負けたのか。その戦術、その実戦経験、そして卓越した外交に成功して天下統一を果たした太閤秀吉は、なぜ北京はいうに及ばず、釜山にさえ上陸することができなかったのか。小林さんは太閤に勘違いを裏書きするものとして、朝鮮に渡った当時の日本の軍隊が、朝鮮の広いことに胆を潰したことをあげています。毛利輝元が星州の陣営から国の者に書いた手紙には、「さてさて此の国の手広き事、日本より広く候ずると申す事に候」とあったのです。

朝鮮は日本より広いはずがない。けれども、「内」から「外」に出て、未知の空間におかれた日本の軍隊は、すぐに「広い」と思ってしまうのです。もう敗れたも同じです。

「広い」というのは、先の三島さんの表現のように「どうふるまったらいいのか」「見当のつかない」行動のパターンと方向の感覚が、狂ってしまうことです。「一年内に…」と踏んだ戦争は七年もつづきます。太閤秀吉は、戦略に敗れたばかりでなく、明との外交にも失敗したと小林さんは指摘しています。家康相手の国内の外交では能手であった秀吉も、明王との外交戦では「特封爾為日本国王」というホゴ同然の冊封を受けたにすぎないからだというのです。

草履とりから関白まで、秀吉は「縮み」の方法でいったのです。そのときは強かった。しかし、天下を統一した秀吉が巨大意識を持ちはじめ、「拡がり」志向に手足をのばしたとたん、判断力を喪失し、発想自体からが荒唐無稽な朝鮮の役という誤算を犯すのです。そうして利休を殺し、わび茶は豪華な金銀の器にかわるのです。「縮み」の天才と英雄は、「拡がり」の愚者であったのです。

太閤も日本の軍隊も、「拡がり」を志向すると胆を潰して、あんな悲惨な結果を招来してしまうのです。文禄・慶長の役は、朝鮮はもとより、日本にも秀吉自身にもなんの実りももたらしえない、深い傷跡だけの歴史に終わったのです。

日本の歴史を見ると、「縮み」の志向のときはよく繁栄していますが、それが成功し、あまりうまくいき過ぎると、あげくには秀吉のような巨大主義にあこがれて拡がり志向にいくのです。そうなると、いままでの日本人とは全然違ったものとなり、その繊細さはこわれて、判断力は狂い、美的感受性は残忍性になってしまうのです。

太平洋戦争で負けたのは

秀吉と同じことを現代の歴史でくり返したのが、太平洋戦争です。日露戦争で満州事変で勝利ををおさめた日本は、太閤秀吉の自信と拡がりの志向に身をまかせるのです。韓国はいつも日本の拡がり志向の第一の犠牲者となって、そのときも同じく日本の植民地侵略に主権を奪われるのです。

明治維新のときは少数集団が動かしてきましたが、それが或功すると、どんどん広がりの政策を取り、一九三〇年代に入ると、もはや軍 閥は肥大した組織体となっていたのです。同じ判断力のミスで、同じ巨大空間への敗北という文禄・慶長の役のコピーがくり返され、太平洋戦争は原爆の灰によって終わりを告げるのです。日本列島を危くするのはあの「地震」でなく、行き過ぎたその「自信」です。

韓国の冬の寒さを知らなかった秀吉の兵隊は、草履ばきで戦ったため、何万という若者の足指が凍傷で腐っていく。それでも日本の兵隊は相変わらず草履をはいて闘います。それと同じく、太平洋戦争のはじめたには、日本軍は包囲戦法で連勝します。しかしその戦法が見抜かれ、連合軍の新しい戦略に敗れていきますが、日本軍は依然として同じ包囲の詰め戦法をくり返したというのです。そして連敗を重ねていくのです。このように広がりの世界に入ると、あの柔軟で機敏な「構え」の天才たちも、一本槍の愚者になってしまうのです。はなはだしくは連合軍に暗号が解読されているのがわかっても、それをそのまま使うという次第です。

肌身で感ずるものはよくやっていく。真珠湾奇襲とか神風のような体当たり戦法とかはよくやっていました。しかし、あれは相撲でいえば、一瞬の「押し出し」のような技で、西洋のレスリングのように何度転がろうとも、両肩さえ土につかなければよい試合では、あまり役に立たないのです。漠然としたなにか抽象的なものになると、何が何やら手に負えない。太平洋戦争に負けた原因は、百を数えようと千を数えようと、結果的に要約されたのは、「拡がり」に弱い日本的特性だったのです。

真珠湾攻撃そのものの発想が、スキをつき一瞬の一撃で勝つという日本の剣術と相撲から出たものです。しかし、その土俵はあまりにも広いものでありました。盆栽の模様木を地平線の見える平原に植えようとするとき、日本はいつも大きな過ちを犯すのです。

（李御寧『「縮み」志向の日本人』より）

付録三

日本文化史年表

（吉川弘文館の『歴史手帳』を参照）

縄文式文化：(BC10000～8000) －BC300
弥生式文化：BC300－AD300　稲作の開始

57　倭の奴国（日本）が使節を始めて後漢へ出す。印綬を受く
107　倭国王、後漢に使節を出す
239　倭の邪馬台国女王卑弥呼の使者、魏に至る

大和時代：3 世紀～710

413　この年より倭王の使者、しばしば中国南部に至る
430　宋に朝貢
522（一説 538）
仏教が朝鮮半島から伝来
593～622　聖徳太子の摂政
600　隋に使す（隋書倭国伝による）
604　憲法十七条を制定
607　法隆寺創建
630　遣唐使の初め
645　大化改新

奈良時代：710～794

708　唐にならって銭貨「和同開珎」を作る

710　　　平城京（奈良）に遷都
712　　　『古事記』成る
720　　　『日本書紀』成る
752　　　東大寺大仏開眼
759 頃　　『万葉集』の編纂

平安時代：794～1185

794　　　平安京（京都）に遷都
805　　　最澄帰朝し、天台宗を始む
806　　　空海帰朝し、真言宗を始む
858　　　藤原良房、摂政となる（人臣摂政の初め）
887　　　藤原基経、関白となる（関白の初め）
894　　　遣唐使派遣中止
905　　　『古今和歌集』成る
1010 頃　紫式部、『源氏物語』を執筆（11 世紀初に完成）
1017　　　藤原道長、太政大臣に（摂関政治）、藤原氏全盛時代
1086　　　白河天皇、院政の初め
1167　　　平清盛、太政大臣となる。平氏全盛時代
1175　　　法然、浄土宗を開く
1185　　　壇の浦の戦いで、平氏は源氏に破れ滅亡

鎌倉時代：1185～1333

1191　　　栄西、臨済宗を広める
1192　　　源頼朝、征夷大将軍となり、鎌倉幕府を開く
1205　　　『新古今和歌集』成る
1219　　　源氏滅ぶ。北条氏の執権政治始まる
1224　　　親鸞、真宗（浄土真宗）を興す
1253　　　日蓮、日蓮宗を興す

1274　元軍、博多に上陸するも大雨風で敗退（文永の役）

1281　元軍、再度来襲、大雨風で敗退（弘安の役）

1333　鎌倉幕府滅亡

南北朝時代：1336～1392

1334　建武中興

1338　足利尊氏、征夷大将軍となる。室町幕府を開く

1392　南北朝の統一

室町時代：1392～1573

1397　足利義満、金閣寺の造営

1401　足利義満、明に通交、勘合貿易始まる。この頃、茶の湯、生花流行し始める

1467～1477　応仁の乱、文明の乱

1483　銀閣寺の造営

1543　ポルトガル人種子島に漂着、鉄砲を伝える

1549　ザビエル、鹿児島に上陸、キリスト教の伝来

1573　室町幕府の滅亡。織田信長、将軍義昭を追放

安土桃山時代：1573～1603

1576　信長、安土城を築く

1582　九州の少年使節団渡欧（ローマ教皇に使節を派遣）

本能寺の変。信長自殺

1585　羽柴秀吉、関白となる。翌年豊臣の姓を賜る

1587　秀吉、バテレン（キリスト教宣教師）追放令を公布

1590　豊臣秀吉の統一

1592　秀吉、朝鮮に出兵（文禄の役）

1597　　秀吉、朝鮮に再出兵（慶長の役）

1600　　関ケ原の戦いで徳川家康勝利

江戸時代：1603～1867

1603　　徳川家康、将軍となり、江戸幕府を開く

1609　　オランダ、平戸に商館を開設

1612　　幕府の直轄領でキリスト教禁止

1613～1623

イギリス、平戸に商館を開設、貿易開始。この頃、人形浄瑠璃流行

1624　　日光東照宮陽明門なる

1633　　第一次鎖国令

1635　　参勤交代制の確立

1637～1638

島原の乱

1641　　オランダ商館を平戸から出島に移す。鎖国の完成

1673　　市川団十郎、江戸に歌舞伎を確立

1688～1703

元禄時代

1702　　赤穂浪士の討ち入り

1716～1735

享保時代、享保の改革

1774　　杉田玄白、『解体新書』

1778　　ロシア船、蝦夷地（北海道）に来航して通商を求めるが拒否される

1790　　寛政異学の禁

1804　　ロシア使節レザノフ、長崎に来る

1825　　異国船打ち払い令

1828　　シーボルト事件（翌年、シーボルト国外追放）

1837　　アメリカ船、モリソン号、浦賀に来航

大塩平八郎の乱

1853　　ペリー、浦賀に来航

1854　　日米和親条約（神奈川条約）、英、露とも和親条約

1858　　日米（蘭露英仏）修好通商条約

1860　　桜田門外の変、大老の井伊直弼、水戸浪士により暗殺

1867　　王政復古の大号令、大政奉還

明治時代：1868～1912

1868　　明治維新

1869　　版籍奉還

1871　　廃藩置県、岩倉具視ら欧米派遣

1872　　太陽暦を採用

1873　　徴兵令、地租改正条例公布

1875　　ロシアと樺太、千島交換条約

1877　　東京大学開設

1881　　国会開設の詔

1882　　日本銀行創立

1886　　学校令制定

1889　　大日本帝国憲法発布、東海道線全線開通

1894～1895

日清戦争、下関条約、三国干渉

1898　　日本映画の初めての製作

1904～1905

日露戦争

1910　　大逆事件（翌年、幸徳秋水ら死刑）、韓国併合

1912　　明治天皇逝去

大正時代：1912～1926

1914～1918
第一次世界大戦に参戦
1915　中国に21か条要求
1923　関東大震災
1925　普通選挙法成立、ラジオ放送開始
1926　大正天皇逝去

昭和時代：1926～1989

1927　金融恐慌
1931　9・18事変
1933　国際連盟脱退
1937　日中戦争始まる（盧溝橋事変、抗日戦争始まる）
1940　日独伊三国同盟成立
1941　真珠港攻撃、太平洋戦争
1945　東京大空襲。広島、長崎原子爆弾
ポツダム宣言受諾、日本敗戦
財閥解体指令、第一次農地改革案、労働組合法公布
1946　天皇人間宣言
日本国憲法公布。六三三四教育体制発表
1948　極東国際軍事裁判終わる
1949　湯川秀樹、ノーベル物理賞を受く
1951　サンフランシスコ平和条約、日米安全保障条約調印
1952　平和条約発効で占領終了
1953　テレビ放送開始
1956　国連加盟可決
1960　日米新安全保障条約調印

1964	国鉄東海道新幹線開通
	東京オリンピック開催
1968	小笠原諸島日本復帰、川端康成、ノーベル文学賞を受賞
1970	日本初の人工衛星打ち上げ
	日本万国博覧会開催（大阪）
1972	日中国交正常化
	沖縄返還、札幌冬季オリンピック開催
1973	第一次オイルショック
	円変動相場制に移す
1984	新札発行
1989	昭和天皇逝去、消費税導入

平成時代：1989～2019

1990	平成天盘即位の礼、大嘗祭を挙行
1991	雲仙、普賢岳で大規模噴火
1992	国連平和維持活動法案成立
1993	自民党 38 年ぶりに政権を失い、連合政権誕生
1995	阪神大震災
	地下鉄サリン事件
1998	長野冬季オリンピック開催サッカー日本代表、ワールドカップ初出場
1999	景気対策として地域振興券発行。国旗・国歌法成立
2000	介護保険制度始動
2001	小泉内閣成立
2002	韓国とサッカのワールドカップ開催
2003	個人情報保護法成立

参 考 文 献

日本語の書目

書名	著・編者	出版社	出版年
日本文化史概論	石田一良	吉川弘文館	1968年
日本思想史概論	石田一良	吉川弘文館	1963年
日本文化史	家永三郎	岩波新書	1959年
外来文化摂取史論	家永三郎	青史社	1974年
日本文化史研究	内藤虎次郎	弘文堂	1938年
日本文化史	辻善之助	春秋社	1955年
日本思想史読本	古田光・子安宣邦	東京経済新報社	1979年
概説日本思想史	佐藤弘夫他	ミネルヴァ書房	2005年
日本文化論	梅原猛	講談社学術文庫	1976年
日本の思想	丸山真男	岩波新書	1961年
日本政治思想史研究	丸山真男	東京大学出版会	1952年
日本とは何か	加藤周一	講談社	1976年
雑種文化	加藤周一	講談社	1974年
文明の生態史観	梅棹忠夫	中央公論社	1967年
日本文化の構造	梅棹忠夫・多田道太郎	講談社現代新書	1972年
日本人の系譜	南博	講談社	1970年
日本人の心理	南博	岩波新書	1978年
日本人論	南博	岩波新書	1994年
文化と人間形成	源了円	第一法規出版	1984年

義理と人情	源了円	中央公論社	1969年
中国文化と日本文化	森三樹三郎	人文書院	1988年
「名」と「恥」の文化	森三樹三郎	講談社現代新書	1971年
東洋人の思惟方法	中村元	春秋社	1949年
タテ社会の人間関係	中根千枝	講談社	1967年
「甘え」の構造	土居健郎	弘文堂	1971年
日本人の意識構造	会田雄次	講談社現代新書	1970年
日本人の行動様式	荒木博之	講談社現代新書	1973年
文学に現はれたる我が国民思想の研究			
	津田左右吉	岩波書店	1951年
日本人と日本文化	稲富栄次郎	理想社	1963年
日本の深層文化序説	津城寛文	玉川大学出版社	1995年
「日本らしさ」の再発見			
	浜口恵俊	日本経済新聞社	1977年
恥の文化再考	作田啓一	筑摩書房	1967年
天皇と日本文化	村上重良	講談社	1986年
天皇と中国皇帝	沈才彬	六興出版	1990年
身辺の日本文化	多田道太郎	講談社学術文庫	1988年
照葉樹林文化	上山春平	中央公論社	1969年
日本文化の死角	小松左京	講談社現代新書	1977年
日本の心情	吉川幸次郎	新潮社	1960年
好奇心と日本人	鶴見和子	講談社現代新書	1972年
日本美の心理	桂広介	誠信書房	1968年
日本人の性格	田新・築島謙三	朝倉書店	1968年
「日本人論」の中の日本人			
	築島謙三	大日本図書	1974年
日本人のパーソナリティ			
	世良正利	紀伊国屋新書	1963年

日本人の心	世良正利	NHKブックス	1965年
日本人の生活心理	高木正孝	創元社	1954年
日本語の個性	外山滋比古	中公新書	1976年
言葉と文化	鈴木孝夫	岩波新書	1974年
日本語の心	渡辺昇一	講談社現代新書	1974年
日本語と日本人の発想	筧泰彦	日本教文社	1974年
日本人の論理構造	板坂元	講談社現代新書	1971年
日本の精神的風土	飯塚浩二	岩波新書	1952年
風土と歴史	飯沼二郎	岩波書店	1970年
稲作と日本人	玉城哲	現代評論社	1977年
日本人と住まい	上田篤	岩波書店	1974年
一つの日本文化論	寺井美奈子	講談社	1979年
日本的発想の原点	栄久庵憲司	ごま書房	1980年
日本文化の型と形	杉山明博	三一書房	1982年
日本社会の家族構成	川島武宜	日本評論社	1950年
講座・家族の歴史	青山道夫他	弘文堂	1973年
日本人と日本文化	司馬遼太郎・ドナルド・キーン	中公新書	1972年
日本論の名著	芳賀徹	中公新書	1987年
日本人と中国人	陳舜臣	祥伝社	1971年
中国人と日本人	松本一男	サイマル出版	1987年
日本人	芳賀矢一	新潮社	1971年
日本的性格	長谷川如是閑	岩波新書	1938年
禅と日本文化	鈴木大拙	岩波新書	1940年
近世日本庶民社会の倫理思想	今井淳	理想社	1966年

日本思想論争史	今井淳・小沢富夫	ぺりかん社	1979年
石門心学の思想	今井淳・山本真功	ぺりかん社	2006年
日本の思想・中国の思想・西洋の思想	森有正	岩波書店	1970年
『日中儒学の比較』	王家驊	六興出版	1988年
日本文化を中国語で紹介する	桝谷鋭・小早川真理子	ナツメ社	1999年
日本の中の朝鮮文化	金達寿	講談社	1970年
美しい日本の私・一草一花	川端康成	毎日新聞社	1979年
中国人の日本研究史	武安隆・熊達雲	六興出版	1989年
西洋と日本	赤松宏	晃洋書房	2003年
英語で話す「日本」	講談社	インターナショナル	2004年
日本	大森和夫・大森弘子・曲維	大連出版社	1997年
日本を知る事典	大島健彦他	社会思想社	1979年
神社とは何か	安蘇谷正彦	ぺりかん社	1994年
儒教とは何か	加地伸行	中公新書	1999年
日本人とは何か	中西進	講談社	1997年
日本人のこころ	中西進	大修舘書店	1992年
日本人とは何か	山本七平	PHP研究所	1989年
「縮み」志向の日本人	李御寧	学生社	1982年
見てわかる日本		JTB	2002年
忠臣藏と日本人	勝部真長	PHP研究所	1994年
「日本文化論」の受容	青木保	中央公論社	1990年
日本的集団主義	濱口惠俊・公文俊平	有斐閣選書	1980年

中国語の書目

日本文化概论	魏常海	世界知识出版社	1996 年
日本文化史略	于长敏	吉林教育出版社	1991 年
文化的决择与发展	武安隆	天津人民出版社	1993 年
中国文化通史	胡世庆	浙江大学出版社	1996 年
中国文化概论	金元浦	首都师范大学出版社	1999 年
儒家思想与日本文化	王家骅	浙江人民出版社	1990 年
儒家思想与日本的现代化	王家骅	浙江人民出版社	1995 年
文明的冲突与融合	张旅平	文津出版社	1993 年
中日比较文化论集	北京大学日本文化研究所	吉林教育出版社	1990 年
日中文化交流史	木宫泰彦	商务印书馆	1980 年
日本文化与日本人性格的形成	源了圆	北京出版社	1992 年
日本心魂	罗伯特・C.克里斯托夫	中国对外翻译出版公司	1986 年
日本传统文化	范作申	生活・读书・新知三联书店	1992 年
日本人	赖德温・赖肖尔	上海译文出版社	1980 年
菊花与刀	本尼迪克特	浙江人民出版社	1987 年
沫若文集	郭沫若	人民出版社	1956 年
中国哲学发展简史	冯友兰	商务印书馆	1985 年
中国人与日本人	尚会鹏	北京大学出版社	1998 年
日本哲学思想史	永田广志	商务印书馆	1983 年
日本文明	叶渭渠	中国社会科学出版社	1999 年

人名索引

か行

さ行

た行

な行

は行

ま行

や行

ら行

わ行

書名・文献名索引

さ行

は行

ら行